아장아장 프로그래밍

개정판 | 이형봉 지음 |

도서출판 홍릉

머리말

오늘날 컴퓨터 프로그래밍은 컴퓨터과학 뿐만 아니라 이공계 전반에 걸쳐 요구되는 기초 공학에 해당된다. 다양한 학문 분야를 망라하여 수리 및 논리적 감각이 뛰어난 극히 일부 학생들이 체계적인 교육 과정을 거치지 않고서도 독학으로 훌륭한 프로그래밍 능력을 갖추는 경우가 종종 있으나, 대부분의 학생들에게 컴퓨터 프로그래밍은 정복하기 어려운 과목 중의 하나로 여겨진다. 이런 현상은 이공계 기피 및 문·리과 교차입학에 따른 논리적 사고 학습 능력의 한계에서 기인하는 측면도 있지만, 본 저자의 경험상 프로그래밍 언어에 대한 문법 위주의 교육 환경에도 상당한 원인이 있는 것으로 파악된다.

본 교재는 컴퓨터 프로그래밍 입문자들이 특정 프로그래밍 언어의 문법에 몰입하지 않고, 프로그래밍에 의한 문제 해결 방식의 터득에 초점을 맞추고 모든 문제 해결의 기초가 되는 기초 알고리즘을 이해하고 활용할 수 있도록 구성되었다. 기초 알고리즘에 대한 초반 4 주 정도의 교육은 흐름도(플로우차트)를 바탕으로 진행하도록 하고, 이를 프로그램으로 구현하고 확인하는 데는 명령어 문장에 줄 번호를 제공하는 BASIC 인터프리터를 사용한다. 입문자들이 기초 알고리즘을 이해하고 구현·실습하는 데는 흐름도와 BASIC 인터프리터가 아주 적합하기 때문이다.

위와 같이 4 주에 걸쳐 컴퓨터 프로그래밍의 개념 및 기초 알고리즘을 익히고 나면, 다음 6 주 동안은 앞에서 다룬 기초 알고리즘들을 C 언어의 기초 문법만을 구사하여 구현하는 교육을 진행한다. C 언어의 기초 문법은 BASIC 문법과 큰 차이가 없어 자연스럽게 C 언어에 다가갈 수 있다.

다음 4 주 동안에는 정렬 등 약간 심화된 알고리즘을 다루면서 "++" 등 C 언어의 특이 표현을 익히고, 이 후 2 주 동안에는 2 차원 배열을 기반으로 반복(루프) 논리 전개 능력 개발에 집중하도록 한다.

위 과정을 마치고 났을 때 학습자들로 하여금 경우의 수 처리와 반복 처리, 함수 처리 등 문제 해결 능력을 갖도록 하고, C 언어의 수식, 관계·논리식, 특이 표현, 배열, 함수 등을 익히도록 하는 것이 본 교재의 최종 목표이다. 이 교재를 이수한 학생들은 C 언어의 구조형·공용형, 포인터, 문자열, 매크로, 재귀 호출, 프로그램 모듈화, 표준 C 라이브러리 등 고급 주제를 위한 다음 한 한기 교과를 더 이수하여 C 언어의 완전 정복자가 되기를 권하는 바이다. 본 개정판은 컴파일러 등 개발환경 구축 과정을 좀 더 보완하였다.

2020년 3월 저자 씀

목 차

제 1 장

컴퓨터 프로그래밍 입문

1.1 수식 계산
1.2 조건 탐색
1.3 최대 · 최소값
1.4 변수 타입
1.5 반복 처리
1.6 이중(다중) 반복 처리
1.7 배열과 반복 처리
1.8 반복과 행렬 처리
1.9 종 프로그램

STEP 1-1-1

"13 x 2379"의 계산 결과 값을 알고 싶은데, 계산기가 없다. 방법은?

① 종이에 연필로 계산한다.

② 컴퓨터 프로그램을 이용한다.

s-1-1-10.bas

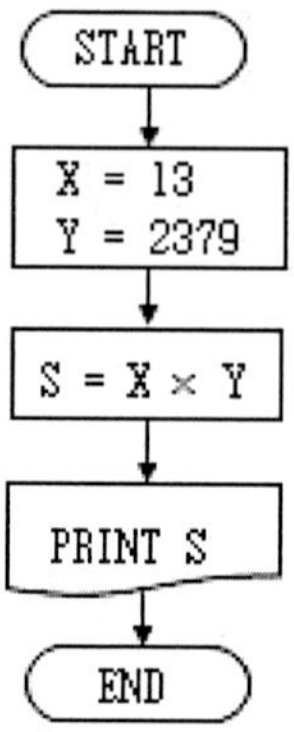


```
10 X = 13
20 Y = 2379

30 S = X * Y

40 PRINT S

50 END
```

[스텝 1-1-1] 수식 계산 처리(순서도, 변수, 상수, 수식, 지정문, 출력문)

◎ 흐름도 (Flow Chart, 순서도)란 처리 순서를 그림으로 표현한 것인데, [그림 1-1-1]의 기호들을 사용한다.

◎ 값을 저장하는 공간을 변수 (Variable)라고 하는데, 프로그래머에 의해 고유한 이름 즉, 변수명이 부여된다. 보통 변수명은 알파벳으로 시작하여 3~4자로 구성한다.
예) X, Y, S

◎ 저장 공간이 아닌 값 그 자체는 상수 (Constant)라 한다.
예) 1199, 3199

◎ 변수, 상수, 사칙 연산자, 그리고 괄호들로 이루어진 계산식을 수식 (Expression)이라 한다.
예) X * Y

◎ 사칙 연산자 기호로 '+', '−', '*'(곱셈), '/'(나눗셈)를 사용한다.

◎ '=' 는 오른 쪽 수식의 계산 결과를 왼쪽의 변수(저장 공간)에 저장하라는 명령 기호이고, 이렇게 구성된 명령문을 지정문 (Assignment Statement)이라 한다.
예) S = X * Y

◎ PRINT는 뒤에 나열된 변수, 상수, 수식들의 값을 화면에 쓰라는 출력 명령문 이다.

◉ 30번 명령문과 40번 명령문의 순서가 서로 바뀐다면 결과는?

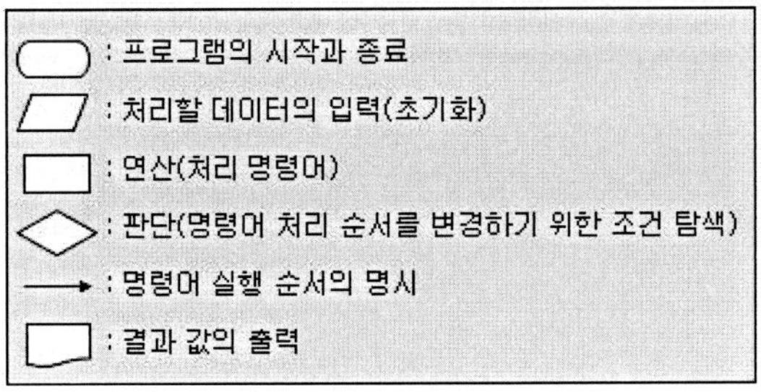

[그림 1-1-1] 순서도 기호

QUIZ

q-1-1-10.bas

[스텝 1-1-1] 프로그램의 모든 변수명을 자신이 새롭게 부여하여 다시 작성해보자.

STEP 1-1-2

"13 x 2379"와 "1879 x 17"의 두 가지 계산 결과 값을 얻고 싶다.

① 서로 다른 변수를 사용한다.

② 이미 사용한 변수를 재사용(활용)한다.

s-1-1-21.bas　s-1-1-22.bas

```
10 X = 13
20 Y = 2379
30 S = X * Y
40 PRINT S
50 A = 1879
60 B = 17
70 T = A * B
80 PRINT T
90 END
```

```
10 X = 13
20 Y = 2379
30 S = X * Y
40 PRINT S
50 X = 1879
60 Y = 17
70 S = X * Y
80 PRINT S
90 END
```

[스텝 1-1-2] 수식 계산 처리(변수의 재사용)

◎ 저장하고 있는 값을 더 이상 보관할 필요가 없는 변수들은 다른 용도로 재사용될 수 있다.

◎ 변수를 재사용하면 변수의 수가 줄어서 프로그램의 복잡성이 낮아지는 경우가 많다.

QUIZ

q-1-1-20.bas

[스텝 1-1-2] 프로그램을 참조하여, "13 x 2379"와 "13 + 2379"를 모두 계산하여 출력하는 프로그램을 작성하되, 변수의 수와 문장의 수를 최소화해보자.

STEP 1-1-3

13, 2379 등과 같이 지정된 두 수가 아닌, 임의의 두 수에 대한 곱셈 결과를 얻도록 하고 싶다.

① 필요할 때마다 수를 지정하여 프로그램을 새로 작성한다.
② 필요한 두 수를 외부에서 전달하여 계산하도록 한다.

s-1-1-30.bas

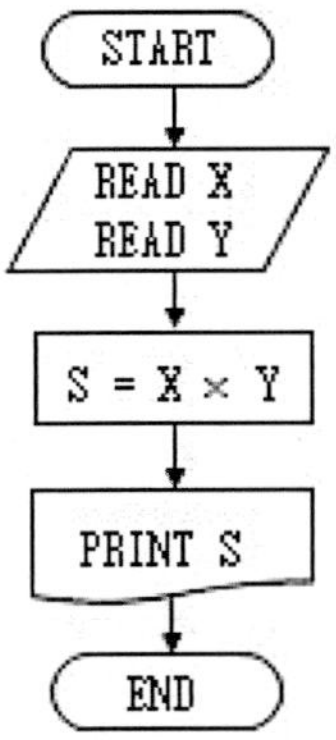


```
10 INPUT X
20 INPUT Y
30 S =  X * Y
40 PRINT S
50 END
```

[스텝 1-1-3] 수식 계산 처리(수의 입력)

◎ INPUT은 키보드에서 입력된 값을 읽어들여 뒤에 명시된 변수에 저장하라는 입력 명령문 이다.

◎ 위 프로그램은 키보드에서 타이핑이 완료될 때까지 다음 명령어로 넘어가지 않고 대기한다.

◎ 위 프로그램은 키보드로 입력한 임의의 두 수에 대한 곱셈을 계산하는 일종의 계산기이다.

QUIZ

q-1-1-30.bas

[스텝 1-1-3] 프로그램을 참조하여 임의의 세 수에 대한 합을 구하는 프로그램을 작성하되,
① 변수의 수를 최소화해보자.
② 문장의 수를 최소화해보자.

STEP 1-1-4

입력된 임의의 두 수에 대한 곱셈과 나눗셈의 결과를 모두 얻고 싶다.

① 곱을 구하는 프로그램과 나눗셈을 구하는 프로그램을 따로 작성한다.
② 하나의 프로그램에서 곱셈과 나눗셈 결과 모두를 구하도록 한다.

s-1-1-40.bas

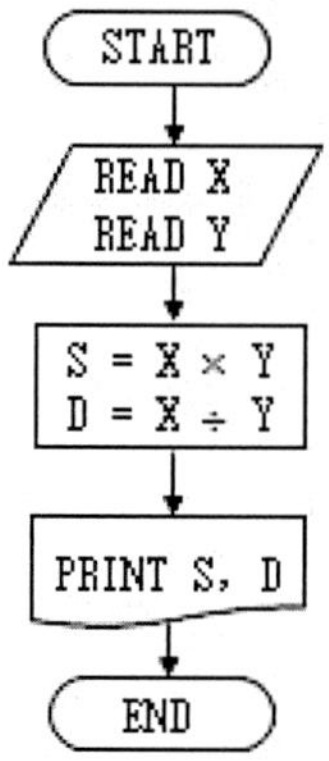


```
10 INPUT X
20 INPUT Y

30 S =  X * Y
35 D =  X / Y

40 PRINT S, D

50 END
```

[스텝 1-1-4] 수식 계산 처리(다수의 계산 처리)

◎ 계산처리 명령문은 필요한 만큼 얼마든지 자유롭게 추가할 수 있고, 어느 것을 먼저 기술해야 할 것인가는 처리 내용에 따라 결정한다.

◎ 위 프로그램의 경우 30, 35번 명령문을 서로 맞바꾸어도 전혀 문제가 없다.

QUIZ q-1-1-40.bas

[스텝 1-1-4] 프로그램을 참조하여, 임의의 두 수에 대한 합, 차, 곱, 몫을 구하는 프로그램을 작성해보자.

도전 1-1

try-1-10.bas

밑변 W1, 윗변 W2, 높이 H를 입력받아, 사다리꼴의 넓이(S)를 계산하는 순서도를 그리고, 프로그램을 작성해보자.

과 제 1-1

1. 밑변 W, 높이 H를 입력받아 삼각형의 넓이(S)를 구하여 출력하기 위한 순서도와 프로그램 작성(h-1-1-10.bas).

2. 반지름 R, 높이 H를 입력받아 원통의 부피(V)를 구하여 출력하기 위한 순서도와 프로그램 작성(h-1-1-20.bas).

3. 임의의 수 X를 입력받아 $(X + 1)^2$의 값(SQ)을 구하여 출력하기 위한 순서도와 프로그램 작성(h-1-1-30.bas).

4. 임의의 정수 X를 입력받아 X부터 시작해서 연속되는 3개의 수에 대한 합(S)을 구하여 출력하기 위한 순서도와 프로그램 작성(h-1-1-40.bas).

5. 임의의 두 수 X, Y를 입력받아 두 수의 차(SUB)와 두 수의 합(ADD)을 곱한 결과(DAM)를 구하여 출력하기 위한 순서도와 프로그램 작성(h-1-1-50.bas).

STEP 1-2-1

임의의 두 수에 대하여 때로는 곱셈을, 때로는 나눗셈을 한 결과를 얻고 싶다.

① 곱셈을 하는 프로그램과 나눗셈을 하는 프로그램 등 두 개의 프로그램을 작성해 둔다.

② 하나의 프로그램을 작성하되, 연산에 대한 선택을 외부(키보드)에서 전달하도록 한다.

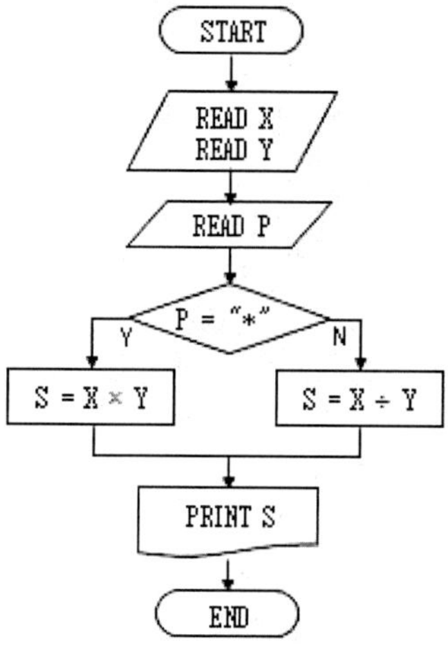

s-1-2-11.bas

```
10 INPUT X
20 INPUT Y
30 INPUT P$
40 IF (P$ = "*")
     THEN S = X * Y
     ELSE S = X / Y
50 PRINT S
60 END
```

s-1-2-12.bas

```
10 INPUT X
20 INPUT Y
30 INPUT P$
40 IF (P$ = "*")
     THEN GOTO 60
     ELSE GOTO 70
60 S = X * Y
65 GOTO 80
70 S = X / Y
75 GOTO 80
80 PRINT S
90 END
```

[스텝 1-2-1] 논리식(비교) 계산 처리(양자택일)

◎ 40번 문장과 같이 문장 하나를 여러 줄에 나누어 코딩할 때는 "Ctrl↲"를 사용한다.

◎ 연산 선택을 문자열로 입력받아 저장하기 위해 '$'로 끝나는 변수 P$를 사용하였는데, 이는 수치 와 문자열 을 저장하는 변수를 구분하기 위함이다.

◎ 이와 같이 변수는 어떤 형태의 값도 저장할 수 있는 것이 아니고 약속된 형태의 값만을 저장할 수 있는데 이를 변수타입 (Type)이라 한다.

◎ 프로그램의 명령문은 기본적으로 위에서 아래 방향으로 차례차례 처리되지만, IF 명령문은 주어진 논리식(관계식) 을 계산한 뒤, 그 결과인 참・거짓에 따라 다음에 처리할 명령문을 두 가지 중 어느 한쪽을 선택한다(양자택일).

◎ 관계식은 관계 연산자 ('=', '<>', '>', '>=', '<', '<=')로 연결된 양쪽의 두 수식에 대한 관계가 참・거짓인지를 알고 싶을 때 사용한다.

◉ 위의 오른쪽 프로그램에서 75번 명령문을 삭제한다면?

◉ IF 명령문이 포함하고 있는 묵시적 실행 순서 외에 명령어 실행순서를 명시적으로 지정하는 GOTO 명령문을 사용했을 때의 장·단점은?

QUIZ

q-1-2-11.bas

[스텝 1-2-1] 프로그램을 연산 선택 문자가 "*"가 아니면 나눗셈을, 그렇지 않으면 곱셈을 계산하는 형태로 변형해보자.

QUIZ

q-1-2-12.bas

두 수 X, Y를 입력 받아, 그 합 S가 100보다 크면 "Yes"를, 아니면 "No"를 출력하는 프로그램을 순서도와 함께 작성해보자.

STEP 1-2-2

이름(N$)과 나이(A)를 입력받아 그 이름이 "Kim"이면 나이에 1을 더하여 출력하고, 그렇지 않으면 원래 나이 그대로 출력하고 싶다.

s-1-2-21.bas s-1-2-22.bas

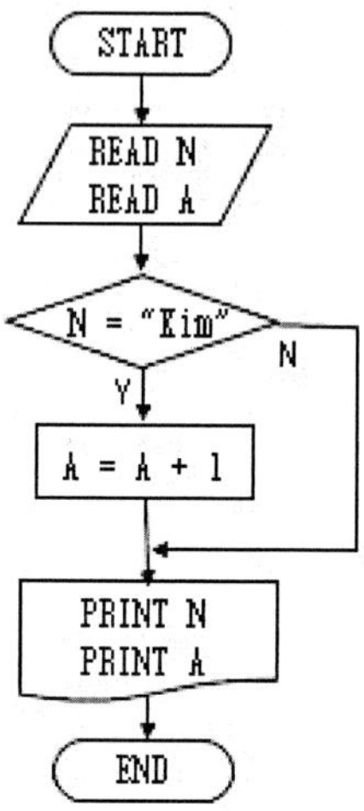


```
10 INPUT N$
20 INPUT A

30 IF (N$ = "Kim")
      THEN A = A + 1

60 PRINT N$, A

70 END
```

```
10 INPUT N$
20 INPUT A

30 IF (N$ <> "Kim")
      THEN GOTO 60

40 A = A + 1

60 PRINT N$, A

70 END
```

[스텝 1-2-2] 논리식(비교) 계산 처리(단일선택)

◎ 프로그램의 IF 명령문은 주어진 논리식을 계산한 뒤, 그 결과인 참・거짓에 따라 다음 하나의 명령문을 처리하거나 건너뛴다(단일선택).

QUIZ q-1-2-20.bas

두 과목 성적 E, M을 입력받아 평균(AVG)을 구하는 프로그램을 순서도와 함께 작성해보자. 단, 각 성적이 60점 미만이면 60점으로 수정하여 계산한다.

STEP 1-2-3

기말고사 평균 R을 입력받아 90~100이면 "A", 80~89이면 "B", 70~79이면 "C", 그 외는 "F"를 각각 출력하고 싶다.

s-1-2-30.bas

```
10 INPUT R
20 IF (R >= 90)       THEN D$ = "A"
   ELSE IF (R>=80) THEN D$ = "B"
   ELSE IF (R>=70) THEN D$ = "C"
   ELSE D$ = "F"
30 PRINT D$
40 END
```

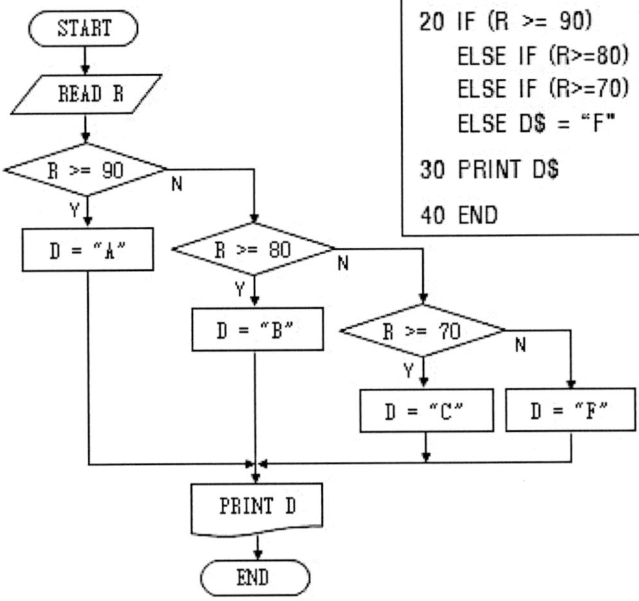

[스텝 1-2-3] 논리식(비교) 계산 처리(다중선택1)

◎ 비교 기준이 여러 개 있을 때에는 비교 또한 여러 번 실시해야 한다(다중선택).

◎ 특히 구간을 비교할 때에는, 어는 구간을 먼저 비교할 것인지를 신중하게 선택해야 한다.

QUIZ q-1-2-30.bas

[스텝 1-2-3] 프로그램의 20번 문장이 "IF (R < 70)"으로 시작하도록 재작성해보자.

STEP 1-2-4

등급 코드 G를 입력받아 "A" 급은 95, "B" 급은 85, "C" 급은 75, "D" 급은 65 점을 부여하여 출력하고 싶다.

s-1-2-40.bas

```
10 INPUT G$
20 IF (G$ = "B")        THEN S=85
   ELSE IF (G$ = "A") THEN S=95
   ELSE IF (G$ = "C") THEN S=75
   ELSE S = 65
30 PRINT S
40 END
```

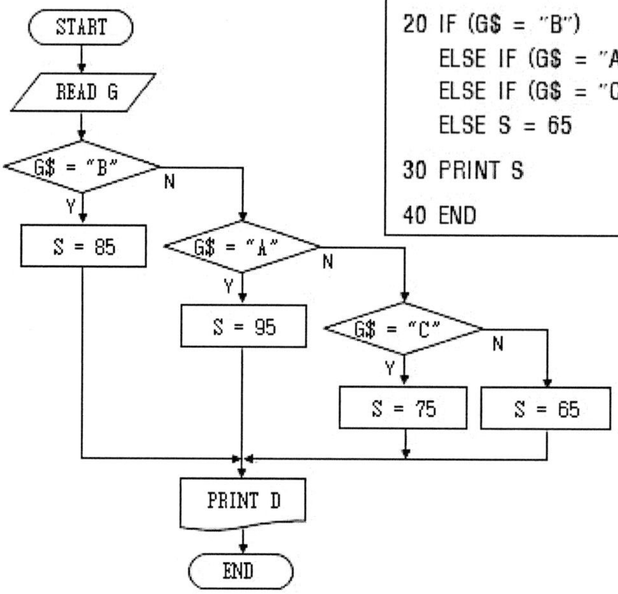

[스텝 1-2-4] 논리식(비교) 계산 처리(다중선택2)

◎ 비교 기준이 특정 값일 때는 비교하는 순서에 영향을 받지 않지만, 가급적 체계적으로 비교해나가는 것이 좋다.

QUIZ

q-1-2-40.txt

[스텝 1-2-4] 프로그램과 옆의 프로그램을 비교하여 어떻게 다른지 토론해보자.

```
10 INPUT G$
20 IF (G$ = "B") THEN S=85
30 IF (G$ = "A") THEN S=95
40 IF (G$ = "C") THEN S=75
50 IF (G$ = "D") THEN S=65
60 PRINT S
40 END
```

도전 1-2

try-1-20.bas

삼각형의 두 각 D1, D2를 입력받아 그 삼각형이 직각 삼각형인지("YesS" 혹은 "No")를 알아내는 순서도를 그리고, 프로그램을 작성해보자.

과 제 1-2

1. 삼각형 세 변의 길이 A, B, C(빗변)를 입력받아 그 삼각형이 직각 삼각형인지("R"), 둔각 삼각형인지("O"), 예각 삼각형인지("A")를 판별하기 위한 순서도와 프로그램 작성(h-1-2-10.bas).

2. 어떤 회사의 영업사원에 대한 보너스 지급 규정이 다음과 같을 때, 영업사원의 월급(S)과 개인별 매출액(T)을 입력받아, 보너스 지급 금액(B)을 계산하기 위한 순서도와 프로그램 작성(h-1-2-20.bas).

o 보너스 지급액 : 해당 사원의 총 매출액이 월급의 3 배보다 작으면 매출액의 3%, 4 배보다 작으면 4%, 그 이상이면 6%

3. 함수 *f(x)*가 다음과 같이 정의되어 있을 때, 임의 입력 값 X에 대한 함수 값 *f(X)*를 계산하는 순서도와 프로그램 작성(h-1-2-30.bas).

o $f(x) = \begin{cases} (x^2 + 4x + 1) / 3 & : x > 0 \text{ 일때} \\ (x + 4) & : x = 0 \text{ 일때} \\ (x - 10) & : x < 0 \text{ 일때} \end{cases}$

STEP 1-3-1

임의의 서로 다른 세 정수 A, B, C 중 가장 큰 수(M)를 찾고 싶다(사건 중심 분류).

s-1-3-11.bas　s-1-3-12.bas

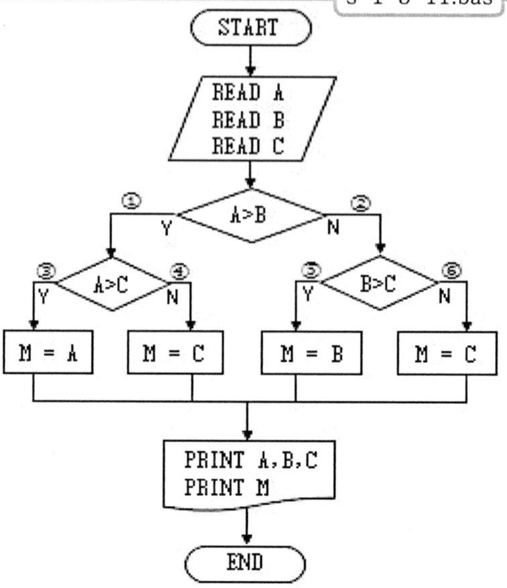


```
10 INPUT A
20 INPUT B
30 INPUT C
40 IF (A > B)
     THEN IF (A > C) THEN M = A
                     ELSE M = C
     ELSE IF (B > C) THEN M = B
                     ELSE M = C

70 PRINT A, B, C
80 PRINT M

90 END
```

```
10 INPUT A
20 INPUT B
30 INPUT C
40 IF (A > B)
       THEN GOTO 50
       ELSE GOTO 60
50 IF (A > C) THEN M = A
              ELSE M = C
55 GOTO 70
60 IF (B > C) THEN M = B
              ELSE M = C
65 GOTO 70
70 PRINT A, B, C
80 PRINT M
90 END
```

[스텝 1-3-1] 논리식(비교) 계산 처리(사건 중심 분류)

◎ 이전 단계의 비교에서 파악된 상황을 다음 단계의 비교에 반영한다(그림 1-3-1 참조).

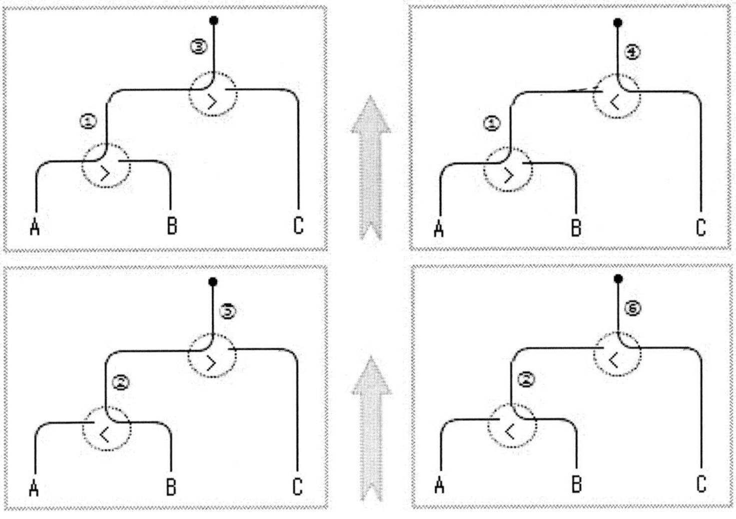

[그림 1-3-1] 세 수 중 큰 수 찾기를 위한 사건 중심 논리 전개 개념

QUIZ
q-1-3-11.bas

[그림 1-3-1]을 B와 C를 먼저 비교하는 형태로 다시 그리고, 그 방식에 의한 순서도와 프로그램을 재작성해보자.

QUIZ
q-1-3-12.bas

[그림 1-3-1]을 가장 적은 수(M)를 찾도록 수정하고, 순서도와 함께 해당 프로그램을 작성해보자.

STEP 1-3-2

임의의 서로 다른 세 정수 A, B, C 중 가장 큰 수(M)를 찾고 싶다(결과 중심 분류).

s-1-3-21.bas s-1-3-22.bas

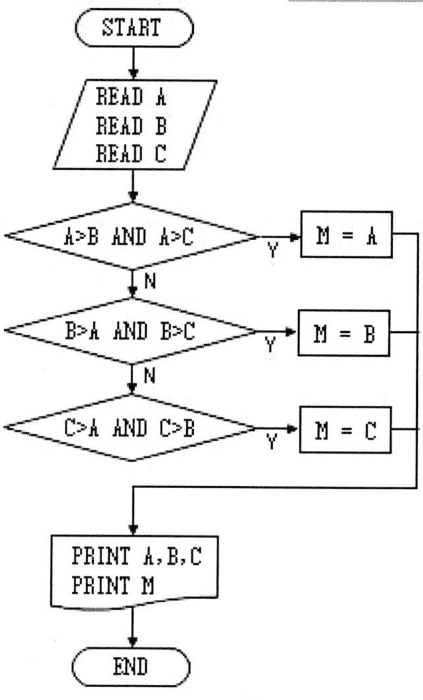


```
10 INPUT A
20 INPUT B
30 INPUT C
40 IF (A>B AND A>C) THEN M=A
   ELSE IF (B>A AND B>C) THEN M=B
   ELSE IF (C>A AND C>B) THEN M=C
70 PRINT A, B, C, M
80 END
```

```
10 INPUT A
20 INPUT B
30 INPUT C
40 IF (A>B AND A>C)
      THEN M=A: GOTO 70
50 IF (B>A AND B>C)
      THEN M=B: GOTO 70
60 IF (C>A AND C>B)
      THEN M=C: GOTO 70
70 PRINT A, B, C, M
80 END
```

[스텝 1-3-2] 논리식(비교) 계산 처리(결과 중심 분류)

◎ 경우의 수로 분류된 각각의 경우에 대하여 대응되는 포괄적 조건을 비교한다.

◎ 단계별 비교 과정이 독립적이다.

STEP 1-3-3

임의의 서로 다른 세 정수 A, B, C 중 가장 큰 수(M)를 찾고 싶다(순차 대결).

s-1-3-30.bas

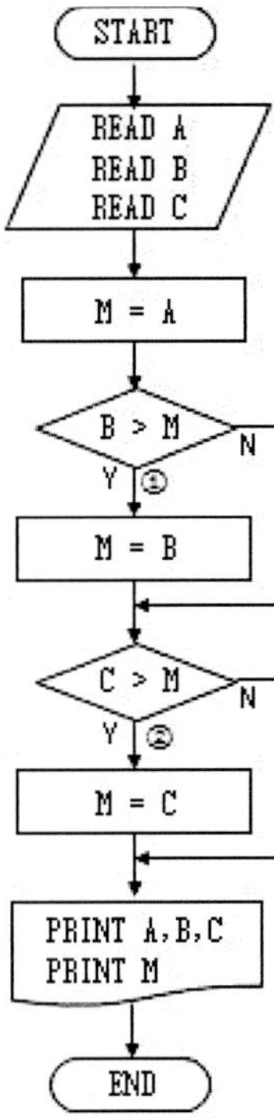


```
10 INPUT A
20 INPUT B
30 INPUT C

40 M = A

50 IF (B > M)
      THEN M = B

60 IF (C > M)
      THEN M = C

70 PRINT A, B, C, M

80 END
```

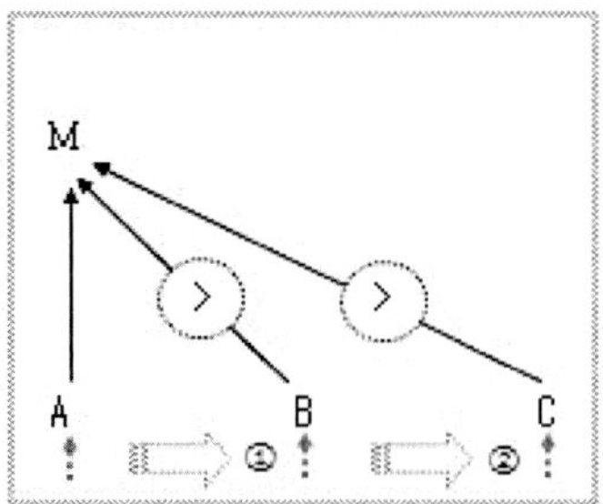

[스텝 1-3-3] 논리식(비교) 계산 처리(순차 대결)

QUIZ

q-1-3-31.bas
q-1-3-32.bas

[스텝 1-3-2], [스텝 1-3-3]의 프로그램을 가장 작은 수(M)를 찾도록 수정해보자.

STEP 1-3-4

임의의 서로 다른 네 정수 A, B, C, D 중 가장 큰 수(M)를 찾고 싶다(토너먼트).

s-1-3-40.bas

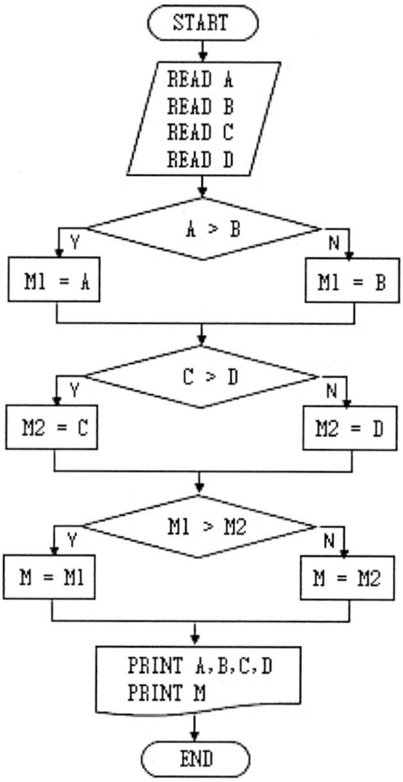


```
10 INPUT A
20 INPUT B
30 INPUT C
40 INPUT D

50 IF (A > B) THEN M1 = A
            ELSE M1 = B

60 IF (C > D) THEN M2 = C
            ELSE M2 = D

70 IF (M1> M2) THEN M = M1
             ELSE M = M2

80 PRINT A, B, C, D, M

90 END
```

[스텝 1-3-4] 논리식(비교) 계산 처리(토너먼트)

QUIZ q-1-3-40.bas

서로 다른 세 정수 A, B, C 중 가장 큰 수(M)를 토너먼트 식으로 찾는 프로그램을 작정해보자.

도전 1-3

try-1-30.bas

서로 다른 세 정수 A, B, C 중, 가운데 수(M)를 찾는 순서도를 사건 중심 분류 방식으로 그리고, 프로그램을 작성해보자.

정 리

<가장 큰(작은) 수 찾는 논리 전개 방식>

	사건 중심 분류	결과 중심 분류	순차대결	토너먼트
세 정수	o	o	o	o
네 정수	?	o	o	o

과 제 1-3

1. 서로 다른 네 정수 A, B, C, D 중, 가장 큰 수(M)를 찾는 순서도와 프로그램을 아래의 방식에 따라 그리고 작성.

o 결과 중심 분류(h-1-3-11.bas)

o 순차 대결(h-1-3-12.bas)

2. 서로 다른 네 정수 A, B, C, D 중, 두 번째로 큰 수(M2)를 순차 대결 방식으로 찾는 순서도를 그리고 프로그램을 작성(h-1-3-20.bas).

STEP 1-4-1

반지름 R을 입력받아 넓이 S를 계산한 후, 정수 부분(SI)과 소수 부분(SF)을 분리하여 각각을 따로 구하고 싶다(변수 타입).

s-1-4-11.bas s-1-4-12.bas

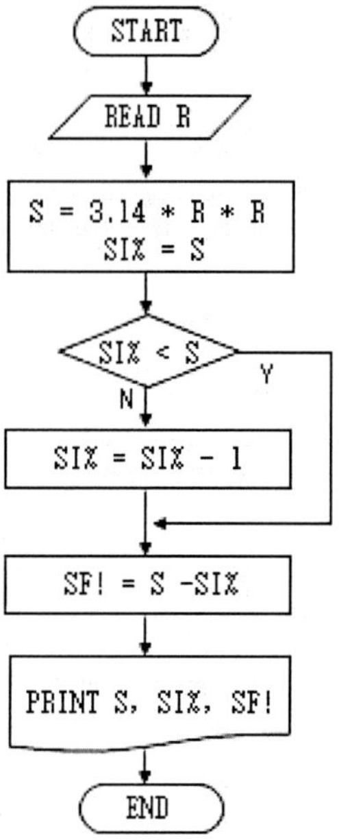


```
10 INPUT R
20 S = 3.14 * R * R
30 SI% = S

40 IF (SI% <= S)
   THEN GOTO 50
   ELSE SI% = SI% -1

50 SF! = S - SI%

60 PRINT S, SI%, SF!
70 END
```

```
10 INPUT R
20 S = 3.14 * R * R
30 SI% = S

40 IF (SI% > S)
   THEN SI% = SI% -1

50 SF! = S - SI%

60 PRINT S, SI%, SF!
70 END
```

[스텝 1-4-1] 수치 계산 처리 1(변수 타입)

◎ 변수 뒤에 '%' 기호를 붙이면 정수 타입의 변수가 되어, 소수점 이하를 반올림 하여 저장한다.

◎ 변수 뒤에 '!' 기호를 붙이면 실수 타입의 변수가 정수를 포함하여 실수를 저장할 수 있는데, 내부적인 저장 방식이 복잡하여 계산 시 성능이 저하된다.

QUIZ q-1-4-10.bas

임의의 입력된 정수 N이 짝수이면 "Even"을, 홀수이면 "Odd"를 출력하는 순서도와 프로그램을 작성해보자.

STEP 1-4-2

실수 값을 정수 타입의 변수에 저장할 때 반올림되는 성질을 이용하여, 임의의 정수 N에 대하여 N/10의 몫(Q)과 나머지(R)를 간편하게 구하고 싶다(예, 324/10==>32, 4).

s-1-4-20.bas

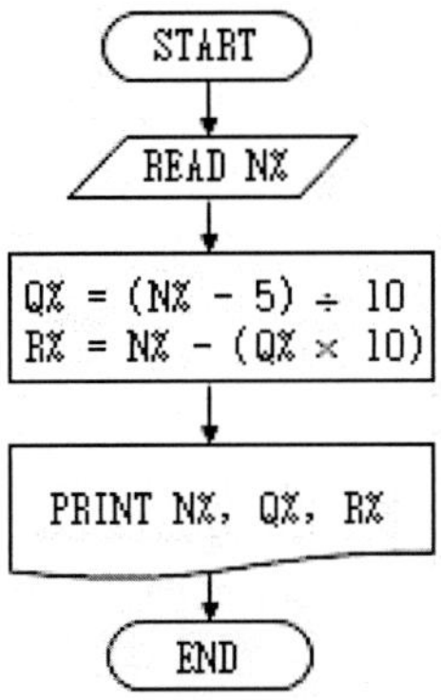


```
10 INPUT N%
20 Q% = (N% - 5) / 10
30 R% = N% - Q% * 10

40 PRINT N%, Q%, R%

50 END
```

[스텝 1-4-2] 수치 계산 처리 2(변수 타입)

◎ 1의 자리 수가 0~4일 때는 나눗셈 N/10의 결과가 반올림 없이 정수화 되고, 5~9일 때는 반올림되어 정수화된다. 이를테면 정수 N이 100~104의 범위이면 N/10의 정수화 된 값은 절삭되어 10이고, 105~109의 값이면 반올림되어 11이 된다.

◎ N이 100~104일 때 5를 감하면 95~99의 범위가 되고 이에 대한 나눗셈의 정수화 결과는 9.5~9.9에서 반올림되어 10이 된다. 만약 N이 105~109일 때 5를 감하면 100~104의 범위가 되고 이에 대한 나눗셈의 정수화 결과는 10.0~10.4에서 절삭되어 10이 된다.

◎ 즉, 어느 경우에나 원래의 수에서 5를 감한 결과인 (N-5)에 나눗셈을 적용하여 정수화하면 우리가 원하는 반올림되지 않은 몫을 구할 수 있다.

QUIZ q-1-4-20.bas

100~999인 임의의 정수 N에 대하여 각 자리의 숫자(N1~N3)를 분리하기 위한 순서도와 프로그램을 작성해보자.

STEP 1-4-3

"32"와 같이 두 개의 숫자로 구성된 문자열 T에 대응되는 정수(32, NT)를 구하고 싶다.

s-1-4-30.bas

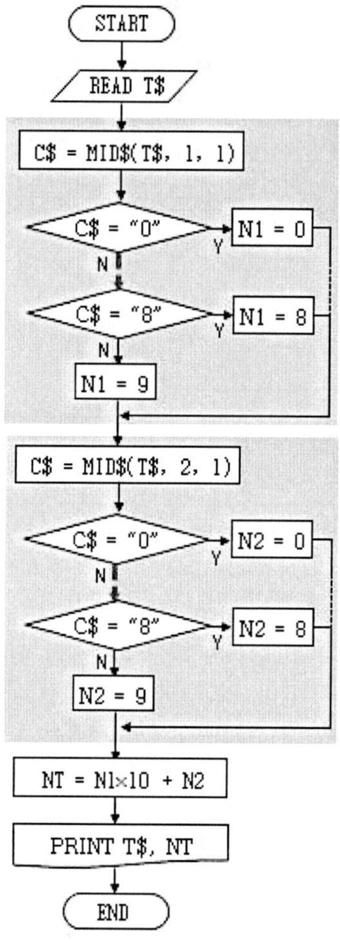


```
10 INPUT T$

20 C$ = MID$(T$, 1, 1)
30 IF (C$ = "0")          THEN N1 = 0
   ELSE IF (C$ = "1")     THEN N1 = 1
   ELSE IF (C$ = "2")     THEN N1 = 2
   ELSE IF (C$ = "3")     THEN N1 = 3
   ELSE IF (C$ = "4")     THEN N1 = 4
   ELSE IF (C$ = "5")     THEN N1 = 5
   ELSE IF (C$ = "6")     THEN N1 = 6
   ELSE IF (C$ = "7")     THEN N1 = 7
   ELSE IF (C$ = "8")     THEN N1 = 8
   ELSE                   THEN N1 = 9

40 C$ = MID$(T$, 2, 1)
50 IF (C$ = "0")          THEN N2 = 0
   ELSE IF (C$ = "1")     THEN N2 = 1
   ELSE IF (C$ = "2")     THEN N2 = 2
   ELSE IF (C$ = "3")     THEN N2 = 3
   ELSE IF (C$ = "4")     THEN N2 = 4
   ELSE IF (C$ = "5")     THEN N2 = 5
   ELSE IF (C$ = "6")     THEN N2 = 6
   ELSE IF (C$ = "7")     THEN N2 = 7
   ELSE IF (C$ = "8")     THEN N2 = 8
   ELSE                   THEN N2 = 9

60 NT = N1*10 + N2

70 PRINT T$, NT

50 END
```

[스텝 1-4-3] 문자열의 수치 변환 처리

◎ MID$(T$, I, J) 는 문자열 T$ 중 I 번째부터 J 개의 문자열을 꺼내 새로운 문자열을 만들어 낸다.

◎ MID$와 같이 주어진 매개 변수에 대하여 내부적으로 지정된 기능을 발휘하는 부분을 함수 라 한다.

도전 1-4

try-1-40.bas

아래 사항을 이용하여 임의의 세 자리 정수 N에 대응되는 숫자 문자열(ND)을 구하는 순서도와 프로그램을 작성해보자.

- o 두 문자열에 '+' 연산을 가하면 두 문자열이 연결된 새로운 문자열이 생성된다(예, A$="aa", B$="bb", C$ = A$ + B$ ⇒ C$는 "aabb").
- o STR$(D) 함수는 0~9인 정수 D에 대하여 대응되는 숫자 문자 **"0"** ~ **"9"**를 알려주되, 숫자 앞쪽에 공백을 붙여준다(예, A$=STR$(0) ⇒ A$는 **" 0"**, A$=STR$(1) ⇒ A$는 **" 1"**).
- o MID$(T$, I, J) 함수는 위와 동일.

과 제 1-4

1. 임의의 정수 N이 3의 배수이면 "Yes"를, 아니면 "No"를 출력하는 순서도와 프로그램 작성(h-1-4-10.bas).

2. 아래 사항을 이용하여, "324"와 같이 임의의 세 숫자로 구성된 문자열 ND에 대응되는 정수(324, N)를 구하여 출력하는 순서도와 프로그램 작성(h-1-4-10.bas).

- o VAL(D$) 함수는 D$에 저장된 **"0"** ~ **"9"의** 숫자에 대응되는 정수 0 ~ 9를 알려준다(예, D$="7", N=VAL(D$) ⇒ N은 정수 7).
- o MID$(T$, I, J) 함수는 위와 동일.

STEP 1-5-1

반지름 R을 입력받아 넓이(S)를 계산하는 일을 세 번 연속해서 하고 싶다(사후 체크법).

s-1-5-11.bas s-1-5-12.bas

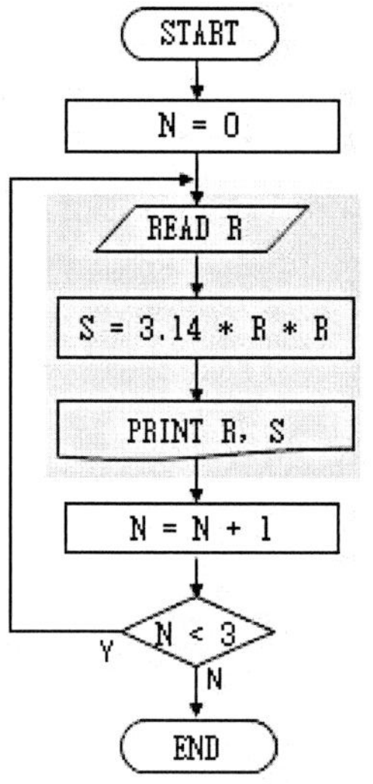


```
10 N = 0

20 INPUT R

30 S = 3.14 * R * R

40 PRINT R, S

50 N = N + 1

60 IF (N < 3)
      THEN GOTO 20

70 END
```

```
10 INPUT R
13 S = 3.14 * R * R
16 PRINT R, S

20 INPUT R
23 S = 3.14 * R * R
26 PRINT R, S

30 INPUT R
33 S = 3.14 * R * R
36 PRINT R, S
```

[스텝 1-5-1] 반복 처리(사후 체크, 명시적 점프)

◎ 처리 회수를 카운트하여 동일한 일을 반복적으로 처리한다.

◎ 처리 후에 해당 처리가 몇 번째인가를 카운트하는 방법을 사후 검증 이라 한다(최소한 한 번 이상의 처리를 전제로 한다).

◎ 아직 처리 회수에 도달하지 않았을 때, 반복 부분의 재실행을 명시하는 방법을 명시적 점프 라 한다(예, GOTO 명령어로 명시).

QUIZ q-1-5-10.bas

위 [스텝 1-5-1] 프로그램을 N이 1부터 시작하도록 하는 순서도와 프로그램을 재작성해보자.

STEP 1-5-2

반지름 R을 입력받아 넓이(S)를 계산하는 일을 세 번 연속해서 하고 싶다(사전 체크법).

s-1-5-21.bas s-1-5-22.bas

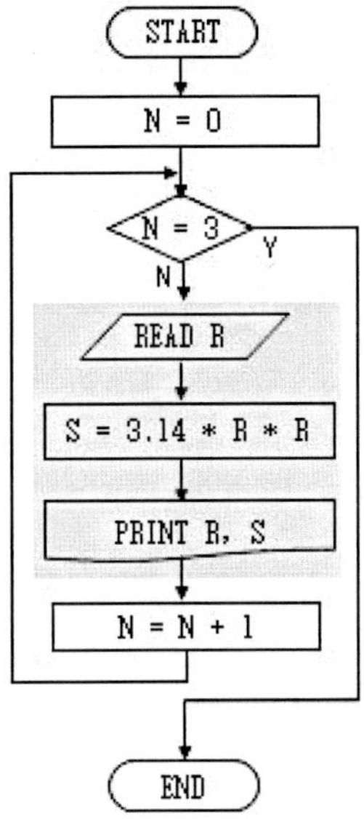


```
10 N = 0
15 IF (N = 3)
      THEN GOTO 70
20 INPUT R
30 S = 3.14 * R * R
40 PRINT R, S
50 N = N + 1
60 GOTO 15
70 END
```

```
10 N = 1
15 IF (N > 3)
      THEN GOTO 70
20 INPUT R
30 S = 3.14 * R * R
40 PRINT R, S
50 N = N + 1
60 GOTO 15
70 END
```

[스텝 1-5-2] 반복 처리(사전 체크, 명시적 점프)

◎ 처리에 들어가기 전, 지금까지 몇 번 처리했는지를 체크하여 처리를 중단할 것인가를 결정한다(사전 검증).

◎ 반복 부분이 한 번도 처리되지 않을 수 있다.

QUIZ

q-1-5-20.bas

정수 N을 입력받아, "G. D. Hong"을 N 번 출력하는 순서도와 프로그램을 작성해보자(단, N이 0이면 출력하지 않음).

STEP 1-5-3

반지름 R을 입력받아 넓이(S)를 계산하는 일을, 입력된 정수 값 T 만큼 반복하고 싶다(사후 체크 구문: DO ~ WHILE).

s-1-5-31.bas s-1-5-32.bas

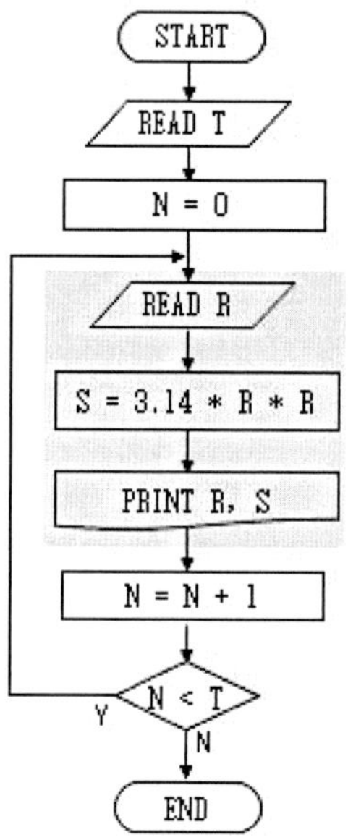


```
10 INPUT T
20 N = 0
30 INPUT R
40 S = 3.14 * R * R
50 PRINT R, S
60 N = N + 1
65 IF (N < T)
      THEN GOTO 30
70 END
```

```
10 INPUT T
20 N = 0
25 DO
30    INPUT R
40    S = 3.14 * R * R
50    PRINT R, S
60    N = N + 1
65 WHILE (N < T)
70 END
```

[스텝 1-5-3] 반복 처리(사후 체크 구문: DO ~ WHILE

◎ DO ~ WHILE이 쌍을 이루고, 이런 형태를 구조적 제어 구문 이라 부른다.

◎ WHILE 명령어를 만나면, 논리식을 체크하여 참(True)이면 반복을 계속하도록 DO 명령어로 되돌아가고(점프), 거짓(False)이면 DO ~ WHILE 전체를 끝내고 다음 명령어로 진행한다.

◎ 위 프로그램에서 T에 0을 입력하더라도 한 번 처리한다(1을 입력했을 때와 동일).

QUIZ

q-1-5-31.bas
q-1-5-32.bas

위 [스텝 1-5-3] 프로그램을 N이 1부터 시작하도록 재작성해보자.

STEP 1-5-4

반지름 R을 입력받아 넓이(S)를 계산하는 일을, 입력된 정수 값 T 만큼 반복하고 싶다(사전 체크 구문: WHILE ~ WEND).

s-1-5-41.bas　s-1-5-42.bas

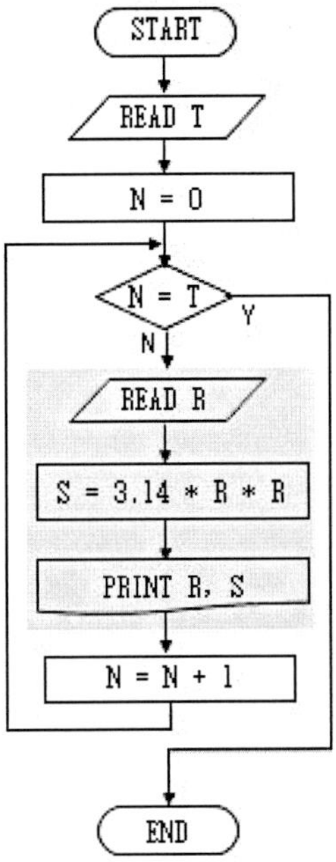


```
10 INPUT T
20 N = 0
25 IF (N = T)
      THEN GOTO 70
30 INPUT R
40 S = 3.14 * R * R
50 PRINT R, S
60 N = N + 1
65 GOTO 25
70 END
```

```
10 INPUT T
20 N = 0
25 WHILE (N < T)
30    INPUT R
40    S = 3.14 * R * R
50    PRINT R, S
60    N = N + 1
65 WEND
70 END
```

[스텝 1-5-4] 반복 처리(사전 체크 구문: WHILE ~ WEND)

◎ WHILE ~ WEND가 쌍을 이룬다.

◎ WHILE 명령어를 만나면, 논리식을 체크하여 참(True)이면 반복을 계속하고, 거짓(False)이면 WHILE ~ WEND 전체를 끝내고 다음 명령어로 진행한다.

◎ 위 프로그램에서 T에 0을 입력하면 한 번도 처리하지 않는다.

QUIZ q-1-5-40.txt

다음 프로그램을 WHILE~WEND 구문으로 작성해보자.

① 정수 1 ~ 9를 차례로 출력

② 구구단 중 3단만 출력

③ 구구단 중 입력받은 N단만 출력

STEP 1-5-5

정수 N(>0)을 입력받아 1부터 N까지의 모든 정수들의 합(S)을 구하고 싶다(사전 체크 구문: WHILE ~ WEND, FOR ~ NEXT).

s-1-5-51.bas s-1-5-52.bas

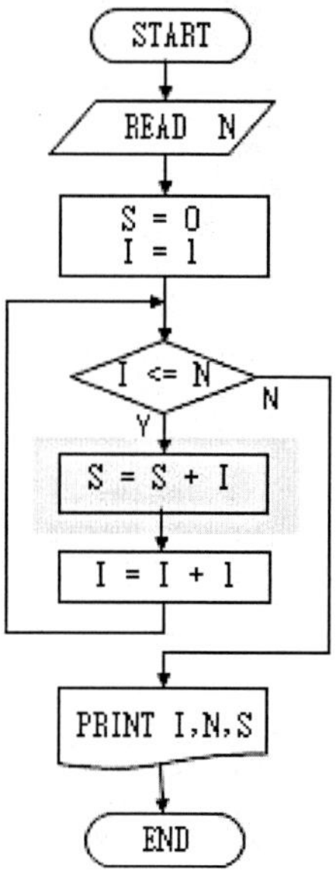


```
10 INPUT N
20 S = 0
30 I = 1
40 WHILE (I <= N)
50    S = S + I
60    I = I + 1
65 WEND
70 PRINT I, N, S
80 END
```

```
10 INPUT N
20 S = 0
35 FOR I = 1
      TO N
       STEP 1
50    S = S + I
65 NEXT I
80 PRINT I, N, S
90 END
```

[스텝 1-5-5] 반복 처리(사전 체크 구문: WHILE ~ WEND, FOR ~ NEXT)

◎ WHILE ~ WEND와 FOR ~ NEXT의 제어 내용은 동일하다.

◎ FOR 명령어를 처음 만나면 주어진 변수에 초기화를 하고, 해당 변수 값이 TO 다음에 주어진 값을 초과했는지를 체크하여 아지 초과하지 않았으면 반복 부분으로 계속 진행하고, 초과했으면 FOR ~ NEXT 전체를 끝내고 다음 명령어로 진행한다.

◎ NEXT 명령어를 만나면, 뒤에 주어진 변수에 FOR 명령어의 STEP에 주어진 값만큼을 더한 후 FOR 명령어로 점프한다.

QUIZ q-1-5-50.bas

위 [스텝 1-5-5] 프로그램을 1~N까지의 모든 홀수의 합 S를 구하도록 순서도와 함께 재작성해보자.

("z = x mod y" 식에서 mod 연산자는 x를 y로 나눈 나머지 값을 알려준다).

도전 1-5

try-1-50.bas

아래 사항을 이용하여 "4321"와 같이 숫자들로 구성된 두 문자열 N1과 N2를 입력받아 각각을 정수로 변환하여 두 수의 합(S1 + S2)을 구하는 순서도와 프로그램을 작성해보자.

- o LEN(T$) 함수는 문자열 T$의 전체 길이를 알려준다.
- o MID$(T$, I, J) 함수는 문자열 T$ 중 I 번째부터 J 개의 문자열을 꺼내서 만든 새로운 문자열을 알려준다.
- o VAL(D$) 함수는 D$에 저장된 **"0" ~ "9"의** 숫자에 대응되는 정수를 알려준다.

과 제 1-5

1. **아래 사항을 이용하여 임의의 정수 N을 입력받아 이 정수에 대응되는 숫자 문자열(ND)을 구하는 순서도와 프로그램 작성(h-1-5-10.bas).**
   o STR$(D) 함수는 0~9인 정수 D에 대응되는 숫자 문자를 "␣7" 형태로 알려준다.

2. **임의의 두 양의 정수 N1, N2를 입력받아 N1×N2(=S)를 구하는 순서도와 프로그램 작성(단, 덧셈을 반복하는 방법을 사용할 것, h-1-5-20.bas).**

3. **임의의 두 양의 정수 N1, N2를 입력받아 N1÷N2의 몫(Q)과 나머지(R)를 구하는 순서도와 프로그램 작성(단, 뺄셈을 반복하는 방법을 사용할 것, h-1-5-30.bas).**

4. **임의의 정수 N(2≤N≤9)을 입력받아 구구단의 N단을 출력하는 순서도와 프로그램 작성(h-1-5-40.bas).**

STEP 1-6-1

구구단 중 3 단과 5 단을 출력하고 싶다.

① 구구단 출력 부분을 3 단과 5 단 각각에 대하여 코딩한다(두 번 코딩).

② 3과 5를 변수에 담아서, 구구단 출력 부분을 공유하여 두 번 실행한다.

s-1-6-11.bas s-1-6-12.bas

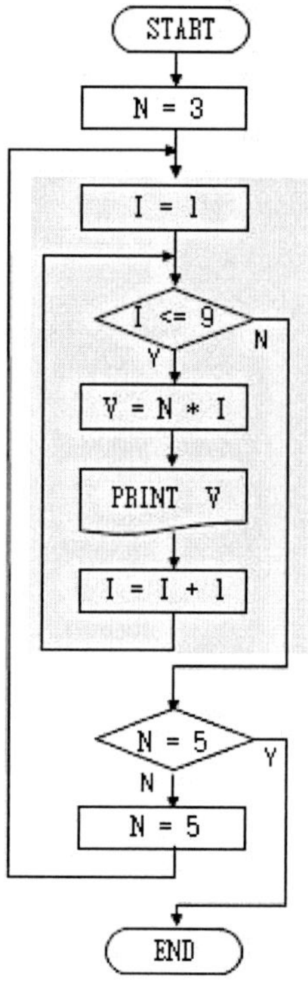


```
10 N = 3

20 FOR I = 1
       TO 9  STEP 1

30 V = N * I
40 PRINT N; "x"; I; "="; V

50 NEXT I

60 IF (N = 5)
      THEN GOTO 90
65 N = 5
70 GOTO 20

90 END
```

```
10 FOR N = 3
       TO 5  STEP 2

20 FOR I = 1
       TO 9  STEP 1

30 V = N * I
40 PRINT N; "x"; I; "="; V

50 NEXT I

65 NEXT N

90 END
```

[스텝 1-6-1] 이중 반복 처리(GOTO, FOR ~ NEXT)

◎ 반복하는 부분 전체를 다시 반복한다. 이런 처리 과정을 이중 반복 혹은 중복 반복 이라 부른다.

◎ 때에 따라서는 이중 반복 부분 전체를 또 반복 처리할 수 있다. 이럴 경우 삼중 반복 이 된다.

QUIZ q-1-6-10.bas

위 [스텝 1-6-1] 프로그램을 1~9까지의 모든 구구단을 출력하도록 재작성해보자.

STEP 1-6-2

10부터 99까지의 정수를 옆 그림과 같이 한 줄에 10개씩 출력하고 싶다.

10	11	12 ...	17	18	19
20	21	22 ...	27	28	29
:	:	:	:	:	:
90	91	92 ...	97	98	99

s-1-6-21.bas　s-1-6-22.bas

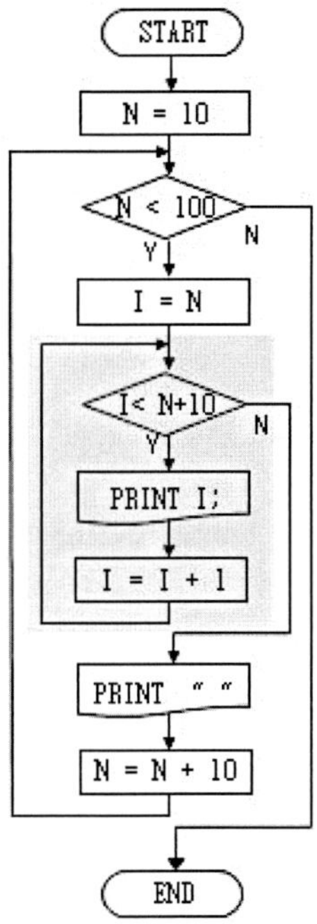


```
15 FOR N = 10
       TO 90 STEP 10

25    FOR I = N
        TO N+9 STEP 1

30       PRINT I; " ";

40    NEXT I

50    PRINT " "

60 NEXT N

70 END
```

```
10 N = 10

15 WHILE (N < 100)

20    I = N

25    WHILE (I < N + 10)

30       PRINT I; " ";

40       I = I + 1
45    WEND

50    PRINT " "

60    N = N + 10
65 WEND

70 END
```

[스텝 1-6-2] 이중 반복 처리(FOR ~ NEXT, WHILE ~ WEND)

QUIZ

q-1-6-20.bas

위 [스텝 1-6-2] 프로그램을, 한 줄에 15개씩 출력하도록 재작성해보자.

STEP 1-6-3

옆 그림을 출력하는 프로그램을 작성하고 싶다.

```
*
* *
* * *
* * * *
* * * * *
```

s-1-6-31.bas　s-1-6-32.bas

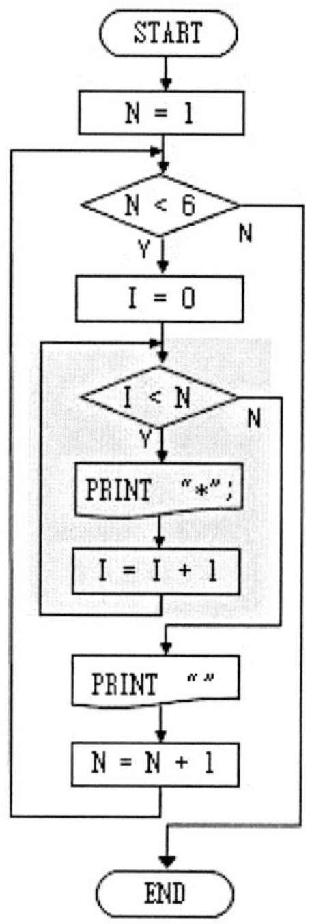


```
15 FOR N = 1
       TO 5 STEP 1
25   FOR I = 0
       TO N-1 STEP 1
30       PRINT "*";
40   NEXT I
50 PRINT " "
60 NEXT N
70 END
```

```
10 N = 1
15 WHILE (N < 6)
20   I = 0
25   WHILE (I < N)
30       PRINT "*";
40       I = I + 1
45   WEND
50   PRINT " "
60   N = N + 1
65 WEND
70 END
```

[스텝 1-6-3] 이중 반복 처리(FOR ~ NEXT, WHILE ~ WEND

QUIZ

q-1-6-30.bas

위 [스텝 1-6-3] 프로그램을, N = 0, I = 1로 시작하도록 재작성해보자.

도전 1-6

try-1-60.bas

아래 그림을 출력하도록 하는 순서도와 프로그램을 작성해보자.

```
        *
      * *
    * * *
  * * * *
* * * * *
```

과 제 1-6

1. 오른쪽 그림을 출력하도록 하는 순서도와 프로그램 작성(h-1-6-10.bas).

```
* * * * *
* * * *
* * *
* *
*
```

2. 오른쪽 그림을 출력하도록 하는 순서도와 프로그램 작성(h-1-6-20.bas).

```
* * * * *
  * * * *
    * * *
      * *
        *
```

3. 오른쪽 그림을 출력하도록 하는 순서도와 프로그램 작성(h-1-6-30.bas).

```
0   2 3 4
1   3 4 5
2   4 5 6
3   5 6 7
4   6 7 8
```

4. 2부터 999까지의 모든 정수에 대해 소수인 것들을 찾아 출력하는 순서도와 프로그램 작성(h-1-6-40.bas).

STEP 1-7-1

어떤 실험 측정 결과값 10개가 아래와 같이 주어져 있다(x[ ]). 이 실험 결과의 평균 AVG와 표준편차 STD를 구하고 싶다(배열).

19	18	22	13	15	17	19	23	21	22

① 일반 변수와 INPUT 명령어를 사용한다.

② 배열 변수와 READ/DATA 명령어를 이용한다.

s-1-7-10.bas

```
10 DIM X[10], SUM, AVG, STD
15 REM ------------------(AVG)
20 SUM = 0
25 FOR I = 1 TO 10
30    READ X[I]
35    SUM = SUM + X[I]
40 NEXT I
45 AVG = SUM / 10
50 REM ------------------(STD)
55 STD = 0
60 FOR I = 1 TO 10
65    STD = STD + (X[I]-AVG) ^ 2
70 NEXT I
75 STD = SQR(STD / 10)
80 PRINT USING "##.###"; AVG, STD
99 DATA 19,18,22,13,15,17,19,23,21,22
```

$$\text{평균} = \frac{\Sigma x_i}{n}$$

$$\text{표준편차} = \sqrt{\frac{\Sigma(x_i - \text{평균})^2}{n}}$$

[스텝 1-7-1] 1차원 배열 반복 처리(합, 평균, 표준편차)

◎ 배열 변수는 첨자에 의해 저장공간이 결정되므로 대용량 데이터 처리가 가능하다.

◎ READ 명령은 DATA 문에 주어진 값을 차례로 읽는다. 이 때 DATA 문은 프로그램의 어느 곳에 위치해도 무방하며, 여러 개의 DATA 문으로 분리될 수 있다.

◎ SQR( )은 제곱근을 구해주는 함수이며, USING은 수치의 출력 모양을 지정한다.

◎ FOR 문과 같은 구조적 제어문 내에 위치해 있는 명령어들은 들여쓰기를 함으로써 프로그램의 이해에 큰 도움을 얻을 수 있다.

STEP 1-7-2

어떤 실험 측정 결과값 10개가 아래와 같이 주어져 있다(x[ ]). 이 실험 결과에서 가장 큰 값 MAX를 구하고 싶다.

19	18	22	13	15	17	19	23	21	22

① IF ~ THEN ~ ELSE 문장을 여러 번 사용한다.

② IF ~ THEN ~ ELSE 문장을 반복 문장에 적용한다.

s-1-7-21.bas

```
10 DIM  X[10], MAX
20 REM ------------------(X[10])
21 FOR I = 1 TO 10
22    READ X[I]
24 NEXT I
30 REM ------------------(MAX)
31 MAX = X[1]
32 FOR I = 2 TO 10
33    IF (MAX < X[I])
           THEN MAX = X[I]
34 NEXT I
40 PRINT "MAX="; MAX
50 DATA 19, 18, 22, 13, 15
51 DATA 17, 19, 23, 21, 22
99 END
```

s-1-7-22.bas

```
10 DIM  X[10], MAX
20 REM ------------------(X[10])
21 FOR I = 1 TO 10
22    READ X[I]
24 NEXT I
30 REM ------------------(MAX)
31 MAX = -1
32 FOR I = 1 TO 10
33    IF (MAX < X[I])
           THEN MAX = X[I]
34 NEXT I
40 PRINT "MAX="; MAX
50 DATA 19, 18, 22, 13, 15
51 DATA 17, 19, 23, 21, 22
99 END
```

[스텝 1-7-2] 1차원 배열 반복 처리(최대값)

QUIZ

q-1-7-21.bas

q-1-7-22.bas

위 [스텝 1-7-2]의 두 프로그램을 최소값 MIN을 구할 수 있도록 재작성해보자.

STEP 1-7-3

어떤 실험 측정 결과값 10개가 아래와 같이 주어져 있다(x[ ]). 이 실험 결과를 내림차순으로 정렬하고 싶다.

19	18	22	13	15	17	19	23	21	22

s-1-7-30.bas

```
10 DIM  X[10]
20 REM -------------------(X[10])
21 FOR I = 1 TO 10
22    READ X[I]
24 NEXT I
30 REM -------------------(Sort)
32 FOR I = 1 TO 9
34    MID = I
36    FOR J = I+1 TO 10
38        IF (X[MID] < X[J])
              THEN MID = J
40    NEXT J
42    T = X[I]
44    X[I] = X[MID]
46    X[MID] = T
48 NEXT I
50 FOR I = 1 TO 10
52    PRINT X[I]; " ";
54 NEXT I
60 DATA 19, 18, 22, 13, 15
61 DATA 17, 19, 23, 21, 22
99 END
```

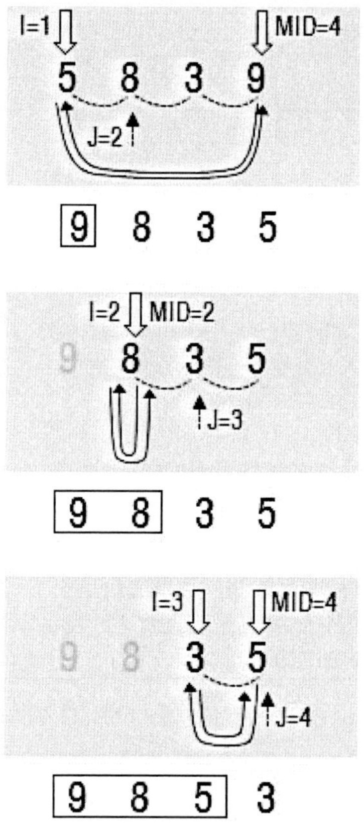

[스텝 1-7-3] 1차원 배열 반복 처리(정렬)

QUIZ q-1-7-30.bas

위 [스텝 1-7-3] 프로그램이 오름차순을 구하도록 재작성해보자.

도전 1-7

try-1-70.bas

아래의 10 개의 데이터(X[ ]) 각각에 대한 순위(R[ ])를 정하여 출력하는 프로그램을 작성해보자.

19	18	22	13	15	17	19	23	21	22

과 제 1-7

1. 아래의 9 개 데이터가 있다. 이들을 배열 X[10]에 읽은 후, X[3](=22) 다음에 13을 삽입하고, 그 결과를 출력하는 프로그램 작성(X[4]부터 뒤로 한 칸씩 밀어내고, X[4]에 13을 저장함, h-1-7-10.bas).

19	18	22	15	17	19	23	21	22

2. 아래의 10 개 데이터가 있다. 이들을 배열 X[10]에 읽은 후, X[4](=13)을 제거하고 그 결과를 출력하는 프로그램 작성(X[4]부터 앞으로 한 칸씩 당김, h-1-7-20.bas).

19	18	22	13	15	17	19	23	21	22

3. 1, 1, 2, 3, 5, 8, ... 와 같은 피보나치 수열을 21 항까지 배열 X[ ]에 구하고 그 결과를 출력하는 프로그램 작성(h-1-7-30.c).

STEP 1-8-1

옆 그림과 같이 주어진 3x3 행렬 A를 전치시키고 싶다(전치 행렬이란 행은 열로, 열은 행으로 재비치한 행렬임).

$$\begin{pmatrix} 4 & 2 & 3 & 5 \\ 6 & 1 & 2 & 4 \\ 1 & 4 & 5 & 7 \\ 1 & 5 & 3 & 4 \end{pmatrix}$$

s-1-8-10.bas

```
10 DIM A[4, 4]
20 REM ------------------(A)
21 FOR I = 1 TO 4            // 행
22    FOR J = 1 TO 4         // 열
23       READ A[I, J]
24       PRINT A[I, J]; " ";
25    NEXT J
26    PRINT " "
27 NEXT I
29 PRINT " ============"
30 REM ------------------(A')
31 FOR I = 1 TO 3
32    FOR J = I + 1 TO 4
33       SWAP A[I, J], A[J, I]
34    NEXT J
35 NEXT I
```

$t = A_{i,j}$

$A_{i,j} = A_{j,i}$

$A_{j,i} = t$

$$\begin{matrix} 4 & 2 & 3 & 5 \\ 6 & 1 & 2 & 4 \\ 1 & 4 & 5 & 7 \\ 1 & 5 & 3 & 4 \end{matrix}$$

```
40 FOR I = 1 TO 4
41    FOR J = 1 TO 4
42       PRINT A[I, J]; " ";
43    NEXT J
44    PRINT " "
45 NEXT I
50 DATA 4,2,3,5, 6,1,2,4
51 DATA 1,4,5,7, 1,5,3,4
99 END
```

[스텝 1-8-1] 2차원 배열 반복 처리(행렬 전치)

◎ SWAP X, Y는 변수 X와 Y의 값을 교환해주는 명령어이다(T=X, X=Y, Y = T).

QUIZ q-1-8-10.bas

위 [스텝 1-8-1] 프로그램이 상삼각행렬을 만들도록 재작성해보자(상삼각행렬이란 대각선 아래 원소가 모두 0인 행렬임).

STEP 1-8-2

아래 그림과 같이 주어진 두 3x4 행렬 A, B의 합 C(=A+B)를 구하고 싶다.

$$\begin{pmatrix} 4 & 2 & 3 & 5 \\ 6 & 1 & 2 & 4 \\ 1 & 4 & 5 & 7 \end{pmatrix} + \begin{pmatrix} 1 & 5 & 3 & 4 \\ 3 & 8 & 6 & 2 \\ 8 & 3 & 2 & 1 \end{pmatrix} = \begin{pmatrix} ? & ? & ? & ? \\ ? & ? & ? & ? \\ ? & ? & ? & ? \end{pmatrix}$$

s-1-8-20.bas

$$C_{i,j} = A_{i,j} + B_{i,j}$$

```
10 DIM A[3, 4], B[3, 4], C[3, 4]
20 REM ------------------(A)
21 FOR I = 1 TO 3
22     FOR J = 1 TO 4
23         READ A[I, J]
24     NEXT J
25 NEXT I
30 REM ------------------(B)
31 FOR I = 1 TO 3
32     FOR J = 1 TO 4
33         READ B[I, J]
34     NEXT J
35 NEXT I
40 REM ------------------(C)
41 FOR I = 1 TO 3
42     FOR J = 1 TO 4
43         C[I, J] = A[I, J] + B[I, J]
44         PRINT C[I, J]; " ";
45     NEXT J
46     PRINT " "
47 NEXT I
50 DATA 4,2,3,5,  6,1,2,4,  1,4,5,7
51 DATA 1,5,3,4,  3,8,6,2,  8,3,2,1
99 END
```

[스텝 1-8-2] 2차원 배열 반복 처리(행렬 합)

QUIZ

q-1-8-20.bas

위 [스텝 1-8-2] 프로그램을, 23 번 명령어는 "READ A[I, J], B[I, J]"로 수정하고, 30~35 번 명령어들은 삭제한 프로그램으로 재작성해보자.

STEP 1-8-3

아래 그림과 같이 주어진 3x4 행렬 A와 4x3 행렬 B의 곱 C(=AxB)를 구하고 싶다.

$$\begin{pmatrix} 3 & 8 & 5 & 4 \\ 4 & 5 & 6 & 2 \\ 7 & 2 & 4 & 3 \end{pmatrix} \times \begin{pmatrix} 4 & 0 & 0 \\ 0 & 0 & 0 \\ 0 & 3 & 8 \\ 2 & 1 & 7 \end{pmatrix} = \begin{pmatrix} ? & ? & ? \\ ? & ? & ? \\ ? & ? & ? \end{pmatrix}$$

s-1-8-30.bas

```
10 DIM A[3, 4], B[4, 3], C[3, 3]
20 REM -------------------(A)
21 FOR I = 1 TO 3
22     FOR J = 1 TO 4
23         READ A[I, J]
24     NEXT J
25 NEXT I
30 REM -------------------(B)
31 FOR I = 1 TO 4
32     FOR J = 1 TO 3
33         READ B[I, J]
34     NEXT J
35 NEXT I
37 DATA 3,8,5,4,  4,5,6,2,  7,2,4,3
38 DATA 4,0,0,  0,0,0,  0,3,8,  2,1,7
```

$$C_{i,j} = \Sigma(A_{i,k} * B_{kj})$$

```
40 REM -------------------(C)
41 FOR I = 1 TO 3
42   FOR J = 1 TO 3
43     T = 0
44     FOR K = 1 TO 4
45       T = T + A[I, K]*B[K, J]
46     NEXT K
47     C[I, J] = T
48     PRINT C[I, J]; " ";
49   NEXT J
50   PRINT " "
51 NEXT I
99 END
```

[스텝 1-8-3] 2차원 배열 반복 처리(행렬 곱)

QUIZ q-1-8-30.bas

위 [스텝 1-8-3] 프로그램이 BxA를 구하도록 재작성 해보자.

도전 1-8

try-1-80.bas

아래와 같이 5x3 행렬 A에 0~9의 숫자가 있다. 행 하나를 십진수로 생각하여 행들이 오름차순을 이루도록 정렬하는 프로그램을 작성해보자(정렬 기준을 낮은 자리 수부터 높은 자리 수로 차례로 이동).

7	5	2
2	7	8
5	3	2
1	7	8
3	5	1

과 제 1-8

1. 임의의 숫자로 채워진 3x4 행렬 A가 있다. 이 행렬 원소들의 좌우 위치를 교환하는 프로그램 작성(옆 데이터 사용, h-1-8-10.bas).

3	8	5	4
4	5	6	2
7	2	4	3

2. 임의의 숫자로 채워진 3x4 행렬 A가 있다. 이 행렬 원소들의 상하 위치를 교환하는 프로그램 작성(위 데이터 사용, h-1-8-20.bas).

3. 임의의 숫자로 채워진 3x4 행렬 A가 있다. 이 행렬 원소들 중 가장 큰 수와 작은 수를 찾는 프로그램 작성(위 데이터 사용, h-1-8-30.bas).

STEP 1-9-1

옆 표에 주어진 사다리꼴들의 넓이를 구하고 싶다.

밑 변	윗 변	높이	넓이
4	3	2	?
5	4	3	?
6	3	2	?

① 사다리꼴 넓이 계산 공식을 일반 수식 그대로 사용한다.

② 사다리꼴 넓이 계산 공식을 종 프로그램으로 독립시켜 사용한다.

s-1-9-11.bas

```
10 DIM L, U, H, S
20 READ L, U, H
21 S = (L + U) * H / 2
22 PRINT L, U, H, S
30 READ L, U, H
31 S = (L + U) * H / 2
32 PRINT L, U, H, S
40 READ L, U, H
41 S = (L + U) * H / 2
42 PRINT L, U, H, S
50 DATA 4,3,2,  5,4,3,  6,3,2
60 END
```

s-1-9-12.bas

```
10 DIM L, U, H, S
20 READ L, U, H
21 GOSUB 90            ①
22 PRINT L, U, H, S    ①'
30 READ L, U, H
31 GOSUB 90            ②
32 PRINT L, U, H, S    ②'
40 READ L, U, H
41 GOSUB 90            ③
42 PRINT L, U, H, S    ③'
50 DATA  4,3,2,  5,4,3,  6,3,2
60 END
90 S = (L + U) * H / 2
95 RETURN
```

[스텝 1-9-1] 종 프로그램(넓이 계산)

QUIZ

q-1-9-11.bas
q-1-9-12.bas

세 개의 정수 111, 211, 311이 있다. 이들 각 정수를 14로 나누었을 때의 몫과 나머지를 구하는 프로그램을 작성해보자([STEP 1-4-2] 참조, 몫과 나머지를 구하는 부분을 종 프로그램으로 독립).

STEP 1-9-2

옆 그림을 출력하는 프로그램을 작성하고 싶다(줄 하나를 출력하는 부분을 종 프로그램으로 독립).

```
1  11 12 13 14 15
2  21 22 23 24 25
3  31 32 33 34 35
```

s-1-9-21.bas

```
10 DIM  I, J
20 FOR I = 1 TO 3
25   PRINT I; "  ";
30   S = I * 10
35   FOR J = 1 TO 5
40      N = S + J
45      PRINT N; " ";
50   NEXT J
55   PRINT " "
60 NEXT I
70 END
```

s-1-9-22.bas

```
10 DIM  I, J
20 FOR I = 1 TO 3
22    GOSUB 50
24 NEXT I
30 END
50 PRINT I; "  ";
51 S = I * 10
52 FOR J = 1 TO 5
53    N = S + J
54    PRINT N; " ";
55 NEXT J
56 PRINT " "
57 RETURN
```

[스텝 1-9-2] 종 프로그램(라인 출력)

QUIZ

q-1-9-20.bas

[스텝 1-7-3] 정렬 프로그램의 라인 34~46 부분을 종 프로그램으로 독립시켜 재작성해보자.

STEP 1-9-3

11~75, 119~131, 325~357의 세 구간에 포함된 모든 정수들의 합(SUM)을 구하고 싶다(연속된 정수들의 합을 구하는 부분을 종 프로그램으로 독립).

s-1-9-31.bas　s-1-9-32.bas

```
10 DIM  SUM
20 SUM = 0
30 FOR I = 11 TO 75
31     SUM = SUM + I
32 NEXT I
40 FOR I = 119 TO 131
41     SUM = SUM + I
42 NEXT I
50 FOR I = 325 TO 357
51     SUM = SUM + I
52 NEXT I
60 PRINT SUM
70 END
```

```
10 DIM  SUM, S, N1, N2
20 SUM = 0
30 N1 = 11: N2 = 75
31 GOSUB 80
32 SUM = SUM + S
40 N1 = 119: N2 = 131
41 GOSUB 80
42 SUM = SUM + S
50 N1 = 325: N2 = 357
51 GOSUB 80
52 SUM = SUM + S
60 PRINT SUM
70 END
80 S = 0
81 FOR I = N1 TO N2
82     S = S + I
83 NEXT I
84 RETURN
```

[스텝 1-9-3] 종 프로그램(정수 구간 합)

QUIZ q-1-9-30.bas

위 [스텝 1-9-3] 프로그램을 짝수들만의 합(S)을 구하도록 재작성해보자.

도전 1-9

try-1-90.bas

아래와 같은 수열이 있다. 임의의 정수 N을 입력받아 N 번째 항까지를 차례로 출력하는 프로그램을 작성해보자(종 프로그램 활용).

(1) (1+2) (1+2+3) (1+2+3+4) (1+2+3+4+5) ... (1+2+3+4+5+6 ... +N)

과 제 1-9

1. 임의의 주어진 정수 P에 대하여 2^P 값(NP)을 계산하는 종 프로그램을 작성하고, 2^8, 2^{10}, 2^{14} 각각의 값을 구하는 프로그램 완성(h-1-9-10.bas).

2. 임의의 주어진 정수 N에 대하여 절대값(NA)을 구하는 종 프로그램을 작성하고, 100, -100, -300 각각에 대한 절대값을 출력하는 프로그램 완성(h-1-9-20.bas).

3. 임의의 주어진 서로 다른 세 정수 X, Y, Z에 대하여 가장 큰 수(M)를 찾는 종 프로그램을 작성하고, (3, 5 2), (6, 4 3), (4, 6, 9) 등 세 가지 각각에 대하여 가장 큰 수를 구하여 출력하는 프로그램 완성(h-1-9-30.bas).

단원 정리

제 2 장

기초
C 프로그래밍

STEP 2-1-1

GWBASIC 언어와 C 언어의 주요 차이점은?

GWBASIC과 C | s-1-1-10.bas | s-2-1-10.c

① C 언어에는 문장 번호가 없고, 코딩 순서에 따라 수행된다.
② C 언어에서는 반드시 사용 변수들을 미리 확보(선언, 정의)해야 한다.
③ C 언어는 메모장 등으로 프로그램을 먼저 코딩한 후(예: s-2-1-1.c), 별도의 컴파일(번역, compile) 과정을 거쳐 실행파일(예: s-2-1-1.exe)을 생성하여 실행시켜야 한다.
④ 컴파일은 C 컴파일러(C Compiler) 소프트웨어를 이용해야 하는데, 터보 C, 볼랜드 C, Visual C 등 다양한 컴파일러가 있다.
⑤ 코딩된 원본파일을 소스(원천, source) 프로그램, 번역된 실행파일을 목적(object) 프로그램이라 부른다.
⑥ 코딩→컴파일 →실행 과정은 개발환경에 따라 다르다.
⑦ 대·소문자를 확실하게 구별하며 주로 소문자를 사용한다.

```
10 X = 13
20 Y = 2379
30 S = X * Y
40 PRINT S
50 END
```

s-2-1-10.c

```
main( ) {
    int  x, y, s;
    x = 13;
    y = 2379;
    s = x * y;
    printf("%d", s);
}
```

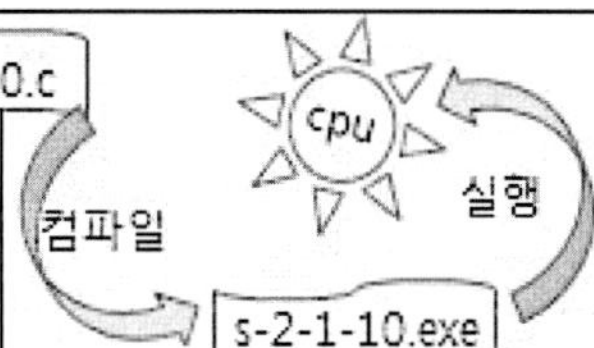

s-2-1-10.exe

```
101010101011100111
110101010001000111
101101000010000110
101111111001100000
```

[스텝 2-1-1] C 언어의 특징

QUIZ q-2-1-10.c

밑변 w가 10, 높이 h가 6인 삼각형의 넓이 s를 구하여 출력하는 C 프로그램을 메모장으로 작성하여 파일 q-2-1-10.c에 저장해보자.

STEP 2-1-2

터보 C 컴파일러를 설치해보자(64비트 윈도우 운영체제 시스템).

터보 C 컴파일러

① "DOS.zip" 압축파일을 홈페이지 강의자료실에서 내려받은 후, 설치할 디스크의 루트폴더(예, D:₩)에 복사하여 압축을 푼다. 이 때, 파일 이름인 DOS 폴더가 생성되도록 체크한다.

→C, D 등 로컬 디스크 외에 USB나 네트워크 드라이브 등도 모두 가능하므로 가급적 휴대가 가능한 USB 드라이브 권고함

→압축 풀기가 끝나면 D:₩DOS₩BIN, D:₩DOS₩Cprog, D:₩DOS₩Bprog 등 세 개의 폴더가 존재하는지 탐색기로 확인함

② 메모장으로 D:₩DOS₩BIN₩TC₩TURBOC.CFG 파일을 열어 아래와 같이 설치 디스크 드라이브를 수정한다.

```
-ID:₩DOS₩BIN₩TC₩INCLUDE
-LD:₩DOS₩BIN₩TC₩LIB
```

③ 메모장으로 D:₩DOS₩BIN₩TC₩dostc.conf 파일을 열어 끝 부분의 설치 디스크 드라이브를 아래와 같이 수정한다

```
set DISK=D
mount %DISK% %DISK%:₩
path=%path%;%DISK%:₩DOS₩BIN;%DISK%:₩DOS₩BI
N₩TC
D:
cd ₩DOS₩Cprog
@echo " Welcome to Computer Programming I, II !!!"
```

④ D:₩DOS₩BIN₩DOSTC 파일을 우클릭하여 아래와 같이 설치 디스크 드라이브를 수정한다.

[스텝 2-1-2] 터보 C 컴파일러 설치 절차

◎ C 컴파일러는 종류가 다양하지만 공통적인 C 언어 문법을 지원한다. 그러나, 프로그래머에게 꼭 필요한 오류 메시지의 유형과 형태는 컴파일러마다 독특하다. 여기서 설치한 터보 C 컴파일러(TCC) V2.01은 오류 메시지가 단순하고 간략하여 입문자에게 알맞다.

◎ 1학년 1~2학기 컴퓨터프로그래밍I,II를 마친 후에는 마이크로소프트사의 비주얼 스튜디오 등 다른 컴파일러 환경에서의 실습이 필요하다.

◎ 윈도우 메모장은 기본적으로 확장자가 *.txt인 파일을 편집한다. 그러나 파일을 열거나 저장할 때 아래 그림과 같이 파일 형식을 "모든 파일(*.*)"로 설정하면 원하는 확장자를 적용할 수 있다.

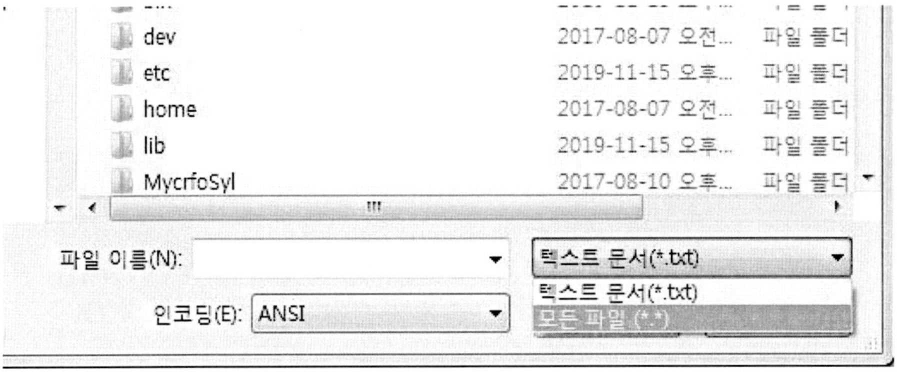

[그림 2-1-2] 메모장의 파일 확장자 선택

QUIZ q-2-1-20.txt

윈도우 DOS(cmd)창을 열어서 <u>작업 디스크</u>, <u>작업 폴더</u>, <u>경로명</u> 등의 개념과 x: , cd, dir, type 등의 명령어의 기능을 알아보자.

STEP 2-1-3

터보 C 컴파일러를 호출해보자.

컴파일(번역) s-2-1-30.c

⑤ 설치 디스크의 D:₩DOS₩BIN₩DOSTC 파일을 클릭하여 실습창(DOS)창을 연다.

```
" Welcome to Computer Programming I !!!"

D:\DOS\CPROG>_
```

⑥ 메모장으로 옆의 C 프로그램을 코딩하여 설치 디스크의 D:₩DOS₩Cprog 폴더에 저장한다. 이 때 오류 수정을 위해 메모장 창은 닫지 않고 저장만 한다.

```
main( ) {
    int  x, y, s;

    x = 10;
    y = 20;
    s = x + y;
    printf("%d", s);
}
```

s-2-1-30.c

⑦ ⑤의 tcc 창에서 s-2-1-30.c 파일의 생성을 확인한다. 이 과정은 파일을 최초로 생성하여 저장했을 때 한 번만 필요하고, 이후 수정 과정에서는 생략해도 무방하다.

> rescan ↵

> dir ↵

⑧ 터보 C 컴파일러(tcc)를 호출하여 C 프로그램을 컴파일한다. 컴파일 과정에서 오류 메시지가 존재하면 ⑥의 메모장에서 수정 및 저장 후 다시 시도하는 과정을 반복한다.

> tcc s-2-1-3.c ↵

⑨ 확장자가 ".exe" 인 실행파일 s-2-1-30.exe이 생성되었는지 확인한다.

> dir s-2-1-30.exe ↵

⑩ 실행파일을 실행시켜 프로그램의 결과를 확인한다.

> s-2-1-30.exe ↵

[스텝 2-1-3] 터보 C 컴파일러 호출 절차

◎ ⑦ 번의 rescan 명령어는 메모장에서 새로운 파일을 저장했을 때 그 파일을 tcc 창(DOS 창)이 인식하도록 한다. 이미 존재하고 있었거나 한 번 확인된 파일은 더 이상 확인할 필요가 없다.

◎ tcc 창의 dir 명령어는 폴더에 존재하는 파일(들)의 목록을 열거해준다.

◎ 프로그램을 수정할 때에는 메모장을 닫지 않고 수정·컴파일·실행 과정을 반복한다.

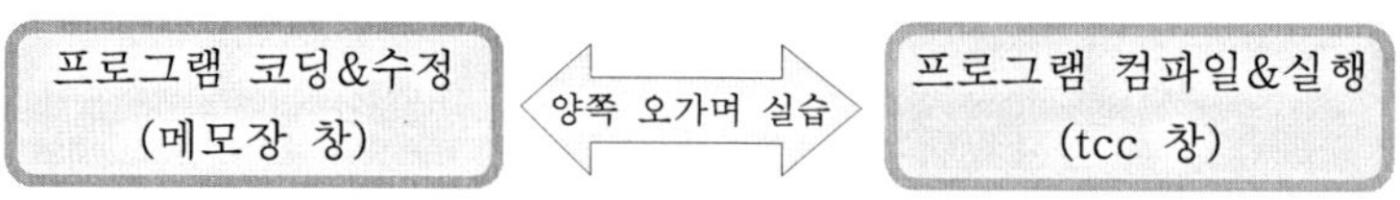

QUIZ q-2-1-30.txt

[스텝 2-1-1]의 q-2-1-10.c를 컴파일하여 실행시켜보자.

▶ tcc q-2-1-10.c ↵
▶ q-2-1-10.exe ↵

과 제 2-1

1. 아래의 두 프로그램을 h-2-1-11.c와 h-2-1-12.c 파일에 C 프로그램으로 변환하여 컴파일하고 실행.

```
10 X = 13
20 Y = 2379
30 S = X * Y
40 PRINT S
50 A = 1879
60 B = 17
70 T = A * B
80 PRINT T
90 END
```

```
10 X = 13
20 Y = 2379
30 S = X * Y
40 PRINT S
50 X = 1879
60 Y = 17
70 S = X * Y
80 PRINT S
90 END
```

2. 반지름 r이 10, 높이 h가 15인 원기둥의 부피 v를 구하여 출력하는 C 프로그램을 h-2-1-20.c에 작성하여 컴파일하고 실행.

STEP 2-2-1

C 프로그램의 기본 틀을 알고 싶다.

s-2-2-10.c

① C 프로그램은 아래 그림과 같이 크게 "main( ) { … }" 형태의 틀을 갖는다

② 프로그램의 본문은 변수를 선언하는 부분과 처리 명령어 부분으로 구성된다.

③ 변수의 선언 문장은 "변수타입∨변수1, 변수2, … 변수n;" 형태로 이루어진다.

예) int a, b, c; → int는 정수, ∨는 하나 이상의 공백을 의미

④ 처리 명령어 부분은 수식 계산, if~, while~, for 등의 실행 명령어들로 구성된다.

⑤ 모든 문장의 뒤에는 ';' 을 붙인다.

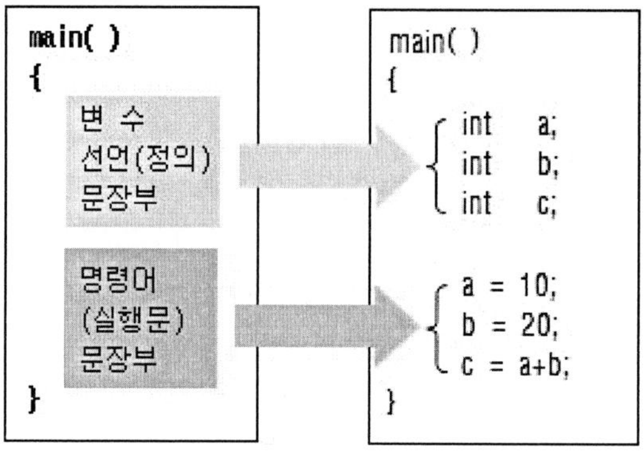

[스텝 2-2-1] C 프로그램의 기본 틀

◎ C 언어는 [그림 2-2-1]에 보인 변수타입을 제공한다.

- 타입에 따른 자세한 내부 저장 포맷 및 문자열과 주소 타입은 2학기에 다룬다.
- 정수 타입: 소수점이 없는 정수를 저장하기 위해 사용되며, 저장할 수 있는 값의 범위에 따라 char(문자정수), short(반 정수), int(단 정수), long(긴 정수로) 분류된다. 이들 각 타입에 할당되는 메모리 크기는 시스템 및 컴파일러에 따라 약간의 차이가 있다. 일반적으로 char는 0~255, short는 0~65535, int와 long은 0~4294967295 의 값을 가질 수 있다. 또한 위의 정수 타입들은 부호(음수)를 사용할 것인가의 여부에 따라 각각 signed(양음)와 unsigned(양수)로 분류된다. signed 타입일 경우 전체 값의 범위가 음수와 양수 영역으로 양분된다.
- 실수 타입: 실수 타입은 표시 가능한 유효숫자와 나머지 부분에 대한 지수로 분리하여 저장하는 방식으로서 매우 큰 수 혹은 소수점이 필요한 경우에 사용되고, 양μ음수를 표현할 수 있다. float는 $-3.4x10^{38}$~$3.4x10^{38}$,double은 $-1.8x10^{308}$~$1.8x10^{308}$범위의 수를 저장할 수 있고, double의 경우 float 보다 더 많은 유효숫자를 표현할 수 있다.

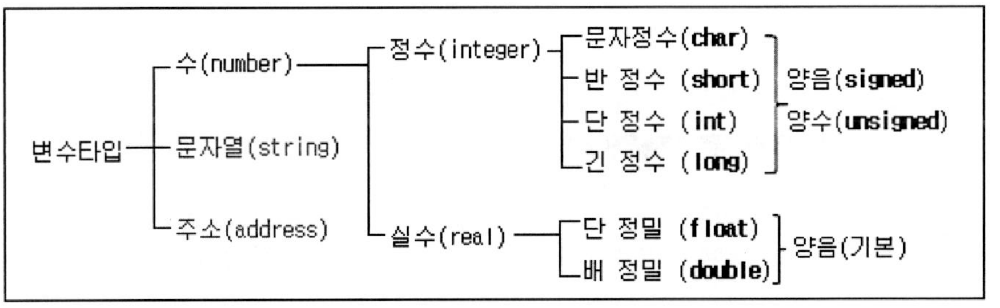

[그림 2-2-1] C 언어 변수 타입 분류

◎ 변수 이름은 프로그래머가 고유하게 명명하되, 약간의 규칙이 뒤따른다.

- 주로 영문 알파벳으로 시작하여 알파벳과 숫자의 조합으로 작성한다.
- 소문자와 대문자는 확실하게 구별된다.
- 좀 더 자세한 변수 명 작성 규칙은 [표 2-2-1]과 같다.

[표 2-2-1] C 언어 변수 작명

변 수 명 작 성 방 법	변 수 명 의 예
① 첫 문자는 반드시 알파벳 대·소문자나, 특수 문자 중에서 '_'혹은 '$'로 시작하여야 한다.	age, SUM, mean, $Salary, _Total, hap, jumin,
② 두 번째 문자부터는 ①의 문자들이나 숫자로 구성할 수 있다.	Total_Sum, n1, n2, import$, mark_Korean, month1$
③ 변수에 포함된 대·소문자는 서로 다른 문자로 식별된다.	sum, Sum, sUM, sUm, suM Total, mainRoutine
④ 변수의 전체 길이는 사용하는 컴파일러에 따라 다르나 최대 255자까지 허용되는 경우가 많다.	Jumin_Number_Birth, Jumin_Number_ID

◎ 변수 선언 문장

- 타입 뒤에 변수들을 컴마로 분리하여 나열한다(동일 타입의 변수는 하나의 문장에 한꺼번에 선언하거나, 여러 개의 문장으로 나누어 선언할 있다).

예) `signed int a, b, c;` ⇔ `signed int a, b;` `signed int c;` ⇔ `signed int a;` `signed int b, c;` ⇔ `signed int a;` `signed int b;` `signed int c;`

- 타입이 다른 변수는 물론 각각 서로 다른 문장에 선언해야 한다.
- 정수 타입의 경우 위 예와 같이 원칙적으로 타입 앞에 signed 혹은 unsigned를 명시한다.
- 정수 타입의 경우 signed나 unsigned가 생략되면 signed로 간주된다. 반대로 signed나 unsigned 뒤에 타입이 생략되면 int로 간주된다.

예) `int a, b, c;` ⇔ `signed int a, b, c;` ⇔ `signed a, b, c;`

STEP 2-2-2

C 프로그램의 변수 초기값 및 초기화 방법을 알고 싶다.

s-2-2-21.bas | s-2-2-22.c | s-2-2-23.c | s-2-2-24.c

```
10 S = S + 1
20 S = S + 2
30 S = S + 3
40 S = S + 4
50 S = S + 5
60 PRINT S
70 END
```

(a)

```
main( ) {
  int  s;

  s = s + 1;
  s = s + 2;
  s = s + 3;
  s = s + 4;
  s = s + 5;
  printf("%d", s);
}
```

(b)

```
main( ) {
  int  s;
  s = 0;
  s = s + 1;
  s = s + 2;
  s = s + 3;
  s = s + 4;
  s = s + 5;
  printf("%d", s);
}
```

(c)

```
main( ) {
  int  s = 0;

  s = s + 1;
  s = s + 2;
  s = s + 3;
  s = s + 4;
  s = s + 5;
  printf("%d", s);
}
```

(d)

[스텝 2-2-2] C 언어 변수의 초기값 및 초기화

◎ C 언어는 변수의 값을 특정 값으로 초기화 시켜주지 않는다. 즉, C 언어 변수에 들어있는 최초 값은 쓰레기(garbage) 값이다.

◎ 따라서, C 언어 변수는 위 그림의 (c)와 같이 반드시 원하는 값을 명시적으로 설정해야한다.

◎ 변수를 선언한 다음, 그림 (c)와 같이 곧바로 어떤 상수 값을 설정하는 경우에는 그림 (d)와 같이 변수를 선언하면서 초기값을 설정하는 단축 표현을 사용할 수 있다. 즉, 위 그림의 (d)는 결국 (c)로 해석되어 처리된다.

QUIZ

q-2-2-21.c

q-2-2-22.c

10, 11, 13, 15를 차례로 더하여 총합 s를 구하는 C 프로그램을 [스텝 2-2-2]의 (c)와 (d) 형태의 두 가지로 각각 작성하여 실행시켜보자.

STEP 2-2-3

C 프로그램에서 변수 여러 개의 초기화 방법을 알고 싶다.

s-2-2-31.c　s-2-2-32.c　s-2-2-33.c

```
main( ) {
  int  x, y, s;
  x = 13;
  y = 2379;
  s = x * y;
  printf("%d  ", s);
  x = 1879;
  y = 17;
  s  = x * y;
  printf("%d  ", s);
}
```

(a)

```
main( ) {
  int  x, y, s;

  x = 13, y = 2379;
  s = x * y;
  printf("%d  ", s);

  x = 1879, y = 17;
  s  = x * y;
  printf("%d  ", s);
}
```

(b)

```
main( ) {
  int  x=13, y=2379, s;

  s = x * y;
  printf("%d  ", s);

  x = 1879, y = 17;
  s  = x * y;
  printf("%d  ", s);
}
```

(c)

[스텝 2-2-3] C 언어 여러 변수의 초기값 및 초기화

◎ 변수 여러 개를 명시적으로 초기화 할 때는 위 그림의 (b)와 같이 할당 문장들을 콤마로 연결할 수 있고, 이 경우 연결된 문장 전체가 하나의 문장으로 해석된다.

◎ 변수 선언 문장에서 초기화 할 때에도 그림 (c)와 같이 각각의 초기화 부분을 콤마로 분리하여 연결한다. 이들 변수들은 나중에 다른 값으로 초기화되어 얼마든지 재사용될 수 있다.

QUIZ

q-2-2-31.c
q-2-2-32.c
q-2-2-33.c

옆 프로그램을 [스텝 2-2-3]의 (a), (b), (c) 형식으로 각각 작성하여 실행시켜보자.

```
10 X = 13
20 Y = 2379
30 S = X * Y
40 PRINT S
50 A = 1879
60 B = 17
70 T = A * B
80 PRINT T
90 END
```

STEP 2-2-4

C 프로그램에서 임의의 수를 키보드에서 입력하여 처리하고 싶다(13, 2379 등과 같이 지정된 상수가 아닌, 임의의 두 수에 대한 곱셈 처리, 5 쪽 STEP-1-1-3 참조).

s-1-1-30.bas | s-2-2-41.c | s-2-2-42.c

```
10 INPUT X
20 INPUT Y
30 S =  X * Y
40 PRINT S
50 END
```

(a)

```
main( )
{
    int  x, y, s;

    scanf("%d,%d", &x, &y);
    s = x * y;
    printf("%d", s);
}
```

(b)

```
main( )
{
    int  x, y, s;

    scanf("x=%d,y=%d",
                 &x, &y);
    s = x * y;
    printf("%d", s);
}
```

(c)

[스텝 2-2-4] C 프로그램의 키보드 입력

◎ C 프로그램에서 키보드로부터 입력을 받는 가장 흔한 방법 중의 하나는 scanf( ) 문장(함수)이다.

◎ scanf( ) 문장은 키보드에서 타입핑 된 내용을 " " 속에 주어진 포맷 문자열 을 다음과 같이 해석하여 대응되는 변수를 초기화한다.

- 포맷 문자열에 포함된 '%d'의 개수만큼의 변수들을 콤마로 분리하여 뒤 쪽에 차례로 대응 배치한다(변수들 앞에는 '&' 기호를 붙임).
- 키보드에서는 포맷 문자열 모양대로 입력해주어야 한다. 다만 '%d' 부분에 원하는 수를 배치하여 넣는다('%d'는 decimal 즉, 십진수 입력을 의미).

  예) 위의 (b) 프로그램에 대한 키보드 입력 타이핑 ⇐ "13,2379↲ " 형태

  위의 (c) 프로그램에 대한 키보드 입력 타이핑 ⇐ "x=13,y=2379↲ " 형태

◎ 하나의 scanf( ) 문장으로 여러 개의 변수 값을 한꺼번에 입력받을 수도 있고, 변수들의 입력을 여러 개의 scanf( ) 문장들로 분산시킬 수도 있다.

◎ 프로그램은 scanf( ) 문장을 만나면 키보드에서 입력이 완료될 때(엔터키)까지 대기한다.

STEP 2-2-5

입력된 임의의 두 수에 대한 곱셈과 나눗셈의 두 가지 결과를 얻고 싶다(6 쪽 STEP-1-1-4 참조).

s-1-1-40.bas | s-2-2-51.c | s-2-2-52.c

```
10 INPUT X
20 INPUT Y

30 S =  X * Y
35 D =  X / Y

40 PRINT S, D

50 END
```

(a)

```
main( )
{
  int  x, y, s, d;
  scanf("x:%d,y:%d",
                 &x, &y);
  s = x * y;
  d = x / y;
  printf("s=%d \nd=%d \n",
                   s, d);
}
```

(b)

```
main( )
{
  int  x, y, s, d;
  scanf("n1=%d,n2=%d",
                 &x, &y);
  s = x * y;
  d = x / y;
  printf("s=%d,d=%d \n",
                   s, d);
}
```

(c)

[스텝 2-2-5] C 프로그램의 화면 출력

◎ C 프로그램에서 화면 출력을 위한 가장 흔한 방법 중의 하나는 printf( ) 문장(함수)이다.

◎ printf( ) 문장은 " " 속에 주어진 포맷 문자열을 다음과 같이 해석하여 대응되는 변수 값을 화면에 출력한다.

- 포맷 문자열에 포함된 '%d'의 개수만큼의 변수들을 콤마로 분리하여 뒤 쪽에 차례로 대응 배치한다(변수들 앞에 '&' 기호를 붙이지 않음).
- 포맷 문자열을 그대로 화면에 출력하되, '%d' 부분에는 대응되는 변수의 십진수 문자열을 대입하고, '₩n' 기호가 나오면 줄바꿈을 한 다음 출력을 계속한다('%d'가 전혀 포함되어 있지 않으면 포맷 문자열만 출력).

  예) 위 (b) 프로그램의 화면 출력 ⇒ "123↲ " 형태의 문자열
  "456↲ "

  위 (c) 프로그램의 화면 출력 ⇒ "s=123,d=456↲ " 형태의 문자열

◎ 출력할 내용을 하나의 printf( ) 문장으로 한꺼번에 처리할 수도 있고, 여러 개의 printf( ) 문장에 나누어 출력할 수도 있다.

STEP 2-2-6

숫자를 출력할 때 옆 그림과 같이 수의 크기에 관계없이 열을 맞추고 싶다.

```
111 * 13 = 1443
111 / 13 =    8
```

```
111 * 13 = 1443
111 / 13 = 0008
```

s-2-2-61.c s-2-2-62.c

```
main( )
{
  int  x, y, s, d;

  scanf("x=%d,y=%d", &x, &y);
  s = x * y;
  d = x / y;
  printf("%d*%d = %4d \n", x, y, s);
  printf("%d/%d = %4d \n", x, y, d);
}
```

(a)

```
main( )
{
  int  x, y, s, d;

  scanf("x=%d,y=%d", &x, &y);
  s = x * y;
  d = x / y;
  printf("%d*%d = %.4d \n", x, y, s);
  printf("%d/%d = %.4d \n", x, y, d);
}
```

(b)

[스텝 2-2-6] C 언어 수치 데이터 출력 줄맞춤

◎ 포맷 문자열의 정수 출력 표시인 '%d'에서 'd' 앞에 숫자를 명시하면 이는 출력될 변수의 십진수 길이로 해석된다. 즉, '%4d'는 변수의 값을 네 자리에 맞추어 출력하되, 아래의 규칙을 따른다.

- 변수 값이 네 자리 미만이면 전체가 네 자리가 되도록 앞쪽에 공백을 채움
- 변수 값이 다섯 자리 이상이면 네 자리로 맞출 수 없기 때문에 그대로 출력

◎ 출력 길이를 명시하되, '%.4d'와 같이 숫자 앞에 '.'을 붙이면 공백 대신 '0'을 채워서 자리수를 맞춘다.

QUIZ q-2-2-60.c

위 [스텝 2-2-6] (a) 프로그램을 x와 y가 세 자리에 맞추어 출력되도록 출력 포맷을 수정하여 실행시켜 보자.

STEP 2-2-7

키보드에서 이름과 나이를 입력받아 그 이름과 이름의 길이, 그리고 나이를 출력한 후, 이름을 "Kim"으로 변경하여 변경된 이름과 이름의 길이를 출력하고 싶다(C 언어의 문자열(문자 데이터) 저장 방법).

s-2-2-71.bas　s-2-2-72.c

```
10 INPUT NA$
20 INPUT AGE
30 NL = LEN(NA$)
40 PRINT NA$, NL, AGE
50 NA$ = "Kim"
60 AGE = 19
70 NL = LEN(NA$)
80 PRINT NA$, NL, AGE
90 END
```

(a)

```
main( )
{
   char  name[16];
   int    age, nl;
   scanf("name=%s age=%d", name, &age);
   nl = strlen(name);
   printf("N=%s, L=%d, A=%d \n",
                              name, nl, age);
   strcpy(name, "Kim"); age = 19;
   nl = strlen(name);
   printf("N=%s, L=%d, A=%d \n",
                              name, nl, age);
}
```

(b)

[스텝 2-2-7] C 언어의 문자열 데이터

◎ C 언어에서 문자열의 저장은 'char' 정수형의 배열 에 문자들의 코드 값을 차례로 저장하는 방법으로 이루어진다. 또한, 배열은 변수명 뒤에 전체 크기를 명시하여 선언한다.

◎ 문자열을 저장하기 위한 'char' 정수형 배열의 크기는 저장될 문자열 데이터의 최대 길이를 예상하여 충분히 크게 설정하여야 한다. 만약 주어진 길이보다 큰 문자열의 저장을 시도하면 해당 프로그램은 종료되거나 잘못 수행된다.

◎ 문자열을 저장하는 방법은 입력을 받거나, strcpy( ) 를 사용한다. scanf( )로 입력받을 때는 '%s'를 사용하고, 배열명 앞에 '&'를 붙이지 않는다.

◎ 문자열의 길이는 strlen( ) 으로 얻을 수 있다.

◎ 문자열 변수를 출력할 때에는 printf( )의 포맷 문자열에 '%s'를 사용한다.

QUIZ

q-2-2-70.c

name1[ ]에 "Kim"을 입력받아 그 이름을 name2[ ]에 배정(복사)하고, 이들을 각각의 길이와 함께 출력하는 프로그램을 작성해보자.

STEP 2-2-8

C 프로그램의 코딩(띄어쓰기) 규칙을 알아보자.

s-2-2-81.c s-2-2-82.c s-2-2-83.c s-2-2-84.c

① 예약어나 식별자가 연속될 때에는 반드시 한 개 이상의 공백(white space)으로 분리되어야 한다. 이 때, 연속되는 공백의 길이는 하나의 공백으로 간주된다.

② 빈칸(blank), 탭(tab), 줄바꿈(new line) 등은 모두 동일하게 공백으로 인정된다. 즉, 새로운 줄은 공백 이상의 어떤 의미도 없다.

③ 예약어나 식별자들이 특수 문자에 의해 분리될 때에는 이들 각각의 사이가 공백으로 분리되어도 좋지만, 꼭 공백이 삽입될 필요는 없다.

④ 특수 문자가 연속될 때에도 그들 각각의 사이가 공백으로 분리되어도 좋지만, 꼭 공백이 삽입될 필요는 없다(몇 가지 예외 존재).

⑤ 모든 명령어 문장 뒤에는 세미콜론(';')을 두어 문장의 끝을 명시한다.

```
main()
{
     int a, b,  c;
     a  =  10;
     b  =  20;
     c  =  a  +  b;
}
```

(a)

```
main   (       ){
     int  a,b,c;

     a=10;
     b=20;
     c=a+b;
}
```

(b)

```
main(){int  a,b,c;a=10;b=20;c=a+b;}
```

(c)

```
main (
)              {
  int
       a,
       b,c;
         a      =
  10 ; b  =
  20 ;
  c=a
       +b    ;
              }
```

(d)

[스텝 2-2-8] C 언어의 띄어쓰기 규칙

◎ 가장 중요한 띄어쓰기 규칙은 ② 번 항목으로, 이를 이용하여 프로그램을 가시적으로 이해하기 쉽도록 작성해야 한다.

◎ C 언어에서 사용하는 기호와 단어(예약어, 식별자)의 대부분을 [표 2-2-8]에 보였다. 이 표에서 보는 바와 같이 C 언어의 고유 기호나 예약어는 그리 많지 않다. 다만, 임의 식별자의 수에는 제한이 없다.

[표 2-2-8] C 언어에서 사용되는 기호, 예약어, 식별자

특수문자	( ) { } [ ] , . ; : ' " & = + - * / ^ %	! ~ ? < > ₩
고 유 예 약 어	#include, #define, extern, register, long, int, short, char, signed, unsigned, float, double, struct, union, typedef, static, sizeof, if, else, for, while, do, break, continue, goto, switch, case, default, return, ...
표 준 식 별 자	main, scanf, printf, getc, putc, getchar, putchar, strcpy, strcmp, fopen, fread, fwrite, fclose, fgets, fprintf, atoi, EOF, NULL, printf, scanf, ...
임 의 식 별 자	프로그래머가 임의로 부여하는 변수 혹은 함수 명으로, 고유 예약어나 표준 예약어는 물론 다른 임의 식별자와 중복될 수 없다.

QUIZ

q-2-2-81.txt

[스텝 2-2-8]의 C 프로그램 예에서 기호(특수문자), 예약어, 표준 식별자, 임의 식별자를 지적해보자.

QUIZ

q-2-2-82.txt

아래 두 프로그램은 문법적으로 동일하다. 띄어쓰기 관점에서 서로 다른 부분을 살펴보고, 어느 쪽이 나은지를 토론해보자.

```
main()
{
int  x,y,s,d;
scanf("x:%d,y:%d",&x,&y);
s=x*y;
d=x/y;
printf("%d \nd=%d \n",s,d);
}
```

(a)

```
main( )
{
    int  x, y, s, d;
    scanf("x:%d, y:%d" , &x, &y);

    s = x * y;
    d = x / y;

    printf("%d \nd=%d \n", s, d);
}
```

(b)

[그림 2-2-8] C 언어 띄어쓰기의 비교

STEP 2-2-9

C 프로그램의 필요한 부분에 명령어 문장이 아닌 코멘트(설명, 주석)을 넣는 방법을 알아보자.

s-2-2-90.c

```
/*------------------------------------------------------------
                    s-2-2-90.c
                    2014/ 03/ 01
                 coded by G. H. Hong
 ------------------------------------------------------------*/
main( )
{
    char  name[16];     /* array for string      */
    int    age, nl;

    scanf("name=%s age=%d", name, &age);
    nl = strlen(name);     /* get length of name */
    printf("N=%s, L=%d, A=%d \n", name, nl, age);

    strcpy(name, "Kim");  // assign a new name
    age = 19, nl = strlen(name);
    // printf("%s, %d \n", name, nl);
    printf("N=%s, L=%d, A=%d \n", name, nl, age);

 /*
    scanf("%s %d", name, &age);
    nl = strlen(name);
    printf("%s, %d, %d \n", name, nl, age);
 */
}
```

[스텝 2-2-9] C 언어 주석 넣는 방법

◎ 줄바꿈과 관계 없이, '/*'로 시작하여 '*/'로 마감되는 모든 부분은 주석(코멘트, 설명문)으로 처리되어 프로그램에 포함되지 않는다.

◎ 프로그램의 머리에 주석을 이용하여 프로그램 파일 이름과, 작성자 일자 및 작성자를 표기하는 것이 좋다.

◎ 컴파일러에 따라 '//'로 시작하는 줄 단위 주석 처리가 가능하다. 즉, '//'부터 그 줄의 끝까지의 모든 내용이 주석 처리된다.

도전 2-2

try-2-21.c
try-2-22.c
try-2-23.c

사다리꼴의 밑변(x), 윗변(y), 높이(z) 등 세 정수를 키보드에서 입력받아 넓이 s를 구하여 출력하는 프로그램을 아래의 조건으로 작성해 보자.

① 입력 포맷 : "4, 30, 200↵ ", 출력 포맷 : "3400↵ "
② 입력 포맷 : "x=4, y=30, z=200↵ ", 출력 포맷 : "s=3400↵ "
③ 입력 포맷 : "x4y30z200↵ ", 출력 포맷 : "x= 4↵ "
"y= 30↵ "
"z= 200↵ "
"s=3400↵ "

과 제 2-2

1. 0~999 사이의 임의의 세 정수 a, b, c를 입력받아, a+b(=s1), a+c(=s2), b+c(=s3) 값을 오른쪽 그림과 같이 열을 맞추어 차례로 출력하는 프로그램 작성.

```
??? +??? = ????
??? +??? = ????
??? +??? = ????
```

① 자리수 앞 부분을 공백으로 채운다(h-2-2-11.c).
② 자리수 앞 부분을 '0'으로 채운다(h-2-2-12.c).

2. 1~100 사이의 정수 반지름 r을 입력받아, 그 원의 넓이 실수 s를 오른쪽 그림과 같이 출력하는 프로그램 작성. 단, π는 3.14159로 사용할 것 (h-2-2-20.c).

```
r=???, s=?????.??
```

STEP 2-3-1

"Kim"과 "Lee" 두 문자열의 대·소 관계를 알고 싶다.

s-2-3-11.bas s-2-3-12.c

```
10 N1$ = "Kim"
20 N2$ = "Lee"
30 IF (N1$ > N2$)
     THEN R = 1
     ELSE IF (N1$ = N2$)
        THEN R = 0
        ELSE R = -1
40 PRINT R
50 END
```

```
main( )
{
   char  n1[16], n2[16];
   int     r;

   strcpy(n1, "Kim");
   strcpy(n2, "Lee");
   r = strcmp(n1, n2);
   printf("r=%d \n", r);
}
```

[스텝 2-3-1] C 언어의 문자열 비교

◎ 문자열의 대·소 관계란 문자열을 구성하는 알파벳 문자들의 순서에 따른 크기를 의미한다. 이를테면 문자열 "AB"는 "BA"보다 작다. 알파벳 순서상 'B'가 나중에 위치해여 해당 코드 값이 더 크기 때문이다([표 2-3-1] 참조).

◎ 문자열의 대·소는 문자열의 앞에서부터 비교해나가므로 길이가 길다고 하여 반드시 큰 값을 가지는 것이 아니다. 예를 들어, "ba"는 "abc"보다 크다.

◎ C 언어에서는 '>', '<', '=' 등의 비교 연산자를 이용해서 두 문자열을 직접 비교할 수 없고, strcmp( ) 를 이용해야 한다.

◎ strcmp( )는 주어진 두 문자열을 비교하여 앞쪽 문자열이 크면 양수를, 두 문자열이 일치하면 0을, 뒤쪽 문자열이 크면 음수를 돌려준다.

QUIZ

q-2-3-10.c

아래에 주어진 문자열 쌍들에 대한 대·소 비교 결과를 출력해보자.

- "a", "ab" ⇒ r1
- "b", "ab" ⇒ r2
- "BC", "bc" ⇒ r3
- "xyz", "xyz" ⇒ r4

[표 2-3-1] ASCII 코드

16진	2진	10진	키	16진	2진	10진	키
0x20	0010 0000	32	SPACE BAR	0x50	0101 0000	80	P
0x21	0010 0001	33	!	0x51	0101 0001	81	Q
0x22	0010 0010	34	"	0x52	0101 0010	82	R
0x23	0010 0011	35	#	0x53	0101 0011	83	S
0x24	0010 0100	36	$	0x54	0101 0100	84	T
0x25	0010 0101	37	%	0x55	0101 0101	85	U
0x26	0010 0110	38	&	0x56	0101 0110	86	V
0x27	0010 0111	39	'	0x57	0101 0111	87	W
0x28	0010 1000	40	(	0x58	0101 1000	88	X
0x29	0010 1001	41	)	0x59	0101 1001	89	Y
0x2a	0010 1010	42	*	0x5a	0101 1010	90	Z
0x2b	0010 1011	43	+	0x5b	0101 1011	91	[
0x2c	0010 1100	44	,	0x5c	0101 1100	92	\
0x2d	0010 1101	45	-	0x5d	0101 1101	93	]
0x2e	0010 1110	46	.	0x5e	0101 1110	94	^
0x2f	0010 1111	47	/	0x5f	0101 1111	95	_
0x30	0011 0000	48	0	0x60	0110 0000	96	`
0x31	0011 0001	49	1	0x61	0110 0001	97	a
0x32	0011 0010	50	2	0x62	0110 0010	98	b
0x33	0011 0011	51	3	0x63	0110 0011	99	c
0x34	0011 0100	52	4	0x64	0110 0100	100	d
0x35	0011 0101	53	5	0x65	0110 0101	101	e
0x36	0011 0110	54	6	0x66	0110 0110	102	f
0x37	0011 0111	55	7	0x67	0110 0111	103	g
0x38	0011 1000	56	8	0x68	0110 1000	104	h
0x39	0011 1001	57	9	0x69	0110 1001	105	i
0x3a	0011 1010	58	:	0x6a	0110 1010	106	j
0x3b	0011 1011	59	;	0x6b	0110 1011	107	k
0x3c	0011 1100	60	<	0x6c	0110 1100	108	l
0x3d	0011 1101	61	=	0x6d	0110 1101	109	m
0x3e	0011 1110	62	>	0x6e	0110 1110	110	n
0x3f	0011 1111	63	?	0x6f	0110 1111	111	o
0x40	0100 0000	64	@	0x70	0111 0000	112	p
0x41	0100 0001	65	A	0x71	0111 0001	113	q
0x42	0100 0010	66	B	0x72	0111 0010	114	r
0x43	0100 0011	67	C	0x73	0111 0011	115	s
0x44	0100 0100	68	D	0x74	0111 0100	116	t
0x45	0100 0101	69	E	0x75	0111 0101	117	u
0x46	0100 0110	70	F	0x76	0111 0110	118	v
0x47	0100 0111	71	G	0x77	0111 0111	119	w
0x48	0100 1000	72	H	0x78	0111 1000	120	x
0x49	0100 1001	73	I	0x79	0111 1001	121	y
0x4a	0100 1010	74	J	0x7a	0111 1010	122	z
0x4b	0100 1011	75	K	0x7b	0111 1011	123	{
0x4c	0100 1100	76	L	0x7c	0111 1100	124	|
0x4d	0100 1101	77	M	0x7d	0111 1101	125	}
0x4e	0100 1110	78	N	0x7e	0111 1110	126	~
0x4f	0100 1111	79	O	0x7f	0111 1111	127	

STEP 2-3-2

임의의 두 수에 대하여 때로는 곱셈을, 때로는 나눗셈을 한 결과를 얻고 싶다 (8 쪽 STEP-1-2-1 참조).

s-1-2-10.bas s-2-3-20.c

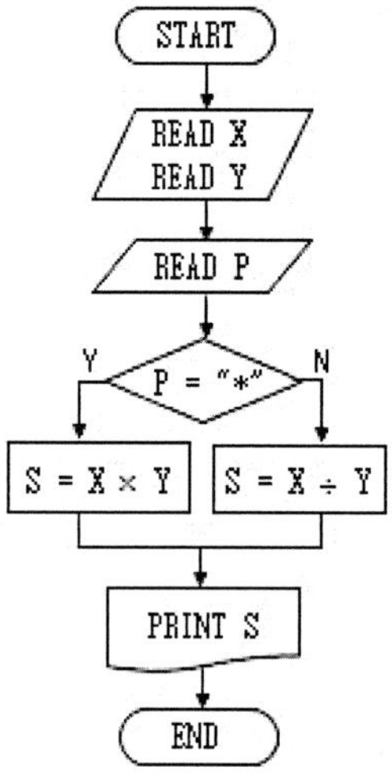


```
10 INPUT X
20 INPUT Y
30 INPUT P$
40 IF (P$ = "*")
     THEN S = X * Y
     ELSE S = X / Y
40 PRINT S
50 END
```

```
main( )
{
    int     x, y, r, s;
    char   p[4];
    scanf("%d,%d", &x, &y);
    scanf("%s", p);
    r = strcmp(p, "*");
    if (r == 0)
    {
        s = x * y;
    }
    else
    {
        s = x / y;
    }
    printf("s=%d \n", s);
}
```

[스텝 2-3-2] C 언어의 if 구문(양자택일)

◎ 조건 탐색을 위한 논리식은 한 개 이상의 관계식으로 구성되고, 두 개 이상일 때는 논리 연산자로 연결된다. C 언어의 논리식 표현 방법은 [표 2-3-2]와 같다.

◎ (C 언어의 양자택일 형 if 구문은 [그림 2-3-2]와 같이 "if ( ) { } else { }" 형태이고, 큰 틀에서 if 구문 전체가 하나의 문장으로 취급된다.

◎ '{' '}' 속의 문장들에 대해서는 들여쓰기를 하고, 여기에는 또 다른 if 구문 등 다양한 명령어를 얼마든지 사용될 수 있다.

◎ '{' '}' 속의 문장이 하나일 경우에는 '{' '}'를 생략할 수 있다.

QUIZ q-2-3-20.c

두 정수 x, y를 입력 받아, 그 합 s가 100보다 크면 "Yes"를, 아니면 "No"를 출력하는 프로그램을 작성해보자.

[표 2-3-2] C 언어의 논리식 및 연산자

관 계 연 산 자	
==	양쪽이 같은가?
>	왼쪽이 큰가?
>=	왼쪽이 크거나 같은가?
<	왼쪽이 작은가?
<=	왼쪽이 작거나 같은가?
!=	양쪽이 같지 않은가?

논 리 연 산 자	
!	뒤 논리식이 거짓이면 결과가 참
&&	양쪽이 모두 참이면 결과가 참
||	양쪽 중 하나가 참이면 결과가 참

- 탐색우선순위 : ! → && → ||
- 수식이나 상수자체로 관계식 가능(0:F, ~0:T)
- 관계 · 논리식의 탐색 결과는 0(F) 혹은 1(T)

a=1, b=2, c=3, d=4, e=5, f=6, g=7, h=8

논 리 식 예						결 과					
① a	!a	!(a -1)	1	0	-7	T	F	T	T	F	T
② b + c <= d	!(b + c < d)	!b + c <= d				F	T	T			
③ a + (c - b) > f - d	a + (c - b) >= f - d					F	T				
④ a < b && c <= d	a < b && !(c <= d)					T	F				
⑤ a < b && c == d || e < f && g > h						F					
⑥ (a < b && c == d) || (e < f && g > h)						F					
⑦ a < b && c == d || e < f || g > h						T					

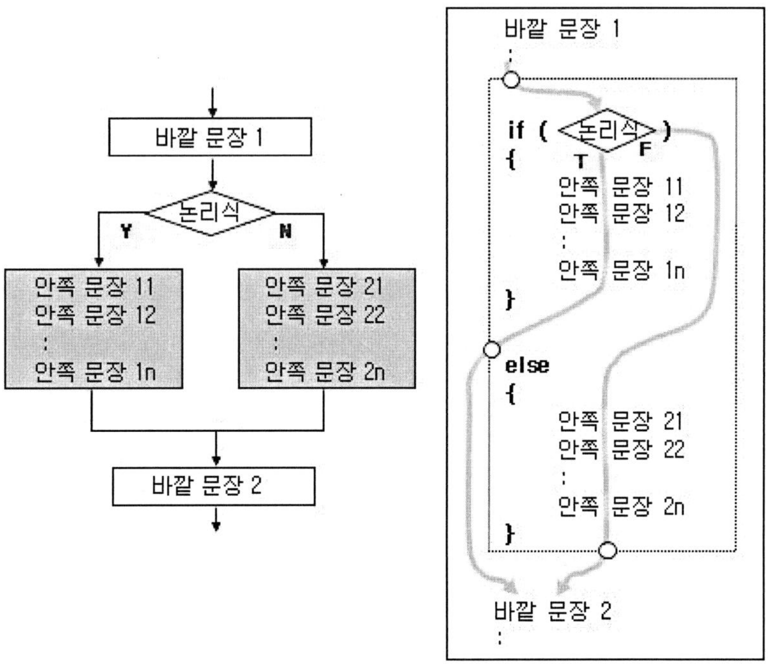

[그림 2-3-2] C 언어의 if 구문(양자택일)

STEP 2-3-3

이름(n)과 나이(a)를 입력받아 그 이름이 "Kim"이면 나이에 1을 더하여 출력하고, 그렇지 않으면 원래 나이 값을 출력하고 싶다(10 쪽 STEP-1-2-2 참조).

s-1-2-20.bas s-2-3-30.c

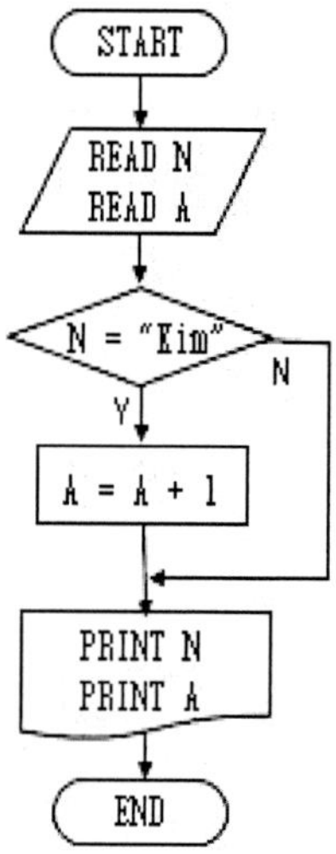


```
10 INPUT N$
20 INPUT A

30 IF (N$ = "Kim")
      THEN A = A + 1



60 PRINT N$, A

70 END
```

```
main( )
{
    char  n[10];
    int     a;

    scanf("%s", n);
    scanf("%d", &a);

    if (strcmp(n, "Kim") == 0)
        a = a + 1;

    printf("%s, %d \n", n, a);
}
```

[스텝 2-3-3] C 언어의 if 구문(단일선택)

◎ C 언어의 단일선택 형 if 구문은 [그림 2-3-3]와 같이 "if ( ) { }" 형태로 양자택일 형에서 'else' 이하가 제거된 모양이다.

◎ 위 프로그램에서 '{' '}' 속에 문장이 하나이므로 '{' '}'가 생략되었다.

QUIZ q-2-3-31.c

이름(name)과 나이(age)를 입력받아 그 이름이 "Pak"이면 이름을 "Park"으로 수정하고 나이에서 1을 감하여 출력하고, 그렇지 않으면 원래 이름과 나이 값을 출력하고 싶다.

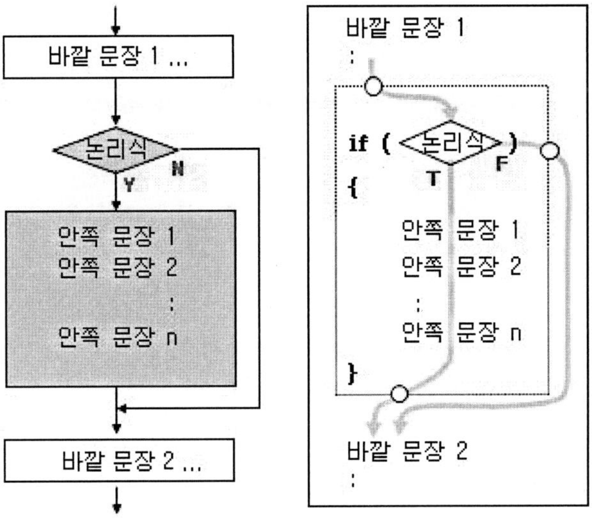

[그림 2-3-3] C 언어의 if 구문(단일선택)

QUIZ

q-2-3-32.c

두 과목 성적 e, m을 입력받아 평균 avg를 구하는 프로그램을 작성해보자. 단, 각 성적에 대하여 60점 미만이면 60점으로 수정하여 계산한다.

STEP 2-3-4

기말고사 평균 r을 입력받아 90~100이면 "A", 80~89이면 "B", 70~79이면 "C", 그 외는 "F"를 각각 출력하고 싶다(11 쪽 STEP-1-2-3 참조).

s-1-2-30.bas　s-2-3-40.c

```
10 INPUT R
20 IF (R >= 90)     THEN D$ = "A"
   ELSE IF (R>=80) THEN D$ = "B"
   ELSE IF (R>=70) THEN D$ = "C"
   ELSE D$ = "F"
30 PRINT D$
40 END
```

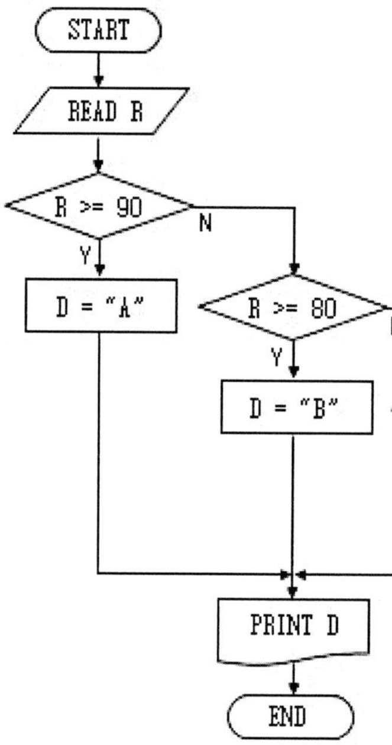


```
main( )
{
    char  d[4];
    int   r;
    scanf("r=%d", &r);
    if (r >= 90)
        strcpy(d, "A");
    else if (r >= 80)
        strcpy(d, "B");
    else if (r >= 70)
        strcpy(d, "C");
    else
        strcpy(d, "F");
    printf("D=%s \n", d);
}
```

[스텝 2-3-4] C 언어의 if 구문(다중선택)

◎ C 언어의 다중선택 형 if 구문은 [그림 2-3-4]와 같이 "if ( ) { } else if ( ) { }

else if ( ) { } else { }" 형태로 "else if ( ) { }" 부분을 연속해서 나열한다. 이때, 마지막 'else' 이하는 생략될 수 있다.

◎ 위 프로그램에서는 여기서도 '{' '}' 속에 문장이 하나이므로 '{' '}'가 생략되었다.

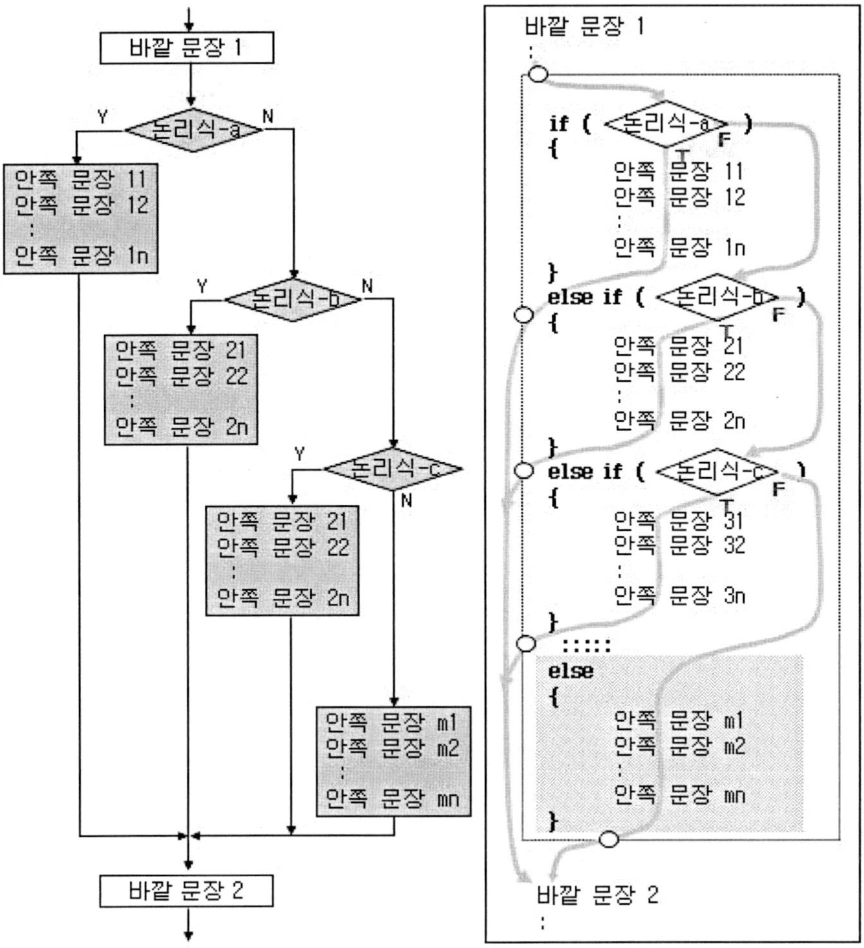

[그림 2-3-4] C 언어의 if 구문(다중선택)

QUIZ
q-2-3-40.c

[스텝 2-3-4] 프로그램을 "F"부터 찾도록 재작성해보자.

STEP 2-3-5

등급 코드 g를 입력받아 "A" 급은 95, "B" 급은 85, "C" 급은 75, "D" 급은 65 점을 부여하여 출력하고 싶다(12 쪽 STEP-1-2-4 참조).

s-1-2-40.bas | s-2-3-50.c

```
10 INPUT G$
20 IF (G$ = "B")        THEN S=85
   ELSE IF (G$ = "A") THEN S=95
   ELSE IF (G$ = "D") THEN S=65
   ELSE S = 75
30 PRINT S
40 END
```

```
main( )
{
   char   g[4];
   int     s;

   scanf("%s", g);

   if (strcmp(g, "B") == 0)
      s = 85;
   else if (strcmp(g, "A") == 0)
      s = 95;
   else if (strcmp(g, "D") == 0)
      s = 65;
   else
      s = 75;

   printf("S=%d \n", s);
}
```

[스텝 2-3-5] C 언어의 if 구문(다중선택)

◎ 분류하고자 하는 경우들이 수의 범위가 아니고 특정 수와의 일치 여부이므로 어떤 수를 먼저 비교하여도 문제가 없다. 그러나, 누락 등의 실수를 예방하기 위해서는 가급적 차례로 비교하는 것이 좋다.

QUIZ q-2-3-50.txt

위 [스텝 2-3-5] 프로그램과 옆의 프로그램을 비교하여 어떻게 다른지 토론해 보자.

```
main( )
{
   char   g[4];
   int     s;

   scanf("%s", g);

   if (strcmp(g, "A") == 0)
      s = 95;
   if (strcmp(g, "B") == 0)
      s = 85;
   if (strcmp(g, "C") == 0)
      s = 75;
   if (strcmp(g, "D") == 0)
      s = 65;

   printf("S=%d \n", s);
}
```

도전 2-3

try-2-30.c

삼각형 세 변의 길이 a, b, c (단, a < b < c)를 입력받아 그 삼각형이 직각 삼각형인지("J"), 둔각 삼각형인지("D"), 예각 삼각형인지("Y")를 판별하기 위한 프로그램을 작성해보자.

과 제 2-3

1. **삼각형의 두 각 d1, d2 (단, d1 < d2)를 입력받아 그 삼각형이 직각 삼각형인지("J"), 둔각 삼각형인지("D"), 예각 삼각형인지("Y")를 판별하기 위한 프로그램 작성(h-2-3-10.c).**

2. **어떤 회사의 영업사원에 대한 보너스 지급 규정이 다음과 같을 때, 영업사원의 월급 s와 개인별 매출액 t를 입력받아, 보너스 지급 금액을 계산하기 위한 프로그램 작성(h-2-3-20.c).**

   o 보너스 지급액 : 해당 사원의 총 매출액이 월급의 3 배보다 작으면 매출액의 3%, 4 배보다 작으면 4%, 5배 보다 작으면 5%, 5배 이상이면 6%.

3. **함수 *f(x)*가 다음과 같이 정의되어 있을 때, 임의 입력 값 x에 대한 함수 값 *f(x)*를 계산하는 프로그램 작성(h-2-3-30.c).**

$$
\text{o } f(x) = \begin{cases} (x^2 + 4x + 1) / 3 & : x > 0 \text{ 일때} \\ (x + 4) & : x = 0 \text{ 일때} \\ (x - 10) & : x < 0 \text{ 일때} \end{cases}
$$

STEP 2-4-1

임의의 서로 다른 세 정수 a, b, c 중 가장 큰 수를 찾고 싶다(사건 중심 분류, 14 쪽 STEP-1-3-1 참조).

s-1-3-10.bas s-2-4-10.c

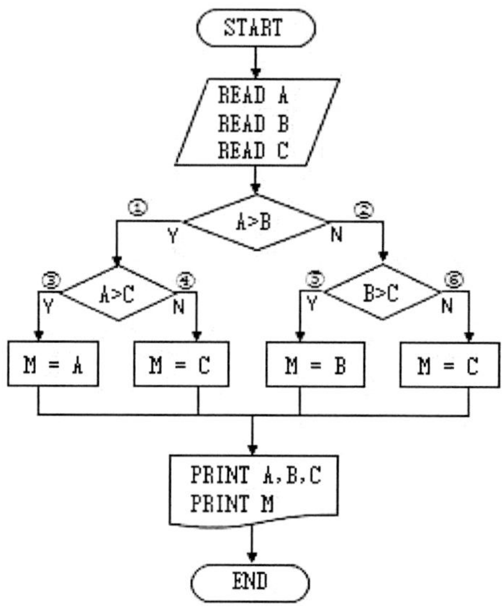


```
10 INPUT A
20 INPUT B
30 INPUT C
40 IF (A > B)
      THEN IF (A > C) THEN M = A
                      ELSE M = C
      ELSE IF (B > C) THEN M = B
                      ELSE M = C

70 PRINT A, B, C
80 PRINT M

90 END
```

```c
main( )
{
    int    a, b, c, m;
    scanf("%d,%d,%d",
                   &a, &b, &c);
    if (a > b) {
        if (a > c) m = a;
        else       m = c;
    }
    else {
        if (b > c) m = b;
        else       m = c;
    }
    printf("%d,%d,%d,%d \n",
                   a, b, c, m);
}
```

[스텝 2-4-1] 경우의 수와 논리식 (사건 중심 분류)

◎ "a가 b보다 작은가(a < b)"의 경우부터 시작할 수도 있다.

STEP 2-4-2

임의의 서로 다른 세 정수 a, b, c 중 가장 큰 수를 찾고 싶다(결과 중심 분류, 16 쪽 STEP-1-3-2 참조).

s-1-3-20.bas s-2-4-20.c

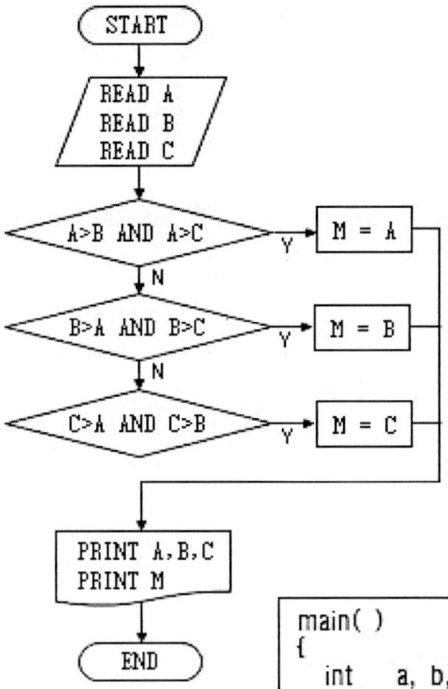


```
10 INPUT A
20 INPUT B
30 INPUT C

40 IF (A>B AND A>C) THEN M=A
   ELSE IF (B>A AND B>C) THEN M=B
   ELSE IF (C>A AND C>B) THEN M=C

70 PRINT A, B, C, M

80 END
```

```
main( )
{
   int    a, b, c, m;
   scanf("%d,%d,%d",
                 &a, &b, &c);
   if (a > b && a > c)
        m = a;
   else if (b > a && b > c)
        m = b;
   else
        m = c;
   printf("%d,%d,%d,%d \n",
                 a, b, c, m);
}
```

[스텝 2-4-2] 경우의 수와 논리식 (결과 중심 분류)

QUIZ q-2-4-20.txt

서로 다른 세 정수 사이에 가능한 모든 대 · 소 관계를 열거해보자.

STEP 2-4-3

임의의 서로 다른 세 정수 a, b, c 중 가장 큰 수를 찾고 싶다(순차 대결, 17쪽 STEP-1-3-3 참조).

s-1-3-30.bas　s-2-4-30.c

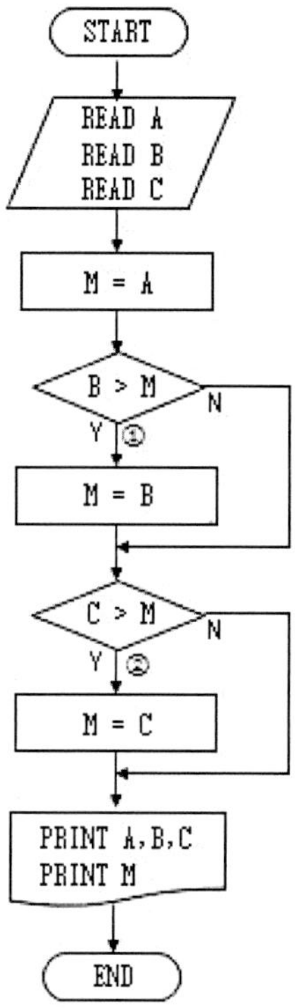


```
10 INPUT A
20 INPUT B
30 INPUT C

40 M = A

50 IF (B > M)
      THEN M = B

60 IF (C > M)
      THEN M = C

70 PRINT A, B, C, M

80 END
```

```c
main( )
{
    int   a, b, c, m;
    scanf("%d,%d,%d",
                  &a, &b, &c);
    m = a;
    if (b > m)
        m = b;
    if (c > m)
        m = c;
    printf("%d,%d,%d,%d \n",
                  a, b, c, m);
}
```

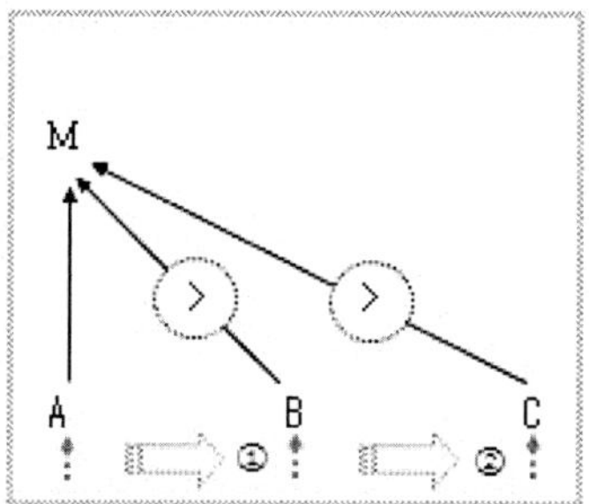

[스텝 2-4-3] 경우의 수와 논리식 (순차 대결)

QUIZ q-2-4-30.c

위 [스텝 2-4-3] 프로그램을 서로 다른 네 정수 a, b, c, d로 확장해보자.

STEP 2-4-4

임의의 서로 다른 네 정수 a, b, c, d 중 가장 큰 수를 찾고 싶다(토너먼트, 18 쪽 STEP-1-3-4 참조).

s-1-3-40.bas　s-2-4-40.c

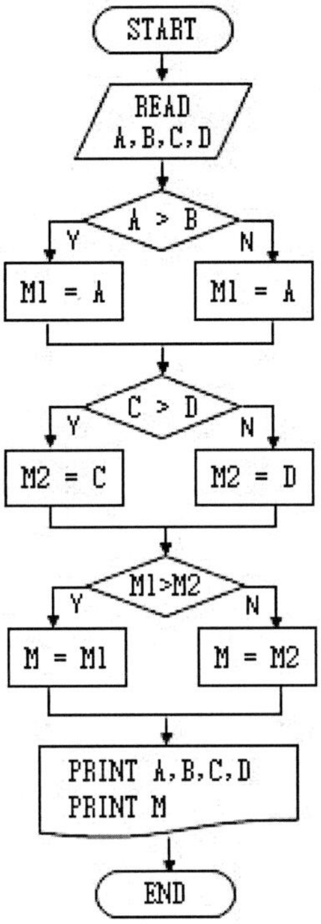


```
10 INPUT A
20 INPUT B
30 INPUT C
40 INPUT D

50 IF (A > B)
       THEN M1 = A
       ELSE M1 = B

60 IF (C > D)
       THEN M2 = C
       ELSE M2 = D

70 IF (M1 > M2)
       THEN M = M1
       ELSE M = M2

80 PRINT A, B, C, D
85 PRINT M

90 END
```

```
main( )
{
  int  a, b, c, d;
  int  m1, m2, m;

  scanf("%d,%d,%d,%d",
              &a, &b, &c, &d);

  if (a > b)  m1 = a;
  else        m1 = b;

  if (c > d)  m2 = c;
  else        m2 = d;

  if (m1>m2) m = m1;
  else       m = m2;

  printf("%d,%d,%d,%d",
                a, b, c, d);
  printf("\nm=%d \n", m);
}
```

[스텝 2-4-4] 경우의 수와 논리식 (토너먼트)

QUIZ q-2-4-40.c

위 [스텝 2-4-4] 프로그램을 서로 다른 세 정수 a, b, c에 적용해보자.

STEP 2-4-5

임의의 서로 다른 세 정수 a, b, c의 값을 서로 교환하여 a, b, c가 오름차순을 이루도록 하고 싶다.

s-2-4-50.c

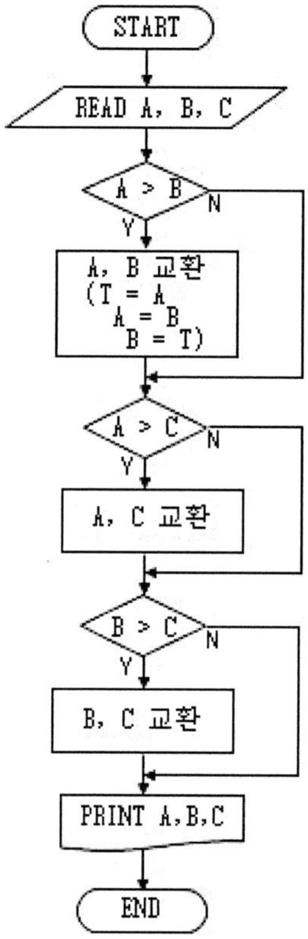


```
main( )
{
    int     a, b, c, t;

    scanf("%d,%d,%d", &a, &b, &c);

    if (a > b) {
            t = a;
            a = b;
            b = t;
    }

    if (a > c) {
            t = a;
            a = c;
            c = t;
    }

    if ( b > c) {
            t = b;
            b = c;
            c = t;
    }

    printf("a=%d,b=%d,c=%d \n",
                            a, b, c);
    return;
}
```

[스텝 2-4-5] 경우의 수와 논리식 (토너먼트)

◎ 우선 a에 가장 작은 수를 옮겨 놓을 궁리를 한다.

◎ a에 가장 큰 수를 옮겨 놓은 후에는, b와 c만을 대상으로 둘 중 작은 수를 b에 두면 된다.

QUIZ q-2-4-50.c

[스텝 2-4-5] 프로그램을 a, b, c, d 네 정수로 확장해 보자.

도전 2-4

try-2-40.c

서로 다른 네 정수 a, b, c, d 중, 가장 큰 수를 사건 중심 분류 방식으로 찾는 프로그램을 작성해보자.

정 리

	사건 중심 분류	결과 중심 분류	순차대결	토너먼트대결
세 정수	o	o	o	o
네 정수	o	o	o	o

과 제 2-4

1. 삼각형 세 변의 길이 a, b, c를 입력받아 그 삼각형이 직각 삼각형인지("J"), 둔각 삼각형인지("D"), 예각 삼각형인지("Y")를 판별하기 위한 프로그램 작성(h-2-4-10.c).

2. 삼각형의 두 각 d1, d2를 입력받아 그 삼각형이 직각 삼각형인지("J"), 둔각 삼각형인지("D"), 예각 삼각형인지("Y")를 판별하기 위한 프로그램 작성(h-2-4-20.c).

3. 서로 다른 세 정수 a, b, c 중, 가운데 수를 사건 중심 분류 방식으로 찾는 프로그램 작성(h-2-4-30.c).

4. 서로 다른 네 정수 a, b, c, d 중, 두 번째로 큰 수를 순차 대결 방식으로 찾는 프로그램 작성(h-2-4-40.c).

STEP 2-5-1

반지름 r을 입력받아 넓이를 계산한 후, 정수 부분과 소수 부분을 분리하여 각각을 따로 구하고 싶다(변수 타입).

s-2-5-10.bas s-2-5-10.c

```
10 INPUT R
20 S = 3.14 * R * R
30 SI% = S
40 IF (SI% > S)
   THEN SI% = SI% -1
50 SF! = S - SI%
60 PRINT S, SI%, SF!
70 END
```

```
main( )
{
    int    r, si;
    float  s, sf;
    scanf("r=%d", &r);
    s  = 3.14 * r * r;
    si = s;
    sf = s - si;
    printf("s=%.2f, si=%d, sf=%.2f \n",
                                s, si, sf);
}
```

[스텝 2-5-1] 수식 계산과 변수 타입 (정수와 실수 변환)

◎ 수식에 실수가 존재하면 그 계산 결과는 실수이고, 정수들만으로 구성되면 그 계산 결과는 절삭된 정수이다.

예) 3.13*3*3 ⇒ 28.17, 5/4 ⇒ 1

◎ 계산 결과를 좌변의 변수에 저장할 때에는 그 변수의 타입에 맞게 변환되어 저장된다.

예) int a = 3.13*3*3 ⇒ 28.17이 정수로 변환된 28이 정수 변수 a에 저장됨

예) float x = 5/4 ⇒ 정수 1이 실수로 변환된 1.0이 실수 변수 x에 저장됨

QUIZ q-2-5-10.c

[스텝 2-5-1]의 성질을 이용하여, 임의의 입력된 정수 n이 3의 배수이면 "Yes"를, 아니면 "No"를 출력하는 프로그램을 작성해보자.

STEP 2-5-2

실수 값이 정수 타입의 변수에 저장될 때 소수점 이하가 절삭되는 성질을 이용하여, 임의의 정수 n에 대하여 n/10의 몫과 나머지를 간편하게 구하고 싶다(예, 324/10==>(32, 4), 21 쪽 STEP-1-4-2 참조).

s-1-4-20.bas　s-2-5-20.c

```
10 INPUT N%

20 Q% = (N% - 5) / 10
30 R% = N% - Q% * 10

40 PRINT N%, Q%, R%

50 END
```

```
main( )
{
      int    n, q, r;
      scanf("%d", &n);
      q = n / 10.0;
      r = n - q * 10;
      printf("n=%d, q=%d, r=%d \n",
                              n, q, r);
}
```

[스텝 2-5-2] 수식 계산과 변수 타입 (정수와 실수 변환)

◎ GWBASIC에서는 실수 값이 정수 변수에 저장될 때 반올림 된다.

◎ 위 프로그램의 "q = n / 10.0" 수식 계산에서

① 수식 "n / 10.0"의 계산 결과는 이 수식에 실수 "10.0"이 포함되어 있으므로 실수이고(예, 13/10.0 ⇒ 1.3),

② 이 실수를 정수 변수 q에 저장할 때는 소수점 이하를 절삭한다(예, 1.3 ⇒ 1).

◎ 만약 위 수식을 "q = n / 10"와 같이 실수를 사용하지 않도록 수정한다면

③ 수식이 정수로만 이루어져 있으므로 "n / 10"의 계산 결과는 소수점 이하가 절삭된 정수이고(예, 13/10 ⇒ 1.3 ⇒ 1),

④ 그 정수를 그대로 정수 변수 q에 저장한다(예, 1 ⇒ 1).

QUIZ

q-2-5-20.c

100~999인 임의의 정수 n에 대하여 각 자리의 숫자를 분리하여 따로따로 출력하는 프로그램을 작성해보자.

STEP 2-5-3

"32"와 같이 두 개의 숫자로 구성된 문자열에 대응되는 정수(32)를 구하고 싶다(22 쪽 STEP-1-4-3 참조).

s-1-4-30.bas | s-2-5-30.c

```
10 INPUT T$

20 C$ = MID$(T$, 1, 1)
30 IF (C$ = "0" )       THEN N1 = 0
   ELSE IF (C$ = "1") THEN N1 = 1
   ELSE IF (C$ = "2") THEN N1 = 2
   ELSE IF (C$ = "3") THEN N1 = 3
   ELSE IF (C$ = "4") THEN N1 = 4
   ELSE IF (C$ = "5") THEN N1 = 5
   ELSE IF (C$ = "6") THEN N1 = 6
   ELSE IF (C$ = "7") THEN N1 = 7
   ELSE IF (C$ = "8") THEN N1 = 8
   ELSE               THEN N1 = 9

40 C$ = MID$(T$, 2, 1)
50 IF (C$ = "0" )       THEN N2 = 0
   ELSE IF (C$ = "1") THEN N2 = 1
   ELSE IF (C$ = "2") THEN N2 = 2
   ELSE IF (C$ = "3") THEN N2 = 3
   ELSE IF (C$ = "4") THEN N2 = 4
   ELSE IF (C$ = "5") THEN N2 = 5
   ELSE IF (C$ = "6") THEN N2 = 6
   ELSE IF (C$ = "7") THEN N2 = 7
   ELSE IF (C$ = "8") THEN N2 = 8
   ELSE               THEN N2 = 9

60 NT = N1*10 + N2

70 PRINT T$, NT

50 END
```

```
main( )
{
  char   c, ns[4];
  int    n1, n2, nt;
  scanf("%s", ns);
  c = ns[0];
  if (c == '0') n1 = 0;
  else if (c == '1') n1 = 1;
  else if (c == '2') n1 = 2;
  else if (c == '3') n1 = 3;
  else if (c == '4') n1 = 4;
  else if (c == '5') n1 = 5;
  else if (c == '6') n1 = 6;
  else if (c == '7') n1 = 7;
  else if (c == '8') n1 = 8;
  else if (c == '9') n1 = 9;
  c = ns[1];
  if (c == '0') n2 = 0;
  else if (c == '1') n2 = 1;
  else if (c == '2') n2 = 2;
  else if (c == '3') n2 = 3;
  else if (c == '4') n2 = 4;
  else if (c == '5') n2 = 5;
  else if (c == '6') n2 = 6;
  else if (c == '7') n2 = 7;
  else if (c == '8') n2 = 8;
  else if (c == '9') n2 = 9;
  nt = n1 * 10 + n2;
  printf("ns=%s, nt=%d \n",
                        ns, nt);
}
```

[스텝 2-5-3] C 언어의 문자와 문자열

◎ C 언어는 문자열(String) 저장을 위한 별도의 변수 타입을 제공하지 않고, char 정수형 배열에 문자 코드를 저장하여 사용토록 한다. 이 때, 문자열을 이루는 문자들의 맨 끝에 정수 0을 위치시켜 문자열의 끝임을 표시한다. 따라서 문자열을 저장하는 배열의 크기는 최소한 '문자열의 길이+1'만큼은 되어야 한다.

◎ C 언어의 배열 첨자는 1이 아닌 0부터 시작한다.

◎ 기본 영문 문자 코드로 [표 2-5-2]의 아스키(ASCII)가 사용되고, 각각의 코드 값은 정수이므로, 수식 계산이 가능하다.

◎ '3'의 표현은 문자 '3'에 대한 아스키 코드값을 의미하고 이는 정수 51과 동치이다.

즉, "if (c == '3')" 문장은 "if (c == 51)"과 정확히 일치한다.

◎ 아스키 코드값(정수)에 대한 문자를 출력할 때에는 printf( )에서 '%c'를 사용한다.

[표 2-5-2] 영문 알파벳을 위한 아스키(ASCII) 코드

문자(키)	값
SPACE BAR	32
!	33
"	34
#	35
$	36
%	37
&	38
'	39
(	40
)	41
*	42
+	43
,	44
-	45
.	46
/	47
0	48
1	49
2	50
3	51
4	52
5	53
6	54
7	55
8	56
9	57
:	58
;	59
<	60
=	61
>	62
?	63
@	64
A	65
B	66
C	67
D	68
E	69
F	70
G	71
H	72
I	73
J	74
K	75
L	76
M	77
N	78
O	79
P	80
Q	81
R	82
S	83
T	84
U	85
V	86
W	87
X	88
Y	89
Z	90
[	91
\	92
]	93
^	94
_	95
`	96
a	97
b	98
c	99
d	100
e	101
f	102
g	103
h	104
i	105
j	106
k	107
l	108
m	109
n	110
o	111
p	112
q	113
r	114
s	115
t	116
u	117
v	118
w	119
x	120
y	121
z	122
{	123
|	124
}	125
~	126
	127

QUIZ q-2-5-30.txt

다음 프로그램 (a)~(c)의 출력 결과를 자세히 살펴보고 정수, 문자, 그리고 문자열을 이해해보자.

```
main( )
{
    char  ns[4];
    strcpy(ns, "Kim");
    printf("%s,%c,%d \n",
          ns, ns[0], ns[0]);
}
```

(a)

```
main( )
{
    char  ns[4];
    strcpy(ns, "Kim");
    ns[0] = 'L';
    printf("%s \n", ns);
}
```

(b)

```
main( )
{
    char  ns[4];
    strcpy(ns, "Kim");
    ns[0] = ns[0] - 1;
    printf("%s \n", ns);
}
```

(c)

STEP 2-5-4

"Kim"으로 초기화된 문자열 데이터를 "Kims"로 변경하고 싶다.

s-2-5-40.bas s-2-5-41.c s-2-5-42.c

```
10 N$ = "Kim"
20 PRINT N$
30 N$ = "Kims"
40 PRINT N$
50 END
```

```
main( )
{
    char    ns[5];
    strcpy(ns, "Kim");
    printf("%s \n", ns);
    strcpy(ns, "Kims");
    printf("%s \n", ns);
}
```

```
main( )
{
    char    ns[5];
    strcpy(ns, "Kim");
    printf("%s \n", ns);
    ns[3] = 115;
    ns[4] = 0;
    printf("%s \n", ns);
}
```

[스텝 2-5-3] 문자열 처리

◎ 문자열이 저장된 배열의 문자 코드의 내용을 직접 변경함으로써 전체 문자열을 얼마든지 수정할 수 있다.

◎ "ns[3] = 115" 문장은 "ns[3] = 's'"와 동일하다. 위에서는 정수가 아닌 문자 코드를 처리하는 것이기 때문에 이해를 돕는 측면에서 's' 표기를 사용하는 것이 좋다.

◎ 정수 0에 대응되는 문자는 존재하지 않기 때문에 이에 대응되는 문자를 NULL(비어 있는) 문자 라 부르고, 그 문자를 '\0'로 표기한다. 즉 's'가 115와 동치인 것과 같이 '\0'는 0과 동치이다. 따라서, 위의 "ns[4] = 0" 문자는 "ns[4] = '\0'"와 동일하다. 여기서도 후자의 표현을 사용하는 것이 좋다.

◎ 나중에 문자열이 길어질 것을 고려하여 배열 ns[ ]의 크기를 미리 5로 설정한다.

QUIZ

q-2-5-40.c

strcpy( )를 사용하지 않고, 배열 name[]에 문자를 하나씩 직접 설정하여 문자열 "Kim"을 만들고, 그 결과를 출력해보자.

도전 2-5

try-2-50.c

임의의 두 자리 정수 n을 입력 받아 이에 대응되는 숫자 문자열을 numb[ ]에 구하는 프로그램을 작성해보자.

과 제 2-5

1. 임의의 입력된 반지름 r인 원의 넓이s를 넓이 s를 반올림한 si를 출력하는 프로그램 작성(단, π = 3.14, h-2-5-10.c).

2. 임의의 숫자 문자 n에 대응되는 정수는 n - '0'의 수식으로 쉽게 얻을 수 있다(예, '5' - '0' = 53 - 48 = 5, 아스키 표 참조). 이를 이용하여 입력된 임의의 두 자리 숫자 문자열 numb[ ]에 대한 정수 값 n을 얻은 후 여기에 1을 더한 값을 출력하는 프로그램 작성(h-2-5-20.c).

3. "Application"으로 초기화된 문자열 데이터 buf[ ]를 "App"로 변경하여 출력하는 프로그램 작성(h-2-5-30.c).

4. 최대 길이 7인 임의의 문자열을 buf[ ]에 입력받아 무조건 앞 3 자까지의 문자열만 출력하는 프로그램 작성(h-2-5-40.c).

STEP 2-6-1

반지름 r을 입력받아 넓이 s를 계산하는 일을 세 번 연속해서 하고 싶다(사후 체크법, 24 쪽 STEP-1-5-1 참조).

s-1-5-10.bas　s-2-6-10.c

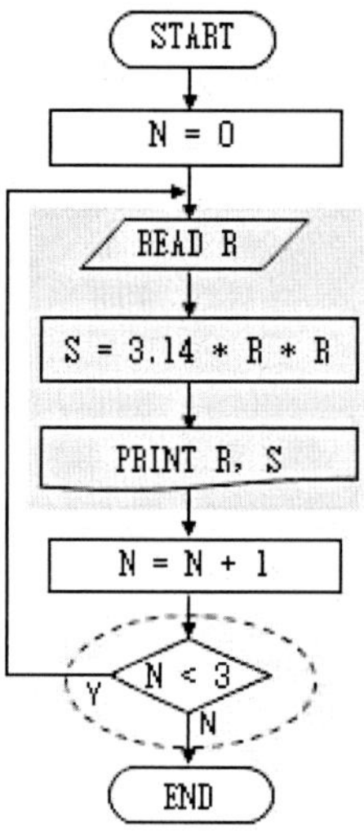


```
10 N = 0

20 INPUT R

30 S = 3.14 * R * R

40 PRINT R, S

50 N = N + 1

60 IF (N < 3) GOTO 20

50 END
```

```
main( )
{
      int     n, r;
      float   s;
      n = 0;
loop: scanf("%d", &r);
      s = 3.14 * r * r;
      printf("%d, %f \n",
                   r, s);
      n = n + 1;
      if (n < 3)
         goto  loop;
      return;
}
```

[스텝 2-6-1] 반복 처리(사후 검증, 명시적 점프)

◎ 사후 체크 란 이전 처리한 반복이 마지막 것이었는지를 체크하는 방법이다.

◎ C 언어에서는 문장 번호를 쓸 수 없고, 특정 문장에 대한 식별이 필요한 경우 문장 앞에 기호(심볼, Symbol) 와 콜론(':')을 붙인다.

◎ goto 명령어 뒤에 사용된 심볼은 반드시 어디에선가 정의되어 있어야 한다.

◎ return 명령어는 프로그램을 종료시킨다. 단, 프로그램의 맨 끝에 존재하는 return 명령어는 생략할 수 있다.

QUIZ

q-2-6-10.txt

위 [스텝 2-6-1] 프로그램의 n이 정수라는데 착안하여 논리식 "n < 3"과 동일한 다른 논식을 도출해보자.

STEP 2-6-2

반지름 r을 입력받아 넓이 s를 계산하는 일을 세 번 연속해서 하고 싶다(사전 체크법, 25 쪽 STEP-1-5-2 참조).

s-1-5-20.bas　s-2-6-20.c

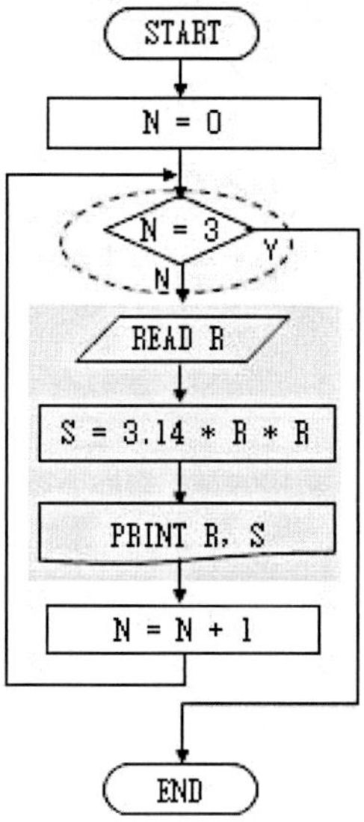


```
10 N = 0

15 IF (N > 2) GOTO 70

20 INPUT R

30 S = 3.14 * R * R

40 PRINT R, S

50 N = N + 1
60 GOTO 20

70 END
```

```
main( )
{
        int    n, r;
        float  s;
        n = 0;
check:if (n > 2)
            goto  end;
        scanf("%d", &r);
        s = 3.14 * r * r;
        printf("%d, %f \n",
                        r, s);
        n = n + 1;
        goto check;
 end: return;
}
```

[스텝 2-6-2] 반복 처리(사전 검증, 명시적 점프)

◎ 사전 체크 란 다음 반복 처리를 계속해도 되는지를 체크하는 방법이다.

◎ 사후 체크는 "처리→체크"를 반복 주기로 생각하는 것이고, 사전 체크는 "체크→처리"를 반복 주기로 생각하는 것이다.

◎ 사후 체크는 반드시 한 번 이상의 처리를 전제로 하지만, 사전 체크는 한 번의 처리도 하지 않을 수 있다.

◎ 즉, 사전 체크가 더 일반적인 방법이므로 보통 이 방법의 쓰임새가 더 많다.

QUIZ

q-2-6-20.c

위 [스텝 2-6-2] 프로그램을 n이 1부터 시작하도록 재작성해보자(q-2-6-2.c).

STEP 2-6-3

반지름 r을 입력받아 넓이 s를 계산하는 일을, 입력된 정수 값 t만큼 반복하고 싶다(사후 체크 구조적 반복 제어 구문: do ~ while, 26 쪽 STEP-1-5-3 참조).

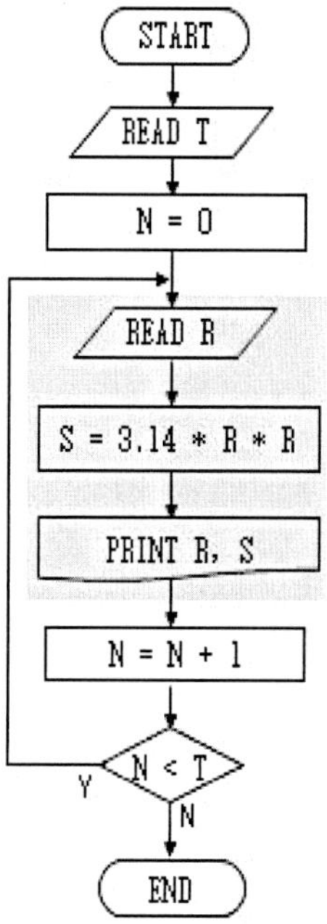

s-2-6-31.c

```
main( )
{
        int     t, r, n;
        float   s;

        scanf("%d", &t);
        n = 0;
loop:
        scanf("%d", &r);
        s = 3.14 * r * r;
        printf("%d, %f \n",
                      r, s);
        n = n + 1;
        if (n < t)
           goto  loop;

        return;
}
```

s-2-6-32.c

```
main( )
{
   int    t, r, n;
   float  s;
   scanf("%d", &t);
   n = 0;
   do
   {
      scanf("%d", &r);
      s = 3.14 * r * r;
      printf("%d, %f \n",
                   r, s);
      n = n + 1;
   } while(n < t);

   return;
}
```

[스텝 2-6-3] 반복 처리(사후 체크 구조적 제어 구문: do ~ while)

◎ C 언어의 사후 체크 형 구조적 제어 구문은 "do { } while ( );" 형태로 이루어 진다([그림 2-6-3] 참조).

◎ '(', ')' 속 논리식이 참이면 '{' '}' 속 문장들의 처리를 반복한다.

◎ '{' '}' 속 문장들은 do ~ while 구문의 부속 문장들임을 가시적으로 부각시키기 위해 들여쓰기로 코딩한다.

◎ '{' '}' 속 문장이 하나일 경우에는 '{' '}'를 생략할 수 있고, 이 때의 들여쓰기는 더욱 중요하다.

◎ 큰 틀에서 "do { } while ( );" 구문 전체가 하나의 문장으로 취급된다.

◎ '{' '}' 속에는 if 구문, 또 다른 do ~ while 구문 등 다양한 명령어들이 얼마든지 사용될 수 있다.

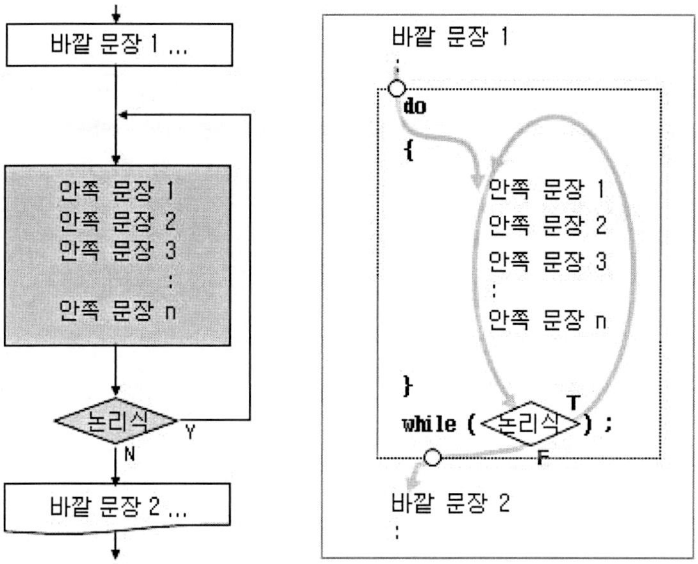

[그림 2-6-3] C 언어의 do ~ while 구문(사후 체크)

QUIZ
q-2-6-31.c

옆 [스텝 2-6-3] 프로그램을 n이 1부터 시작하도록 재작성해보자.

QUIZ
q-2-6-32.c

옆 [스텝 2-6-3] 프로그램에서 t 값으로 0을 입력했을 때 문제점을 살펴보고, do ~ while 구문을 그대로 둔 채 이를 보완할 수 있도록 수정해보자.

STEP 2-6-4

반지름 r을 입력받아 넓이 s를 계산하는 일을, 입력된 정수 값 t만큼 반복하고 싶다(사전 체크 구조적 반복 제어 구문: while, 27 쪽 STEP-1-5-4 참조).

s-2-6-41.c s-2-6-42.c

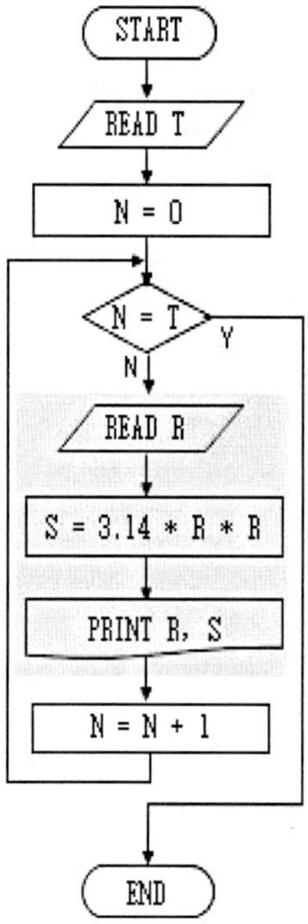


```
main( )
{
        int     t, r, n;
        float   s;
        scanf("%d", &t);
        n = 0;
check:if (n == t)
            goto   end;
        scanf("%d", &r);
        s = 3.14 * r * r;
        printf("%d, %f \n",
                      r, s);
        n = n + 1;
        goto check;
 end: return;
}
```

```
main( )
{
    int     t, r, n;
    float   s;
    scanf("%d", &t);
    n = 0;
    while(n != t)
    {
        scanf("%d", &r);
        s = 3.14 * r * r;
        printf("%d, %f \n",
                      r, s);
        n = n + 1;
    }
    return;
}
```

[스텝 2-6-4] 반복 처리(사전 체크 구조적 제어 구문: while)

◎ C 언어의 사전 체크 형 구조적 제어 구문 중 while 문은 "while ( ) { }" 형태로 이루어 진다(맨 끝에 ';' 없음, [그림 2-6-4] 참조).

◎ '(', ')' 속 논리식이 거짓이면 '{' '}' 속 문장들의 반복 처리를 중단한다.

◎ '{' '}' 속 문장들은 들여쓰기로 코딩하고, '{' '}' 속 문장이 하나일 경우에는 '{' '}'를 생략할 수 있다.

◎ 큰 틀에서 "while ( ) { }" 구문 전체가 하나의 문장으로 취급된다.

◎ '{' '}' 속에는 if 구문, do ~ while 구문, 또 다른 while 구문 등 다양한 명령어들이 얼마든지 사용될 수 있다.

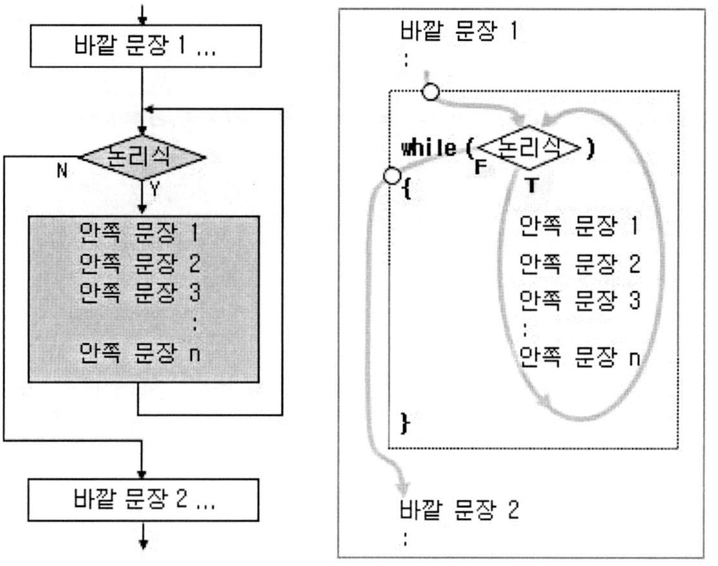

[그림 2-6-4] C 언어의 while 구문(사전 체크)

QUIZ q-2-6-41.txt

옆 [스텝 2-6-4] 프로그램의 논리식 "n != t"를 대신할 수 있는 다른 논리식 세 가지 이상을 도출해보자.

QUIZ q-2-6-42.c

옆 [스텝 2-6-4] 프로그램의 "n = n + 1;" 문장을 "n = n - 1;"로 변경했을 때, 수정되어야 할 다른 부분을 완성하여 재작성해보자.

STEP 2-6-5

정수 n(>0)을 입력받아 1부터 n까지의 모든 정수들의 합 s를 구하고 싶다(사전 체크 구조적 반복 제어 구문: for, 28 쪽 STEP-1-5-5 참조).

s-1-5-50.bas s-2-6-50.c

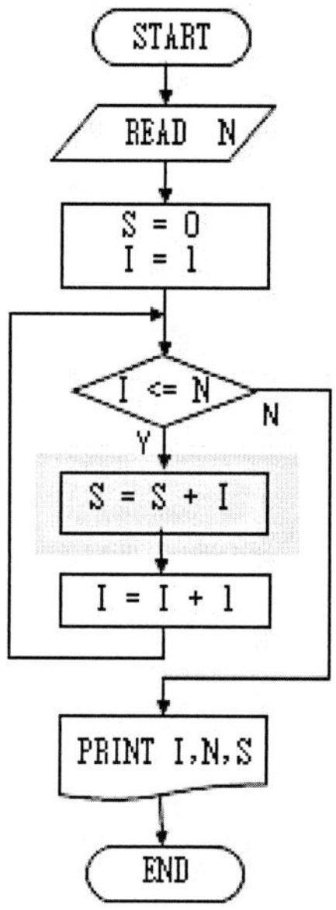


```
10 INPUT N
20 S = 0
35 FOR I = 1
        TO N
          STEP 1
50   S = S + I
65 NEXT I
80 PRINT I, N, S
90 END
```

```
main( )
{
   int     n, i, s;
   scanf("%d", &n);

   for(s = 0, i = 1;
             i <= n;
             i = i + 1)
   {
      s = s + i;
   }
   printf("n=%d, s=%d \n",
                    n, s);

   return;
}
```

[스텝 2-6-5] 반복 처리(사전 체크 구조적 제어 구문: for)

◎ C 언어의 사전 체크 형 구조적 제어 구문 중 for 문은 "for (; ;) { }" 형태로 이루어 진다(맨 끝에 ';' 없음, [그림 2-6-5] 참조).

◎ 초기화 문장 부분은 반복 전 한 번만 실행되기 때문에 for 구문 위에 위치시키고 이 부분을 비워두어도 무방하다.

◎ 논리식이 거짓이면 '{' '}' 속 문장들의 반복을 중단한다(do ~ while 구문과 동치). 또한, 논리식 부분을 비워두면 영원히 참으로 간주한다.

◎ 반복 제어 문장 부분은 반복의 일부분이기 때문에 '{' '}' 속 반복의 마지막 부분에 위치시키고 해당 부분은 비워두어도 무방하다.

◎ '{' '}' 속 문장들은 들여쓰기로 코딩하고, '{' '}' 속 문장이 하나일 경우에는 '{' '}'를 생략할 수 있다.

◎ 큰 틀에서 "for (; ;) { }" 구문 전체가 하나의 문장으로 취급된다.

◎ '{' '}' 속에는 if 구문, do ~ while 구문, while 구문, 또 다른 for 구문 등 다양한 명령어들이 얼마든지 사용될 수 있다.

◎ C 언어 반복 구문 중, for 구문이 가장 자주 사용된다.

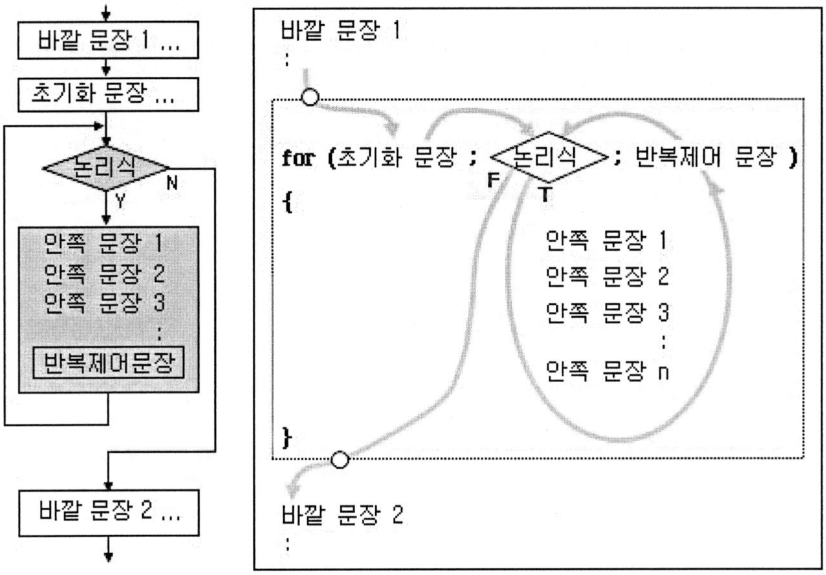

[그림 2-6-5] C 언어의 for 구문(사전 체크)

> QUIZ q-2-6-51.txt
>
> **옆 [스텝 2-6-5] 프로그램의 논리식 "i <= n"를 대신할 수 있는 다른 논리식 세 가지 이상을 도출해보자.**

> QUIZ q-2-6-52.c
>
> **옆 [스텝 2-6-5] 프로그램의 for 구문 초기화 문장과 반복 제어 문장 부분을 비워둔 모양으로 재작성해보자.**

> QUIZ q-2-6-53.c
>
> **옆 [스텝 2-6-5] 프로그램의 for 구문 초기화 문장 "i = 1"을 "i = 0"으로 변경했을 때, 수정되어야 할 다른 부분을 재작성해보자.**

STEP 2-6-6

임의의 정수 n(≥0)을 입력받아 이 정수에 대응되는 거꾸로 숫자 문자열(예, 123⇒"321")을 ns[ ]에 구하고 싶다(사전·사후 체크 구조적 반복 제어 구문 비교: do~while, while, for, 29 쪽 과제 1-5-1 참조).

s-2-6-61.c

```
main( )
{
   int    n, d, i, t;
   char  ns[10];
   scanf("%d", &n);
   i = 0;
   do
   {
      t = n / 10;
      d = n - t * 10;
      ns[i] = d + '0';
      n = t;
      i = i + 1;
   } while (n > 0);
   ns[i] = '\0';
   printf("%s \n", ns);
   return;
}
```

s-2-6-62.c

```
main( )
{
   int    n, d, i, t;
   char  ns[10];
   scanf("%d", &n);
   i = 0;
   while(n > 0)
   {
      t = n / 10;
      d = n - t * 10;
      ns[i] = d + '0';
      n = t;
      i = i + 1;
   }
   ns[i] = '\0';
   printf("%s \n", ns);
   return;
}
```

s-2-6-63.c

```
main( )
{
   int    n, d, i, t;
   char  ns[10];
   scanf("%d", &n);

   for(i = 0; n > 0; i = i+1)
   {
      t = n / 10;
      d = n - t * 10;
      ns[i] = d + '0';
      n = t;
   }
   ns[i] = '\0';
   printf("%s \n", ns);
   return;
}
```

[스텝 2-6-6] 반복 처리 비교(사전·사후 체크 구조적 제어 구문)

◎ 문자열을 위한 배열에 숫자의 ASCII 코드를 직접 만들어 넣고, 끝에 NULL 문자를 설정함으로써 문자열을 완성시킨다.

QUIZ q-2-6-60.c

위 [스텝 2-6-6] 프로그램이 거꾸로 문자열이 아닌 올바른 문자열이 나오도록 보완해보자.

도전 2-6

try-2-60.c

"4321"와 같이 숫자들로 구성된 임의의 두 숫자 문자열 ns1[ ], ns2[ ]를 입력받아 각각을 정수 n1, n2로 변환하여 두 수의 합 s를 구하는 프로그램을 작성해보자.

과 제 2-6

1. 임의의 두 양의 정수 n1, n2를 입력받아 n1×n2(=m)를 구하는 프로그램 작성(단, 덧셈을 반복하는 방법을 사용할 것, h-2-6-10.c).

2. 임의의 두 양의 정수 n1, n2를 입력받아 n1÷n2의 몫 q와 나머지 r을 구하는 프로그램 작성(단, 뺄셈을 반복하는 방법을 사용할 것, h-2-6-20.c).

3. 임의의 정수 n(2≤n≤9)을 입력받아 구구단의 n단을 출력하는 프로그램 작성(h-2-6-30.c).

STEP 2-7-1

구구단 중 3 단과 5 단을 출력하고 싶다(이중 반복, 30 쪽 STEP-1-6-1 참조).

s-1-6-11.bas s-1-6-12.bas s-2-7-10.c

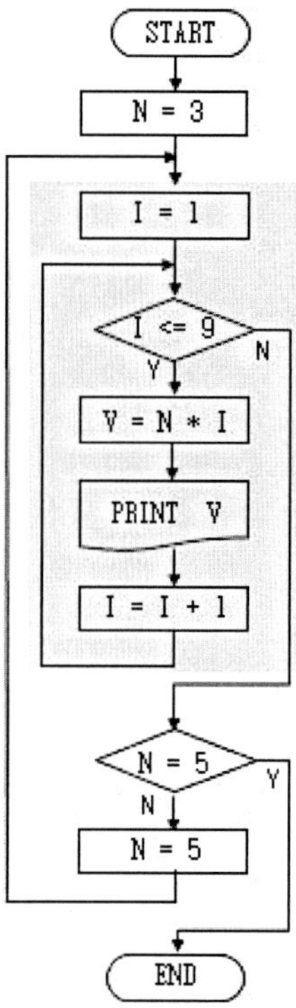


```
10 N = 3

20 FOR I = 1
        TO 9  STEP 1

30 V = N * I
40 PRINT N;"x"; I; "="; V

50 NEXT I

60 IF (N = 5) GOTO 90

65 N = 5
70 GOTO 20

90 END
```

```
10 FOR N = 3
      TO 5  STEP 2

20 FOR I = 1
        TO 9  STEP 1

30 V = N * I
40 PRINT N;"x"; I; "= "; V

50 NEXT I

65 NEXT N

90 END
```

```
main( )
{
        int     n, i, v;
        for (n = 3; n <= 5; n = n + 2) {
②  ①      for (i = 1; i <= 9; i = i + 1) {
                   v = n * i;
                   printf("%d x %d = %d \n", n, i, v);
            }
        }
}
```

[스텝 2-7-1] 이중 반복 처리(구구단)

◎ ①을 내부 반복, ②를 외부 반복이라 한다. 위의 경우 내부 반복 for 구문 ① 전체가 하나의 문장으로 취급되므로 외부 반복 for 구문 ②를 위한 '{' '}'는 생략될 수 있다.

◎ 내부 반복 전체를 외부에서 반복시킨다.

QUIZ q-2-7-11.c

옆 [스텝 2-7-1] 프로그램의 외부 반복 ②를 while 문을 사용해서 재작성해보자.

QUIZ q-2-7-12.c

옆 [스텝 2-7-1] 프로그램의 외부 반복 ②를 goto 문을 사용해서 재작성해보자.

QUIZ q-2-7-13.c

옆 [스텝 2-7-1] 프로그램이 7단, 5단, 3단 순서로 출력하도록 수정해보자.

QUIZ q-2-7-14.c

옆 [스텝 2-7-1] 프로그램이 2~9단을 모두 출력하도록 수정해보자.

STEP 2-7-2

10부터 99까지의 정수를 옆 그림과 같이 한 줄에 10개씩 출력하고 싶다(31 쪽 STEP-1-6-2 참조).

10	11	12 ...	17	18	19
20	21	22 ...	27	28	29
:	:	:	:	:	:
90	91	92 ...	97	98	99

s-1-6-21.bas s-1-6-22.bas s-2-7-20.c

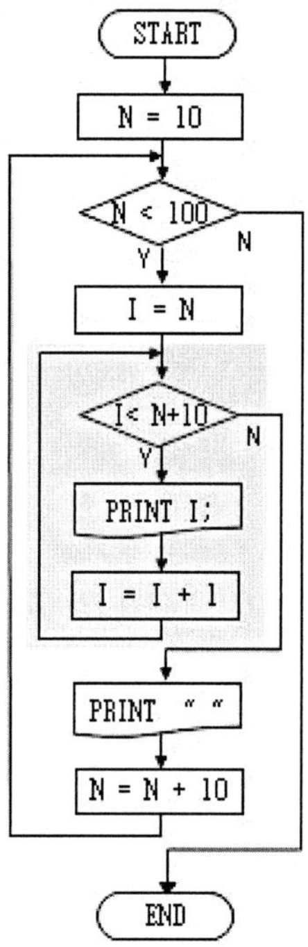


```
15 FOR N = 10
      TO 99 STEP 10

25 FOR I = N
      TO N+9 STEP 1

40 PRINT I;

50 NEXT I

60 PRINT " "

70 NEXT N

80 END
```

```
10 N = 10

20 WHILE (N < 100)

20 I = N

30 WHILE (I < N + 10)

40 PRINT I;

50 I = I + 1
55 WEND

60 PRINT " "

70 N = N + 10
75 WEND

80 END
```

```
main( )
{
      int    n, i;
      for (n = 10; n < 100; n = n + 10) {
          for (i = n; i < n + 10;  i = i + 1)
②   ①       printf("%d  ", i);
          printf("\n");
      }
}
```

[스텝 2-7-2] 이중 반복 처리(수의 열거)

◎ 내부 반복 ①은 printf( ) 문 하나로 구성되어 있으므로 '{' '}'가 생략되었다.

◎ 외부 반복 ②는 크게 내부 반복 ①과 printf( ) 문 등 두 개의 문장으로 구성되어 있으므로 '{' '}'가 생략될 수 없다.

◎ printf( ) 문이 여러 번 실행되더라도 줄바꿈 문자 '\n'가 출력되지 않으면 출력 위치가 다음 줄로 가지 않는다.

QUIZ q-2-7-21.c

옆 [스텝 2-7-2] 프로그램의 for 구문 논리식 "n < 100"과 "i < n + 10"을 각각 동일한 다른 표현으로 수정하여 재작성해보자.

QUIZ q-2-7-22.c

옆 [스텝 2-7-2] 프로그램의 내부 반복 ①을 do ~ while 문으로 수정하여 재작성해보자.

QUIZ q-2-7-23.c

옆 [스텝 2-7-2] 프로그램이 한 줄에 15개씩 출력하도록 수정해보자.

QUIZ q-2-7-24.c

옆 [스텝 2-7-2] 프로그램이 99부터 10까지 출력하도록 수정해보자.

STEP 2-7-3

옆 그림을 출력하는 프로그램을 작성하고 싶다(32 쪽 STEP-1-6-3 참조).

```
*
* *
* * *
* * * *
* * * * *
```

s-1-6-31.bas s-1-6-32.bas s-2-7-30.c

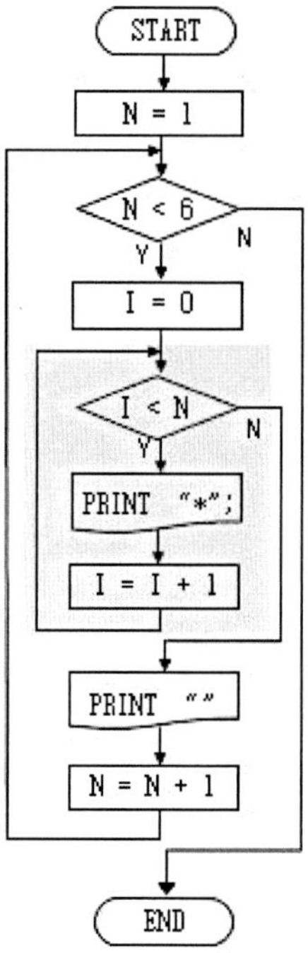


```
15 FOR N = 1
      TO 5 STEP 1
25 FOR I = 0
      TO N-1 STEP 1
40 PRINT "*";
50 NEXT I
60 PRINT " "
70 NEXT N
80 END
```

```
10 N = 1
20 WHILE (N < 6)
20 I = 0
30 WHILE (I < N)
40 PRINT "*";
50 I = I + 1
55 WEND
60 PRINT " "
70 N = N + 10
75 WEND
80 END
```

```
main( )
{
    int    n, i;
    for (n = 1; n < 6; n = n + 1) {
②   ①  for (i = 0; i < n;  i = i + 1)
            printf("*");
        printf("\n");
    }
}
```

[스텝 2-7-3] 이중 반복 처리(삼각형 그리기)

QUIZ q-2-7-30.c

위 [스텝 2-7-3] 프로그램이 n = 0, i = 1부터 시작하도록 수정해보자(q-2-7-3.c).

도전 2-7

try-2-70.c

아래 그림을 출력하는 프로그램을 작성해보자.

```
        *
      * *
    * * *
  * * * *
* * * * *
```

과 제 2-7

1. 오른쪽 그림을 출력하는 프로그램 작성(h-2-7-10.c).

```
* * * * *
* * * *
* * *
* *
*
```

2. 오른쪽 그림을 출력하는 프로그램 작성(h-2-7-20.c).

```
* * * * *
  * * * *
    * * *
      * *
        *
```

3. 오른쪽 그림을 출력하는 프로그램 작성(h-2-7-30.c).

```
0   2 3 4
1   3 4 5
2   4 5 6
3   5 6 7
4   6 7 8
```

4. 2부터 999까지의 모든 정수에 대해 소수인 것들을 찾아 출력하는 프로그램 작성(h-2-7-40.c).

STEP 2-8-1

어떤 실험 측정 결과값 10개가 아래와 같이 주어져 있다(x[ ]). 이 실험 결과의 평균 avg와 표준편차 std를 구하고 싶다(34 쪽 STEP-1-7-1 참조).

19	18	22	13	15	17	19	23	21	22

① 데이터를 배열에 scanf( )로 입력받아 처리한다.

② 배열 초기화 방법을 사용한다.

s-1-7-1.bas s-2-8-10.c

```
10 DIM X[10], SUM, AVG, STD
15 REM -------------------(AVG)
20 SUM = 0
25 FOR I = 1 TO 10
30    READ X[I]
35    SUM = SUM + X[I]
40 NEXT I
45 AVG = SUM / 10
50 REM -------------------(STD)
55 STD = 0
60 FOR I = 1 TO 10
65    STD = STD + (X[I]-AVG) ^ 2
70 NEXT I
75 STD = SQR(STD / 10)
80 PRINT USING "##.###"; AVG, STD
99 DATA 19,18,22,13,15,17,19,23,21,22
```

```
float  sqrt( );
main( )
{
   int  x[ ] = { 19, 18, 22, 13,
                 15, 17, 19, 23,
                 21, 22 };
   float  s, avg, std;
   int    i;
   for (s=i=0; i < 10; i = i+1)
        s = s + x[i];
   avg = s / i;
   for (s=i=0; i < 10; i = i+1)
        s = s + (x[i] -avg)*(x[i] -avg);
   std = sqrt(s / i);
   printf("avg=%f, std=%f \n",
                             avg, std);
}
```

평균 = $\frac{\Sigma x_i}{n}$ 표준편차 = $\sqrt{\frac{\Sigma (x_i - 평균)^2}{n}}$

[스텝 2-8-1] 1차원 배열 초기화 및 반복 처리(평균, 표준편차)

◎ 배열은 선언할 때 "x[ ] = { .. }" 형태의 문장으로 초기화될 수 있다. 이 때 배열의 크기는 명시되어도 좋지만, 위와 같이 비워두면 데이터 개수만큼 할당된다.

◎ 제곱근을 구하기 위해서는 C 언어 환경이 제공하는 sqrt( ) 서브 프로그램(함수)을 호출해야 한다. 이러한 서브 프로그램은 위 첫줄과 같이 미리 선언해주어야 한다.

◎ C 언어 배열 첨자는 0부터 시작한다.

STEP 2-8-2

어떤 실험 측정 결과값 10개가 아래와 같이 주어져 있다. 이 실험 결과에서 가장 큰 값 max를 구하고 싶다(35 쪽 STEP-1-7-2 참조).

19	18	22	13	15	17	19	23	21	22

s-1-7-2.bas　s-2-8-20.c

```
10 DIM  X[10], MAX
20 REM ----------------(X[10])
21 FOR I = 1 TO 10
22     READ X[I]
24 NEXT I
30 REM ----------------(MAX)
31 MAX = X[1]
32 FOR I = 2 TO 10
33     IF (MAX < X[I])
           THEN MAX = X[I]
34 NEXT I
40 PRINT "MAX="; MAX
50 DATA 19, 18, 22, 13, 15
51 DATA 17, 19, 23, 21, 22
99 END
```

```
main( )
{
   int  x[ ] = { 19, 18, 22, 13,
                 15, 17, 19, 23,
                 21, 22 };
   int    max, i;
   max = x[0];
   for (i = 1; i < 10; i = i+1)
   {
       if (max < x[i])
       {
           max = x[i];
       }
   }
   printf("max=%d \n", max);
}
```

[스텝 2-8-2] 1차원 배열 반복 처리(최대값, 순차 대결)

◎ for 구문과 if 구문을 위한 '{' '}'는 각각 생략될 수 있다(if 구문 전체가 하나의 문장으로 취급됨).

QUIZ　q-2-8-20.c

위 [스텝 2-8-2] 프로그램이 배열의 뒤에서부터 시작해서 최소값 min을 찾도록 수정해보자.

STEP 2-8-3

어떤 실험 측정 결과값 10개가 아래와 같이 주어져 있다(x[ ]). 이 실험 결과를 내림차순으로 정렬하고 싶다(36 쪽 STEP-1-7-3 참조).

19	18	22	13	15	17	19	23	21	22

s-1-7-3.bas s-2-8-30.c

```
10 DIM   X[10]
20 REM ------------------(X[10])
21 FOR I = 1 TO 10
22     READ X[I]
24 NEXT I
30 REM ------------------(Sort)
32 FOR I = 1 TO 9
34     MID = I
36     FOR J = I+1 TO 10
38         IF (X[MID] < X[J])
               THEN MID = J
40     NEXT J
42     T = X[I]
44     X[I] = X[MID]
46     X[MID] = T
48 NEXT I
50 FOR I = 1 TO 10
52     PRINT X[I];
54 NEXT I
60 DATA 19, 18, 22, 13, 15
61 DATA 17, 19, 23, 21, 22
99 END
```

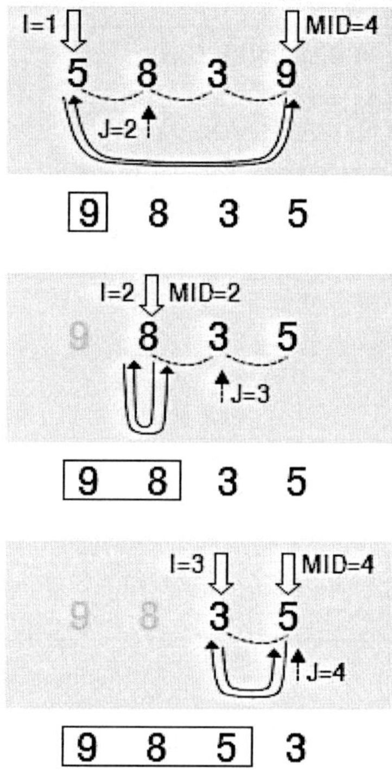


```
main( )
{
      int    x[10] = { 19, 18, 22, 13, 15, 17, 19, 23, 21, 22 };
      int    i, j, mid, t;

      for (i = 0; i < 10 -1; i = i + 1) {
           mid = i;
           for (j = i + 1; j < 10; j = j + 1)
               if (x[mid] < x[j])
                   mid = j;
           t = x[i]; x[i] = x[mid]; x[mid] = t;
      }
      for (i = 0; i < 10; i = i + 1)
           printf("x[%d]=%d \n", i, x[i]);
}
```

[스텝 2-8-3] 1차원 배열 반복 처리(정렬)

도전 2-8

try-2-80.c

아래의 10 개의 데이터(x[ ]) 각각에 대한 순위(r[ ])를 정하여 출력하는 프로그램을 작성해보자.

19 18 22 13 15 17 19 23 21 22

과 제 2-8

1. 아래의 9 개 데이터가 있다. 이들을 배열 x[10]에 초기화 후, x[2](=22) 다음에 13을 삽입하고 그 결과를 출력하는 프로그램 작성(x[3]부터 뒤로 한 칸씩 밀어내고, x[3]에 13을 저장함, h-2-8-10.c).

19 18 22 15 17 19 23 21 22

2. 아래의 10 개 데이터가 있다. 이들을 배열 x[10]에 초기화 후, x[3](=13)을 제거하고 그 결과를 출력하는 프로그램 작성(x[4]부터 앞으로 한 칸씩 당김, h-2-8-20.c).

19 18 22 13 15 17 19 23 21 22

3. 0, 1, 1, 2, 3, 5, 8, ... 와 같은 피보나치 수열을 21 항까지 배열 x[ ]에 구하고 그 결과를 출력하는 프로그램 작성(h-2-8-30.c).

STEP 2-9-1

옆 그림과 같이 주어진 4x4 행렬 a를 전치시키고 싶다(전치 행렬이란 행은 열로, 열은 행으로 재비치한 행렬임(38 쪽 STEP-1-8-1 참조).

$$\begin{pmatrix} 4 & 2 & 3 & 5 \\ 6 & 1 & 2 & 4 \\ 1 & 4 & 5 & 7 \\ 1 & 5 & 3 & 4 \end{pmatrix}$$

s-2-9-10.c

```
main( )
{
    int     a[4][4] = { 4, 2, 3, 5,
                        6, 1, 2, 4,
                        1, 4, 5, 7,
                        1, 5, 3, 4 };
    int     i, j, t;

    for (i = 0; i < 4; i = i + 1) {
        for (j = 0; j < 4; j = j + 1)
            printf("  %d", a[i][j]);
        printf("\n");
    }

    for (i = 0; i < 4; i = i + 1) {
        for (j = i+1; j < 4; j = j + 1) {
            t = a[i][j]; a[i][j] = a[j][i];
            a[j][i] = t;
        }
    }
```

$$t = A_{i,j}$$
$$A_{i,j} = A_{j,i}$$
$$A_{j,i} = t$$

4	2	3	5
6	1	2	4
1	4	5	7
1	5	3	4

```
    printf("========\n");
    for (i = 0; i < 4; i = i + 1) {
        for (j = 0; j < 4; j = j + 1)
            printf("  %d", a[i][j]);
        printf("\n");
    }
}
```

[스텝 2-9-1] 2차원 배열 반복 처리(행렬 전치)

◎ C 언어에서 R행 C열로 이루어진 2차원 배열은 a[R][C]와 같이 선언하고, 초기값은 [그림 2-9-1]과 같이 한 행이 끝나면 다음 행으로 이어지는 순서로 대응된다.

QUIZ q-2-9-11.c

위 [스텝 2-9-1] 프로그램이 주어진 배열을 하삼각행렬로 변환하도록 수정해보자(하삼각행렬이란 대각선 위의 모든 원소가 0인 행렬).

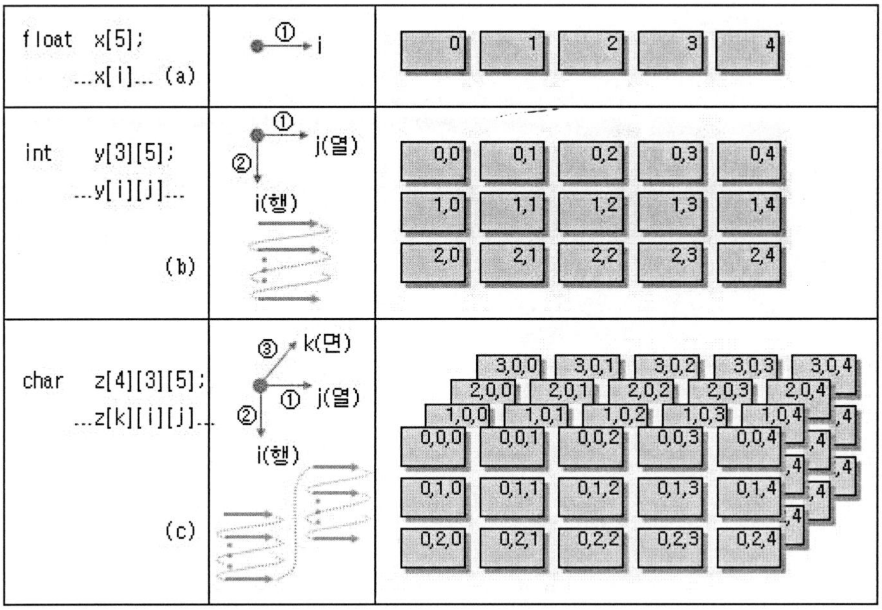

[그림 2-9-1] C 언어 배열의 물리적 배치

◎ 행은 위에서부터 몇 번째 줄인가를 표시하고, 열은 주어진 줄에서 몇 번째 칸인가를 지시한다.

◎ 배열의 각 원소가 기억 장치(메모리)에 위치하는 물리적 배치 순서는 한 행(줄)의 모든 열(칸)들이 차지한 후, 다음 행이 시작하는데 이런 배치 방식을 행 우선(row major, row wise) 이라 부른다.

◎ 배치 순서를 첨자로 살펴보자면, 행 첨자가 높은 자리여서 열 첨자를 먼저 모두 거친 후 비로서 행 첨자가 하나가 증가하는 형식이다.

◎ 3차원 배열의 경우 행과 열로 이루어진 면을 여러 개 생각하는데, 이 때 면의 자리가 가장 높다.

QUIZ

q-2-9-12.txt

2차원 배열 x[7][9]에서 37번째 방의 위치(행: i, 열: j)와 3차원 배열 x[3][4][5]에서 37번째 방의 위치(면: k, 행: i, 열: j)를 각각 구해보자.

STEP 2-9-2

아래 그림과 같이 주어진 두 3x4 행렬 a, b의 합 c(=a+b)를 구하고 싶다(39쪽 STEP-1-8-2 참조).

$$\begin{pmatrix} 4 & 2 & 3 & 5 \\ 6 & 1 & 2 & 4 \\ 1 & 4 & 5 & 7 \end{pmatrix} + \begin{pmatrix} 1 & 5 & 3 & 4 \\ 3 & 8 & 6 & 2 \\ 8 & 3 & 2 & 1 \end{pmatrix} = \begin{pmatrix} ? & ? & ? & ? \\ ? & ? & ? & ? \\ ? & ? & ? & ? \end{pmatrix}$$

s-2-9-20.c

$$C_{i,j} = A_{i,j} + B_{i,j}$$

```
main( )
{
    int     a[3][4] = { 4, 2, 3, 5,
                        6, 1, 2, 4,
                        1, 4, 5, 7};
    int     b[3][4] = { 1, 5, 3, 4,
                        3, 8, 6, 2,
                        8, 3, 2, 1};
    int     c[3][4];
    int     i, j;
```

```
    for (i = 0; i < 3; i = i + 1)
        for (j = 0; j < 4; j = j + 1)
            c[i][j] = a[i][j] + b[i][j];

    for (i = 0; i < 3; i = i + 1) {
        for (j = 0; j < 4; j = j + 1)
            printf(" %d", c[i][j]);
        printf("\n");
    }
}
```

[스텝 2-9-2] 2차원 배열 반복 처리(행렬 합)

◎ 행렬의 합은 모양이 같은 두 행렬에서 1:1로 대응되는 원소를 서로 더함으로써 얻어진다.

◎ 위 프로그램은 원소들을 행 우선 방식의 순서로 얻고 있다.

QUIZ

q-2-9-20.c

위 [스텝 2-9-2] 프로그램을 열 우선 방식의 순서에 따라 처리하도록 재작성해보자.

STEP 2-9-3

아래 그림과 같이 주어진 3x4 행렬 a와 4x3 행렬 b의 곱 c(=a x b)를 구하고 싶다(40 쪽 STEP-1-8-3 참조).

$$\begin{pmatrix} 3 & 8 & 5 & 4 \\ 4 & 5 & 6 & 2 \\ 7 & 2 & 4 & 3 \end{pmatrix} \times \begin{pmatrix} 4 & 0 & 0 \\ 0 & 0 & 0 \\ 0 & 3 & 8 \\ 2 & 1 & 7 \end{pmatrix} = \begin{pmatrix} ? & ? & ? \\ ? & ? & ? \\ ? & ? & ? \end{pmatrix}$$

s-2-9-30.c

$$C_{i,j} = \Sigma(A_{i,k} * B_{kj})$$

```
main( )
{
    int  a[3][4] = { 3, 8, 5, 4,
                     4, 5, 6, 2,
                     7, 2, 4, 3};
    int  b[4][3] = { 4, 0, 0,
                     0, 0, 0,
                     0, 3, 8,
                     2, 1, 7};
    int  c[3][3];
    int  i, j, k, t;

    for (i = 0; i < 3; i = i + 1)
      for (j = 0; j < 3; j = j + 1) {
        for (k = t = 0; k < 4; k = k +1)
           t = t + a[i][k] * b[k][j];
        c[i][j] = t;
      }
    for (i = 0; i < 3; i = i + 1) {
      for (j = 0; j < 3; j = j + 1)
         printf("  %d", c[i][j]);
      printf("\n");
    }
}
```

[스텝 2-9-3] 2차원 배열 반복 처리(행렬 곱)

◎ 행렬 a와 b의 곱은 a의 행과 b의 열의 1:1 대응 원소들의 곱을 합하여 구한다. 따라서 a의 행 크기(열의 수)와 b의 열 크기(행의 수)는 반드시 일치되어야 하고, a의 열과 b의 행 크기에는 제한이 없다.

QUIZ q-2-9-30.c

위 [스텝 2-9-3] 프로그램이 b x a를 구하도록 수정해보자.

STEP 2-9-4

아래와 같이 임의의 순서로 배치된 0~11 범위의 정수들이 있다. 이들 정수를 차례로 참조하여 옆 그림과 같이 3x4 행렬 a의 대응 원소에 저장하고 싶다.

7	5	10	6	0	11	2	9	1	8	4	3

$$\begin{pmatrix} 0 & 1 & 2 & 3 \\ 4 & 5 & 6 & 7 \\ 8 & 9 & 10 & 11 \end{pmatrix}$$

s-2-9-40.c

```
main( )
{
    int  x[ ] = { 7,  5, 10,  6,  0,
                 11,  2,  9,  1,  8,
                  4,  3 };
    int  a[3][4];
    int  i, j, d;

    for (d = 0; d < 12; d = d + 1) {
        i = x[d] / 4;
        j = x[d] - i * 4;
        a[i][j] = x[d];
    }

    for (i = 0; i < 3; i = i + 1) {
        for (j = 0; j < 4; j = j + 1)
            printf(" %3d", a[i][j]);
        printf("\n");
    }
}
```

[스텝 2-9-4] 2차원 배열 반복 처리(행렬 배치)

◎ 한 줄(행)이 4 개씩의 숫자를 차지하므로, 임의의 수 x가 위치할 행의 번호는 (x÷4) 결과의 정수 부분이다.

◎ 줄 단위의 4 개씩을 제하고 남은 나머지가 열의 번호가 된다.

◎ 식 (x[d] - i * 4)는 (x[d] % 4)와 같다(a % b에서 '%' 연산자는 a를 b로 나눈 나머지를 구함).

QUIZ

q-2-9-40.c

위 [스텝 2-9-4] 프로그램이 주어진 숫자들을 아래 그림과 같이 배치하도록 수정해보자(q-2-9-4.c).

$$\begin{pmatrix} 0 & 3 & 6 & 9 \\ 1 & 4 & 7 & 10 \\ 2 & 5 & 8 & 11 \end{pmatrix}$$

도전 2-9

try-2-90.c

아래와 같이 5x3 행렬 a에 0~9의 숫자가 있다. 행 하나를 십진수로 생각하여 행들이 오름차순을 이루도록 정렬하는 프로그램을 작성해보자(정렬 기준을 낮은 자리 수부터 높은 자리 수로 차례로 이동.

7	5	2
2	7	8
5	3	2
1	7	8
3	5	1

과 제 2-9

1. 임의의 숫자로 채워진 3x4 행렬 a가 있다. 이 행렬 원소들의 좌우 위치를 교환하는 프로그램 작성(옆 데이터 사용, h-2-9-10.c).

3	8	5	4
4	5	6	2
7	2	4	3

2. 임의의 숫자로 채워진 3x4 행렬 a가 있다. 이 행렬 원소들의 상하 위치를 교환하는 프로그램 작성(위 데이터 사용, h-2-9-20.c).

3. 임의의 숫자로 채워진 3x4 행렬 a가 있다. 이 행렬 원소들 중 가장 작은 수를 찾는 프로그램 작성(위 데이터 사용, h-2-9-30.c).

STEP 2-A-1

옆 표에 주어진 원들의 넓이를 구하고 싶다(단, π =3.14)(42 쪽 STEP-1-9-1 참조).

반지름(r)	넓이(s)
4	?
9	?
7	?

s-1-9-13.bas s-1-9-14.bas s-2-A-11.c s-2-A-12.c

```
10 DIM R, S
20 FOR I = 1 TO 3
22     READ R
24     S = R * R * 3.14
26     PRINT R, S
28 NEXT I
30 DATA 4, 9, 7
40 END
```

```
10 DIM R, S
20 FOR I = 1 TO 3
22     READ R
24     GOSUB 50
26     PRINT R, S
28 NEXT I
30 DATA 4, 9, 7
40 END
50 S = S = R * R * 3.14
60 RETURN
```

```
main( )
{
    int    r[ ] = { 4,  5,  6 };
    float  s;
    int    i;
    for (i = 0; i < 3; i = i + 1) {
        s = r[i] * r[i] * 3.14;
        printf("r=%d, s=%f \n", r[i], s);
    }
}
```

(a) 함수를 사용하지 않는 경우

```
float  f( int  r )
{
    float  s;
    s = r * r * 3.14;
    return(s);
}
main( )
{
    int    i, r[ ] = { 4,  5,  6 };
    float  s;
    for (i = 0; i < 3; i = i + 1) {
        s = f( r[i] );
        printf("r=%d, s=%f \n", r[i], s);
    }
}
```

(b) 함수를 사용하는 경우

[스텝 2-A-1] 함수 처리(원의 넓이)

QUIZ q-2-A-10.c

아래 주어진 사다리꼴들의 넓이를 구하는 프로그램을 함수를 사용하여 작성해보자.

밑변(w1)	윗변(w2)	높이(h)	넓이(s)
4	3	2	?
5	4	3	?
6	3	2	?

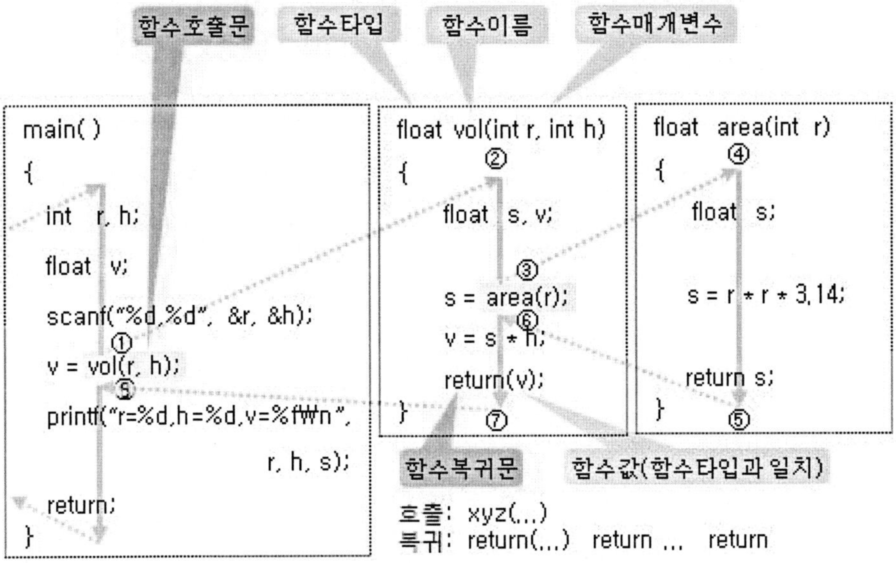

[그림 2-A-1] 함수 개념 및 처리 과정(원뿔 부피, s-2-A-13.c)

◎ C 언어 함수는 "함수타입 함수이름(함수매개변수) { }" 형태의 틀로 구성되는데, 함수타입이 생략되면 int 타입으로 간주되고, 매개변수는 없을 수도 있다.

◎ 함수들은 독립적이어서 내부에서 정의된 변수들 또한 전혀 다른 저장 공간에 배정된다(변수명이 중복되어도 다르게 식별됨).

◎ 실행을 먼저 시작한 함수가 주프로그램(main program) 이 되고, 주프로그램에 의해 호출되는 프로그램을 종프로그램(subprogram) 이라 한다. [그림 2-10-1]에서 함수 vol( )은 종프로그램이자 주프로그램이다. 또한 main( )은 함수타입이 int이고, 매개변수가 없는 함수의 하나이다.

◎ 프로그램 작성 시, 종프로그램을 주프로그램 위에 먼저 코딩한다.

◎ 실행 명령문 중에 "xyz(...)" 형태가 나타나면 함수 호출로 인식된다. 이 때, 호출문에 주어진 매개변수 값이 종프로그램 함수의 매개변수에 복사된 후, 실행 흐름이 종프로그램으로 이동된다.

◎ 호출된 종프로그램이 실행을 마치면 복귀문 에 의해 실행 흐름이 원래의 주프로그램으로 되돌아간다.

◎ 함수의 유형은 크게 복귀값이 있는 경우와 없는 경우로 분류된다.

- 복귀값이 있는 경우: "return(v)" 혹은 "return v" 형태의 복귀문 사용
  (v는 함수타입의 값)
- 복귀값이 없는 경우: "return" 형태의 복귀문을 사용하고, 함수타입은 "void"임
  (주프로그램에서 "y = f(x)"와 같은 함수값 사용문 불가)

STEP 2-A-2

함수를 도입하여 옆 그림을 출력하는 프로그램을 작성하고 싶다(43 쪽 STEP-1-9-2 참조).

```
1  11 12 13 14 15
2  21 22 23 24 25
3  31 32 33 34 35
```

s-1-9-22.bas s-2-A-20.c

```
10 DIM I, J
20 FOR I = 1 TO 3
22    GOSUB 50
24 NEXT I
30 END
50 PRINT I;
51 S = I * 10
52 FOR J = 1 TO 5
53    N = S + J
54    PRINT N;
55 NEXT J
56 PRINT " "
57 RETURN
```

```
void put_line(int i)
{
    int  j, s, n;
    printf("%d   ", i);
    for (s = i *10 , j = 1;
                 j <= 5; j = j+1) {
        n = s + j;
        printf("%d  ", n);
    }
    printf("\n");
    return;
}
main( )
{
    int  i;
    for (i = 1; i <= 3; i = i+1)
        put_line(i);
}
```

[스텝 2-A-2] 함수 처리(void 타입, 라인 출력)

◎ put_line( ) 함수의 맨 끝 return 명령문은 생략이 가능하다.

QUIZ q-2-A-20.c

함수를 도입하여 아래 주어진 그림을 출력하는 프로그램을 작성해보자.

```
0   2 3 4
1   3 4 5
2   4 5 6
3   5 6 7
4   6 7 8
```

STEP 2-A-3

함수를 도입하여 11~75, 119~131, 325~357의 세 구간에 포함된 모든 정수들의 합을 구하고 싶다(44 쪽 STEP-1-9-3 참조).

s-1-9-32.bas　s-2-A-30.c

```
10 DIM  SUM, S, N1, N2
20 SUM = 0
30 N1 = 11: N2 = 75
31 GOSUB 80
32 SUM = SUM + S
40 N1 = 119: N2 = 131
41 GOSUB 80
42 SUM = SUM + S
50 N1 = 325: N2 = 357
51 GOSUB 80
52 SUM = SUM + S
60 PRINT SUM
70 END
80 S = 0
81 FOR I = N1 TO N2
82    S = S + I
83 NEXT I
84 RETURN
```

```
int  sum(int  f, int  t)
{
     int  s;
     for (s = 0; f <= t; f = f + 1)
        s = s + f;
     return s;
}
main( )
{
     int  s ;
     s = sum(11, 75);
     s = s + sum(119, 131);
     s = s + sum(325, 357);
     printf("Total=%d \n", s);
}
```

[스텝 2-A-3] 함수 처리(정수 구간 합)

QUIZ q-2-A-30.c

위 [스텝 2-A-3] 프로그램이 3의 배수들만의 합을 구하도록 재작성해보자.

STEP 2-A-4

함수를 도입하여 세 개의 정수 111, 211, 311의 제곱근에 가장 가까운 정수를 각각 구하고 싶다.

s-2-A-41.c s-2-A-42.c

```
main( )
{
    int  n[3] = {111, 211, 311};
    int  i, r;

    for (i = 0; i < 3; i = i + 1) {
      for (r = 1; r*r < n[i]; r = r+1)
          ;

      if (n[i] - (r-1)*(r-1) < r*r - n[i])
          r = r - 1;

      printf("N=%d, R=%d \n", n[i], r);
    }
}
```

(a) 함수를 사용하지 않는 경우

```
int  isqrt(int  n)
{
    int   r;
    for (r = 1; r*r < n; r = r+1)
        ;
    if (n - (r-1)*(r-1) < r*r - n)
        r = r - 1;
    return(r);
}
main( )
{
    int  n[3] = {111, 211, 311};
    int  i, r;
    for (i = 0; i < 3; i = i + 1) {
      r = isqrt(n[i]);
      printf("N=%d, R=%d \n", n[i], r);
    }
}
```

(b) 함수를 사용하는 경우

[스텝 2-A-4] 함수 처리(제곱근)

◎ 제곱근에 가까운 정수를 구하기 위한 for 반복 구문이 끝났을 때, r*r ≥ n 이므로, 구하고자 하는 정수는 r 혹은 r-1이다.

QUIZ q-2-A-40.c

위 [스텝 2-A-4] 프로그램에, 주어진 정수의 제곱을 구하는 함수 pow2( )를 도입하여 재작성해보자.

도전 2-A

try-2-A0.c

아래와 같은 수열이 있다. 함수를 도입하여 임의의 정수 n을 입력받아 n 번째 항까지를 차례로 출력하는 프로그램을 작성해보자.

(1) (1+2) (1+2+3) (1+2+3+4) (1+2+3+4+5) ... (1+2+3+4+5+6 ... +n)

과 제 2-A

1. **임의의 주어진 정수 n에 대하여 2^n 값을 계산하는 함수를 작성하고, 2^8, 2^{10}, 2^{14} 각각의 값을 구하는 프로그램 완성(h-2-A-10.c).**

2. **임의의 주어진 정수 n에 대하여 절대값을 구하는 함수를 작성하고, 100, -100, -300 각각의 절대값들의 합 s를 출력하는 프로그램 완성(h-2-A-20.c).**

3. **임의의 주어진 서로 다른 세 정수 x, y, z에 대하여 가장 큰 수를 찾는 함수를 작성하고, (3, 5 2), (6, 4 3), (4, 6, 9) 등 세 가지 각각에 대하여 가장 큰 수를 구하여 출력하는 프로그램 완성(h-2-A-30.c).**

단원 정리

제 3 장

C 프로그래밍 특화

STEP 3-1-1

C 언어 함수의 매개 변수 특성 : 값을 복사해주는 call-by-value 방식 (임의 두 수를 더하는 함수를 만들고 싶다).

s-3-1-11.c

```
int  addxy(int  x, int  y)
{
    int   s;
    s = x + y;
    return(s);
}

main( )
{
    int   t, x, y;
    x = 4,  y = 5;
    t = addxy(x, y);
    printf("x=%d, y=%d, t=%d \n",
                              x, y, t);
}
```

s-3-1-12.c

```
int  addxy(int  x, int  y)
{
    x = x + y;
    return(x);
}

main( )
{
    int   t, x, y;
    x = 4,  y = 5;
    t = addxy(x, y);
    printf("x=%d, y=%d, t=%d \n",
                              x, y, t);
}
```

[스텝 3-1-1]함수 매개 변수 특성(call-by-value)

◎ 주프로그램의 함수 호출에 사용된 변수 x, y를 실 인자(실 매개 변수) 로, 종프로그램 함수 addxy( )의 매개 변수 x, y를 형식 인자(형식 매개 변수) 라 부른다.

◎ 주프로그램의 실 인자 변수 x, y와 종프로그램(함수) addxy( )의 형식 인자 x, y의 저장 공간은 완전히 분리되어 있기 때문에, 종프로그램에서 매개 변수를 수정하더라도 주프로그램의 변수는 전혀 영향을 받지 않는다.

◎ 함수 호출이 일어날 때, 위와 같이 형식 인자에 초기 값만 전달(복사)되고 저장 공간은 완전히 독립적으로 운영하는 방식을 call-by-value 라 부른다.

QUIZ q-3-1-10.c

오른쪽 그림을 출력하는 프로그램을 작성해보자(한 줄을 출력하는 함수 line( ) 구현).

```
*
 *
  *
   *
    *
```

STEP 3-1-2

C 언어 함수의 매개 변수에 배열을 사용하는 방법 : 배열 이름을 전달하고, 함수에서는 배열 형태로 전달 받음.

s-3-1-21.c s-3-1-22.c

```
main( )
{
  int x[ ] = { 19, 18, 22, 13, 15,
               17, 19, 23, 21, 22 };
  int y[ ] = { 10, 12, 13, 12,
               12, 13, 15, 13 };
  int  i, sx, sy;

  for (sx = 0, i = 0; i <10; i = i +1)
      sx = sx + x[i];

  for (sy = 0, i = 0; i < 8; i = i +1)
      sy = sy + y[i];

  printf("sx=%d, sy=%d \n", sx, sy);
}
```

(a) 함수를 사용하지 않는 경우

```
int arrsum( int v[ ], int n )
{
  int  i, s;
  for (s = 0, i = 0; i < n; i = i +1)
      s = s + v[i];
  return(s);
}
main( )
{
  int x[ ] = { 19, 18, 22, 13, 15,
               17, 19, 23, 21, 22 };
  int y[ ] = { 10, 12, 13, 12,
               12, 13, 15, 13 };
  int  sx, sy;
  sx = arrsum( x, 10 );
  sy = arrsum( y, 8 );
  printf("sx=%d,sy=%d \n", sx, sy);
}
```

(b) 함수를 사용하는 경우

[스텝 3-1-2]배열 타입 매개 변수

◎ 매개 변수에 배열을 사용할 경우, 함수에서의 형식 인자에서는 "int v[ ]"와 같이 크기를 생략한 배열로 선언하고, 호출문의 실 인자에는 "arrsum(x, 10)"처럼 배열 이름만 명시한다.

◎ 매개 변수로 전달된 배열에는 크기 정보가 포함되지 않으므로, 사용될 배열들이 고정된 크기가 아니라면 크기를 명시하기 위한 매개 변수 전달이 필요하다.

QUIZ q-3-1-20.c

위 [스텝 3-1-2] 프로그램이 두 배열 각각의 평균을 구하도록 수정해보자(arrsum( )를 arravg( )로 수정).

STEP 3-1-3

C 언어의 배열 매개 변수의 특성 : 주프로그램의 배열 공간을 종프로그램이 공유하는 call-by-reference 효과 (배열을 복사하는 함수를 만들고 싶다).

s-3-1-31.c　s-3-1-32.c

```
main( )
{
  int  x[ ] = {19, 18, 22, 13, 15,
               17, 19, 23, 21, 22 };
  int  y[ ] = { 10, 12, 13, 12,
               12, 13, 15, 13 };
  int  a[10], b[8], i;
  for (i = 0; i <10; i = i +1)
       a[i] = x[i];
  for (i = 0; i < 8; i = i +1)
       b[i] = y[i];
  for (i = 0; i < 5; i = i +1)
       printf("%d, %d \n", a[i], b[i]);
}
```

(a) 함수를 사용하지 않는 경우

```
void arrcpy(int vd[ ], int vs[ ], int  n )
{
  int    i;
  for (i = 0; i < n; i = i +1)
       vd[i] = vs[i];
}
main( )
{
  int  x[ ] = { 19, 18, 22, 13, 15,
               17, 19, 23, 21, 22 };
  int  y[ ] = { 10, 12, 13, 12,
               12, 13, 15, 13 };
  int  a[10], b[8], i;
  arrcpy(a, x, 10);
  arrcpy(b, y,  8);
  for (i = 0; i < 5; i = i +1)
       printf("%d, %d \n", a[i], b[i]);
}
```

(b) 함수를 사용하는 경우

[스텝 3-1-3]배열 타입 매개 변수 특성(call-by-value 효과)

◎ 함수(종프로그램)에서 배열 타입의 매개 변수 저장 공간은 주프로그램의 배열 공간이다. 즉, 함수에서 배열 타입 매개 변수에 대한 참조는 곧 주프로그램의 배열 참조를 의미한다. 이를 call-by-reference 효과라 부른다.

◎ 위에서 "arrcpy(a, x, 10)" 문을 실행했을 때, 함수에서의 배열 vd[ ]와 vs[ ]는 각각 주 프로그램의 배열 a[ ]와 x[ ]의 저장 공간을 의미한다.

QUIZ q-3-1-30.c

위 [스텝 3-1-3] 프로그램의 배열 x[ ]와 y[ ]의 첫 5개 원소들의 1:1 덧셈 결과를 배열 a[ ]에 구하는 함수 arradd( )를 만들고 전체 프로그램을 완성해보자.

STEP 3-1-4

배열 매개 변수 응용 : 주어진 두 정수 n1, n2에 대하여 몫과 나머지를 구하고 싶다(몫과 나머지를 모두 구하는 함수 도입, 97 쪽 과제 2-6-2 참조).

s-3-1-41.c　s-3-1-42.c

```
main( )
{
    int  n1, n2, q, r;

    scanf("%d %d", &n1, &n2);
    q = n1 / n2;
    r = n1 % n2;  /*n1 - q×n2*/
    printf("q=%d, r=%d \n", q, r);
}
```

(a) 함수를 사용하지 않는 경우

```
int  qr(int  n1, int  n2, int  r[ ])
{
    r[0] = n1 % n2;
    return(n1 / n2);
}
main( )
{
    int  n1, n2, q, r[1];
    scanf("%d %d", &n1, &n2);
    q = qr(n1, n2, r);
    printf("q=%d, r=%d \n", q, r[0]);
}
```

(b) 함수를 사용하는 경우

[스텝 3-1-4]배열 타입 매개 변수 활용(몫과 나머지: 복수의 결과값)

◎ 함수가 호출된 후 주프로그램에게 전달할 수 있는 함수값의 최대 개수는 return 문에 의한 하나이다.

◎ 따라서, 두 개 이상의 결과값 전달을 원할 경우 배열 매개 변수를 활용한다. 위 프로그램은 몫은 함수값으로, 나머지는 매개 변수 배열 r[0]로 전달한다.

QUIZ q-3-1-40.c

위 [스텝 3-1-4] 프로그램이 몫과 나머지 두 결과값 모두를 배열 매개 변수 r[ ]로 전달하도록 수정해보자.

STEP 3-1-5

배열 매개 변수 응용 : 입력된 임의의 두 수에 대한 곱셈과 나눗셈의 두 가지 결과를 얻고 싶다(곱셈과 나눗셈을 모두 구하는 함수 도입, 59 쪽 STEP-2-2-5 참조).

s-3-1-51.c | s-3-1-52.c

```
main( )
{
    int  x, y, m, d;

    scanf("%d %d", &x,  &y);
    m = x * y;
    d = x / y;
    printf("m=%d, d=%d \n", m,  d);
    return;
}
```

(a) 함수를 사용하지 않는 경우

```
void md(int  n1, int  n2, int  r[ ])
{
    r[0] = n1 * n2;
    r[1] = n1 / n2;
}
main( )
{
    int  x, y, r[2];
    scanf("%d %d", &x,  &y);
    md(x, y, r);
    printf("q=%d, r=%d \n", r[0],  r[1]);
}
```

(b) 함수를 사용하는 경우

[스텝 3-1-5]배열 타입 매개 변수 활용(곱셈과 나눗셈: 복수의 결과값)

◎ 함수 md( )는 곱셈과 나눗셈 두 결과물 모두를 배열 매개 변수 r[ ]을 통하여 주 프로그램에 전달하고, 함수값으로의 전달은 하지 않는다.

◎ 함수에서 함수값이 없는 마지막 return 문은 생략 가능하다.

QUIZ q-3-1-50.c

크기 n인 주어진 배열 v[ ]에서 최대값과 최소값을 동시에 구하여 배열 r[ ]에 돌려주는 함수 armaxmin( )을 만들고, 이를 이용하여 아래에 주어진 두 가지 실험 데이터 x[ ], y[ ]각각에 대한 최소값과 최대값을 구하는 프로그램을 완성해보자(105 쪽 STEP-2-8-2 참조).

19	18	22	13	15	17	19	23	21	22

10	12	13	12	12	13	15	13

STEP 3-1-6

배열 매개 변수 응용 : 배열에 저장된 각 데이터의 크기에 따른 순위를 알고 싶다(주어진 배열에 대해 각 원소들의 순위를 구하는 함수 도입, 107 쪽 도전 2-8 참조).

s-3-1-61.c s-3-1-62.c

```
main( )
{
   int  x[ ] = { 19, 18, 22, 13, 15,
                 17, 19, 23, 21, 22 };
   int  y[ ] = { 10, 12, 13, 12,
                 12, 13, 15, 13 };
   int  o[16], i, j;
   for (i = 0; i < 10; i = i+1) {
      o[i] = 1;
      for (j = 0; j < 10; j = j +1)
         if (i != j && x[j] > x[i])
            o[i] = o[i] + 1;
   }
   for (i = 0; i < 10; i = i+1)
      printf("%2d ", o[i]);
   printf("\n");

   for (i = 0; i < 8; i = i+1) {
      o[i] = 1;
      for (j = 0; j < 8; j = j +1)
         if (i != j && y[j] > y[i])
            o[i] = o[i] + 1;
   }
   for (i = 0; i < 8; i = i+1)
      printf("%2d ", o[i]);
   printf("\n");
}
```

(a) 함수를 사용하지 않는 경우

```
void seq(int  v[ ], int  o[ ], int  n)
{
   int  i, j;
   for (i = 0; i < n; i = i+1) {
      o[i] = 1;
      for (j = 0; j < n; j = j +1)
         if (i != j && v[j] > v[i])
            o[i] = o[i] + 1;
   }
}
main( )
{
   int  x[ ] = { 19, 18, 22, 13, 15,
                 17, 19, 23, 21, 22 };
   int  y[ ] = { 10, 12, 13, 12,
                 12, 13, 15, 13 };
   int  o[16], i;
   seq(x, o, 10);
   for (i = 0; i < 10; i = i+1)
      printf("%2d ", o[i]);
   printf("\n");

   seq(y, o, 8);
   for (i = 0; i < 8; i = i+1)
      printf("%2d ", o[i]);
   printf("\n");
}
```

(b) 함수를 사용하는 경우

[스텝 3-1-5]배열 타입 매개 변수 활용(순서 구하기: 복수의 결과값)

QUIZ q-3-1-60.c

위 [스텝 3-1-6] 프로그램에, 크기 n인 주어진 배열 v[ ]를 출력하는 함수 arrput( ) 함수를 도입하여 재작성해보자.

도전 3-1

try-3-10.c

크기 n인 주어진 배열 v[ ]의 원소들을 서로 교환하여 오름차순으로 정렬하는 함수 arrsort( )를 만들고, 아래의 두 데이터 x[ ], y[ ]를 정렬하는 프로그램을 완성해보자(106 쪽 STEP-2-8-3 참조).

19	18	22	13	15	17	19	23	21	22

10	12	13	12	12	13	15	13

과 제 3-1

1. 크기 n인 주어진 배열 데이터 v[ ]에 대한 평균과 표준 편차를 동시에 구하여 배열 r[ ]에 돌려주는 함수 arravgstd( ) 함수를 만들고, 이를 이용하여 아래의 두 배열 x[ ], y[ ] 각각에 대한 평균과 표준 편차를 구하는 프로그램 완성(104 쪽 STEP-2-8-1 참조, h-3-1-10.c).

19	18	22	13	15	17	19	23	21	22

10	12	13	12	12	13	15	13

2. 크기 n인 주어진 배열 v[ ]에 대하여, 원소들의 위치를 배열 r[ ]에 역순으로 재배치하는 함수 arrrev1( ) 함수를 만들고, 과제 1의 x[ ], y [ ] 배열에 대한 역배열을 구하는 프로그램 완성(h-3-1-20.c).

3. 크기 n인 주어진 배열 v[ ]에 대하여, 원소들의 위치를 서로 교환하여 역순으로 재배치하는 함수 arrrev2( ) 함수를 만들고, 과제 1의 배열을 역배열로 만드는 프로그램 완성(h-3-1-30.c).

STEP 3-2-1

반복 중단 : break 문 (배열에 저장된 데이터들의 총합을 구하고 싶다. 단, 음수가 나타나면 덧셈을 중단함).

s-3-2-11.c s-3-2-12.c

```
main( )
{
  int  x[ ] = { 11, 13, 12, 11, 14,
                11, -1, 13, 11, 11};
  int  s = 0, i = 0;
  while (i < 10) {
     if (x[i] < 0)
         break;
     s = s + x[i];
     i = i + 1;
  }
  printf("s=%d \n", s);
}
```

```
main( )
{
  int  x[ ] = { 11, 13, 12, 11, 14,
                11, -1, 13, 11, 11};
  int  s, i;
  for (i = s =0; i < 10; i = i +1) {
     if (x[i] < 0)
         break;
     s = s + x[i];
  }
  printf("s=%d \n", s);
}
```

[스텝 3-2-1] 반복 처리 중단하기(break)

◎ [그림 3-2-1]과 같이 while, do~while, for의 반복 구문 안에서 break 명령어가 실행되면 그 즉시 해당 반복 구문을 마치고, 실행 흐름이 그 반복 구문의 다음 문장으로 이동한다.

◎ break 문은 주로 반복 처리 도중, 특별한 예외 경우가 발생할 가능성이 있을 때를 대비하여 활용된다.

QUIZ q-3-2-11.c

[스텝 3-2-1]의 프로그램을 break문 없이 재작성해보자.

문장 형태	for (.; .;.)
	{
	문장11;
	...
	break;
	문장22;
	...
	}
	문장33;
	...
		while (...)
		{
		문장11;
		...
		break;
		문장22;
		...
		}
		문장33;
		...
			do
			{
			문장11;
			...
			break;
			문장22;
			...
			} while (...);
			문장33;
			...
				switch (...)
				{
				문장11;
				...
				break;
				문장22;
				...
				}
				문장33;
				...

주요 규칙	① for, while, do while, switch 문장 내에서만 사용된다. ② '문장11', '문장22', '문장33' 등은 지정문장은 물론 또 다른 흐름제어 문장일 수 있다. ③ break 문장을 만나는 순간 해당 제어문장을 벗어나 다음 문장인 '문장33'으로 제어흐름이 변경된다. ④ break 문장이 if 문장 속에 포함되는 경우가 많다.			

[그림 3-2-1] break 문 사용법

QUIZ q-3-2-12.c

크기 n의 주어진 배열 v[ ]의 합을 구하되 음수 값이 나타나면 덧셈을 중단하는 함수 arrcsum( )을 만들고, 이를 이용하여 [스텝 3-2-1]의 프로그램을 재작성해보자.

QUIZ q-3-2-13.c

[스텝 3-2-1]의 프로그램에서 "if (x[i]<10) break" 문장을 제거하고 재작성해보자.

STEP 3-2-2

반복 속행 : continue 문 (배열에 저장된 데이터들의 총합을 구하고 싶다. 단, 음수는 제외함).

s-3-2-21.c | s-3-2-22.c

```
main( )
{
  int  x[ ] = { 11, 13, 12, 11, 14,
                11,  -1, 13, 11, 11};
  int  s = 0, i = 0;
  while (i < 10) {
     if (x[i] < 0) {
         i = i + 1;
         continue;
     }
     s = s + x[i];
     i = i + 1;
  }
  printf("s=%d \n", s);
}
```

```
main( )
{
  int  x[ ] = { 11, 13, 12, 11, 14,
                11,  -1, 13, 11, 11};
  int  s, i;
  for (i = s =0; i < 10; i = i +1) {
     if (x[i] < 0)
         continue;
     s = s + x[i];
  }
  printf("s=%d \n", s);
}
```

[스텝 3-2-2] 반복 처리 건너뛰기(continue)

◎ while, do~while, for의 반복 구문 안에서 continue 명령어가 실행되면 그 즉시 다음 반복으로 넘어간다. while, do~while, for 구문에서 "다음 반복"의 시작은 [그림 3-2-2]와 같다.

◎ continue 문도 break 문과 같이, 반복 처리 도중 특별한 예외 경우가 발생할 가능성이 있을 때를 대비하여 활용된다.

QUIZ q-3-2-21.c

[스텝 3-2-2]의 프로그램을 continue문 없이 재작성해 보자.

<table>
<tr><td>문장
형태</td><td><pre>for (.;.;.)
{
   문장11;
   ...
   continue;
   문장22;
   ...
   문장33;
}
...</pre></td><td><pre>while (...)
{
   문장11;
   ...
   continue;
   문장22;
   ...
   문장33;
}
...</pre></td><td><pre>do
{
   문장11;
   ...
   continue;
   문장22;
   ...
   문장33;
} while (...);
...</pre></td></tr>
<tr><td>주요
규칙</td><td colspan="3">① for, while, do while 문장 내에서만 사용된다.
② '문장11', '문장22', '문장33' 등은 지정문장은 물론 또 다른 흐름 제어 문장일 수 있다.
③ continue 문장을 만나는 순간 '문장22'~'문장33' 이 모두 생략되고 다음 반복(루프)을 계속한다.
④ continue 문장이 if 문장 속에 포함되는 경우가 많다.</td></tr>
</table>

[그림 3-2-2] continue 문 사용법

QUIZ q-3-2-22.c

크기 n의 주어진 배열 v[ ]의 총합을 구하되 음수 값은 제외하여 구하는 함수 arrcsum( )을 만들고, 이를 이용하여 [스텝 3-2-2]의 프로그램을 재작성해보자.

QUIZ q-3-2-23.c

while 구문을 이용하는 [스텝 3-2-2]의 프로그램에서, i를 -1로 초기화하여 재작성해보자.

STEP 3-2-3

정수 탐색 : switch, break 문 (배열에 1, 3, 4, 6, 9의 다섯 가지 데이터가 있고, 이들 데이터들의 도수(빈도)를 구하고 싶다).

s-3-2-31.c

```
main( )
{
  int  x[ ] = { 3, 6, 4, 3, 4, 9, 1,
                1, 1, 3, 6, 9, 3, 4};
  int  c1, c3, c4, c6, c9, i;

  c1=0, c3=0; c4=0; c6=0; c9=0;
  for (i = 0; i < 14; i = i + 1) {
     if (x[i] == 1)
        c1 = c1 + 1;
     else if (x[i] == 3)
        c3 = c3 + 1;
     else if (x[i] == 4)
        c4 = c4 + 1;
     else if (x[i] == 6)
        c6 = c6 + 1;
     else
        c9 = c9 + 1;
  }
  printf("%d,%d,%d,%d,%d \n",
                  c1, c3, c4, c6, c9);
}
```

s-3-2-32.c

```
main( )
{
  int  x[ ] = { 3, 6, 4, 3, 4, 9, 1,
                1, 1, 3, 6, 9, 3, 4};
  int  c1, c3, c4, c6, c9, i;

  c1=0, c3=0; c4=0; c6=0; c9=0;
  for (i = 0; i < 14; i = i + 1) {
     switch(x[i]) {
     case 1: c1 = c1 + 1;
             break;
     case 3: c3 = c3 + 1;
             break;
     case 4: c4 = c4 + 1;
             break;
     case 6: c6 = c6 + 1;
             break;
     default: c9 = c9 + 1;
     }
  }
  printf("%d,%d,%d,%d,%d \n",
                  c1, c3, c4, c6, c9);
}
```

[스텝 3-2-3] 연이은 정수 비교하기(switch)

◎ switch 구문은 **정수에 대한** if 비교문이 이어질 때 사용한다([그림 3-2-3] 참조).

◎ switch 구문 내에서의 break 문은 switch 구문을 종료시킨다.

QUIZ q-3-2-31.c

아래의 평균들 각각에 대하여, 0~59는 'F', 60~69는 'D', 70~79는 'C', 80~89는 'B', 90~100은 'A'를 switch 문을 이용해 출력해보자.

78 48 100 82 60 59 91 80 89 73

문장
형태
	switch (수식)
	{
	case 상수1 : 문장11; 문장12; ... 문장1n;
	case 상수2 : 문장21; 문장22; ... 문장2n;
	case 상수3 : 문장31; 문장32; ... 문장3n;
	:
	case 상수m : 문장m1; 문장m2; ... 문장mn;
	...
	default : 문장n1; 문장n2; ... 문장nn;
	}
		switch (...)
		{
		...
		case m:
		....
		문장22;
		break;
		문장33;
		...
		}
		문장 33

주요 규칙	① '수식' 은 상수, 단순 변수, 할당문장의 대표 값 혹은 산술 연산자가 사용된 어떤 수식이라도 무방하나,최종 결과 값은 반드시 정수형(char, short, int, long)이어야 한다. ② '상수1'~'상수m'은 반드시 정수형 상수이어야 하고, 중복되어서는 안 된다. ③ 수식을 계산한 직 후, 그 계산결과가 '상수1' ~ '상수m' 중 어느 하나와 일치하면 해당 위치로 점프하고, 일치하는 상수가 없는 경우에는 default' 부분으로 점프한다. ④ 즉 '**case** 상수m... :' 는 단순히 레이블 역할만 한다. ⑤ '**default :**' 가 생략되고, '상수1' ~ '상수m'에 일치하는 상수가 없을 경우에는 switch 내의 어떤 문장도 수행되지 않는다. ⑥ '상수1' ~ '상수m'의 순서는 처리 내용에 따라 적절히 배치돼야 한다. ⑦ break 문장이나, 맨 끝의 '}'를 만나면 switch 문장을 벗어난다. ⑧ break 문장을 사용하면 각 case 별 처리내용이 중복되지 않도록 상호배제 시킬 수 있다. 예를 들어 '문장1n' ~ '문장nn' 다음에 각각 break 문장을 배치하면, 각 case에 대한 처리내용이 완전히 분리된다. 또한 break 문장의 배치에 따라 몇 가지 case를 하나의 그룹으로 묶을 수 있는 효과를 얻을 수도 있다.	

[그림 3-2-3] switch/break 구문 사용법

QUIZ

q-3-2-32.c

아래의 수들에 대하여, 5로 나눴을 때 나머지가 0 혹은 1인 것, 2 혹은 3인 것, 그리고 4인 것 등 총 세 부류로 나누어 개수를 카운트하고 싶다. switch 문을 이용해 출력해보자.

78 48 100 82 60 59 91 80 89 73

STEP 3-2-4

양자 택일 : 3항 연산 문 (임의의 두 수 중 큰 수를 if 구문 아닌 양자 택일 3항 연산 문을 활용하여 찾고 싶다).

s-3-2-41.c s-3-2-42.c s-3-2-43.c

```
main( )
{
    int    x, y, m;
    scanf("%d,%d", &x,  &y);
    if (x > y)
        m = x;
    else
        m = y;
    printf("Big=%d \n", m);
}
```

```
main( )
{
    int    x, y, m;
    scanf("%d,%d", &x,  &y);
    (x > y) ? (m = x) : (m = y);
    printf("Big=%d \n", m);
}
```

```
main( )
{
    int    x, y, m;
    scanf("%d,%d", &x,  &y);
    m = (x > y) ? x : y;
    printf("Big=%d \n", m);
}
```

[스텝 3-2-4] 두 정수 비교하여 큰 수 찾기(3항 연산)

◎ 수식 표현 자리에 return, break, continue, void 타입 함수 호출 등은 사용할 수 없다(자세한 사용법은 [그림 3-2-4] 참조).

QUIZ

q-3-2-41.c

3항 연산문을 이용하여, 두 정수 x, y를 입력 받아 그 합이 100보다 크면 "Yes"를, 아니면 "No"를 출력하는 프로그램을 작성해보자.

표현 형태	논리식 **?** 수식1 **:** 수식2
주요 규칙	① '논리식' 이 참이면 '수식1'이 수식표현 전체를 대표하고, '논리식' 이 거짓이면 '수식2'가 전체 수식표현을 대표한다. ② '수식1', '수식2'는 상수, 변수, 할당문장의 대표 값(7.1장 참조), 함수호출 복귀 값(void 타입 불가), 혹은 이들이 조합된 수식으로 구성될 수 있다. ③ 할당문장의 대표 값이 사용될 경우 반드시 '()'로 묶어야 한다. ④ '수식1', '수식2'의 타입이 다를 경우 동일한 타입으로 변환되어 전체 대표 값의 타입으로 결정된다(정수와 실수가 혼합되어 있을 경우 실수로 변환됨).

예

```
:
int  a, b, c;
:
c = a > b ? 0 : 1;
:
c = a > b ? add(a, b) :
                sub(a, b);
```

(a)

```
:
int  a, b, c, d;
:
a = (b/2)*2 == b ? c * 2 : d * 2;
:
a = ((b/2)*2== b ? c : d) * 2;
:
```

(b)

```
:
if (a > b)
    c = 0;
else
    c = 1;
:
if (a > b)
    c = add(a, b);
else
    c = sub(a, b);
:
```

(c)

```
:
if ((b/2)*2 == b)
    a = c * 2;
else
    a = d * 2;
:
if ((b/2)*2 == b)  t = c;
else               t = d;
a = t * 2;
:
```

(d)

[그림 3-2-4] 3항 연산 표현(양자택일 if)

QUIZ

q-3-2-42.c

입력된 정수 n까지의 모든 정수를 더하되, 짝수와 홀수를 구별하여 각각 구하는 프로그램을 if 구문 대신 3항 연산 표현으로 작성해보자.

STEP 3-2-5

복합 응용 : 배열에 주어진 데이터들의 평균과 도수를 아래의 조건하에서 구하고 싶다.

① 3 미만이거나 9 이상의 데이터는 버린다.
② 만약 도중에 0이 나타나면 0을 포함하여 이후의 데이터는 모두 버린다.
③ 6 미만과 6 이상으로 분류하여 각각의 평균을 구한다.
④ 4, 5, 8에 대한 빈도수를 구한다.

s-3-2-51.c

```c
main( )
{
    int x[ ] ={5, 2, 3, 6, 8, 7, 9, 4,
               9, 4, 5, 6, 5, 0, 4, 5};
    float  t1 = 0, t2 = 0;
    int    n1 = 0, n2 = 0, i;
    int    c4 = 0, c5 = 0, c8 = 0;

    for (i = 0; i < 16; i = i + 1) {
        if (x[i] == 0)
            break;
        if (x[i] < 3 || x[i] >= 9)
            continue;
        if (x[i] < 6) {
            t1=t1+x[i]; n1=n1+1 ;
        } else {
            t2=t2+x[i]; n2=n2+1;
        }
        if (x[i] == 4)
            c4 = c4 + 1;
        else if (x[i] == 5)
            c5 = c5 + 1;
        else if (x[i] == 8)
            c8 = c8 + 1;
    }
    printf("%f,%f, %d,%d,%d \n",
           t1/n1, t2/n2, c4, c5, c8);
}
```

s-3-2-52.c

```c
main( )
{
    int x[ ] ={5, 2, 3, 6, 8, 7, 9, 4,
               9, 4, 5, 6, 5, 0, 4, 5};
    float  t1 = 0, t2 = 0;
    int    n1 = 0, n2 = 0, i;
    int    c4 = 0, c5 = 0, c8 = 0;

    for (i = 0; i < 16; i = i + 1) {
      if (x[i] == 0)
          break;
      if (x[i] < 3 || x[i] >= 9)
          continue;
      x[i]<6 ?(t1=t1+x[i], n1=n1+1) :
              (t2=t2+x[i], n2=n2+1);
      switch (x[i]) {
      case 4: c4 = c4 + 1;
              break;
      case 5: c5 = c5 + 1;
              break;
      case 8: c8 = c8 + 1;
              break;
      }
    }
    printf("%f,%f, %d,%d,%d \n",
           t1/n1, t2/n2, c4, c5, c8);
}
```

[스텝 3-2-5] 조합 응용(break, continue, 3항 연산)

◎ t1/n1과 같이 수식에 실수형 변수나 상수가 포함되면 계산 결과는 실수이다. 이 식에서 만약 t1이 정수라면 계산 결과는 소수점 이하가 절삭된 정수가 된다.

도전 3-2

try-3-20.c

다음 조건에 따라 구구단을 출력하는 프로그램을 작성해보자.

① 3, 4, 6, 7 단은 출력하지 않는다.
② 각 단의 3, 5, 8, 9 번째 줄은 출력하지 않는다.

과 제 3-2

1. 입력된 두 정수 n1부터 n2까지(n1 < n2)의 모든 정수의 합 s와 7의 배수의 개수 c7을 구하되 3의 배수는 제외하는 프로그램 작성(h-3-2-10.c).

2. 입력된 두 정수 n1부터 n2까지(n1 < n2)의 모든 정수에 대하여, 4로 나누었을 때의 나머지가 0~3인 수들의 개수 각각(c0~c3)을 구하는 프로그램 작성(h-3-2-20.c).

3. 키보드에서 정수를 하나씩 입력 받아 이들 정수들의 총합을 구하는 프로그램 작성(단, 0이 입력되면 마지막으로 간주함, h-3-2-30.c)

4. 2부터, 입력된 정수 n(2 < n)까지의 모든 정수 중 소수들의 개수 pn을 구하는 프로그램 작성(h-3-2-40.c)

STEP 3-3-1

증•감 단항 연산, 단축 지정문 : ++, -- (주어진 두 정수 n1부터 n2까지의 모든 정수를 더하는 함수 intsum( ) 함수를 만들고, 이를 이용하여 임의의 입력된 두 수 x, y 사이의 모든 정수의 합을 구하고 싶다).

s-3-3-11.c

```c
int  intsum(int  n1, int  n2)
{
    int   s = 0, i;
    for (i = n1; i <= n2; i = i + 1)
       s = s + i;
    return(s);
}

main( )
{
    int   x, y, s;
    scanf("%d,%d", &x, &y);
    s = intsum(x, y);
    printf("Sum of %d~%d=%d \n",
                            x, y, s);
}
```

s-3-3-12.c

```c
int  intsum(int  n1, int  n2)
{
    int   s = 0, i;
    for (i = n1; i <= n2; i++)
       s += i;
    return(s);
}

main( )
{
    int   x, y, s;
    scanf("%d,%d", &x, &y);
    s = intsum(x, y);
    printf("Sum of %d~%d=%d \n",
                            x, y, s);
}
```

[스텝 3-3-1] 연속된 정수 합(증감 단항 연산자, 지정문의 단축 표현)

◎ ++와 --는 변수 앞 또는 뒤에 위치하여 해당 변수에 대해 ±1 연산을 가한다. 단, 수식이나 논리식에 사용되었을 때는 단항 연산자의 앞.뒤 위치에 따라 연산 순서가 달라진다([표 3-3-11], [표 3-3-12] 참조).

◎ A = A + ... 와 같이 변수의 현재 값에 연산을 가하여 그 변수에 새로운 값을 저장하는 지정문은 A += ... 형태로 단축해서 표현할 수 있다([표 3-3-13] 참조).

QUIZ q-3-3-10.c

위 [스텝 3-3-1] 프로그램의 intsum( ) 함수가 n2+...+n1 형태로 구하도록 재작성해보자.

[표 3-3-11] 증·감 단항 연산자 사용법

규칙 ①	++ : 변수의 값을 1 증가시킨다. -- : 변수의 값을 1 감소시킨다.
규칙 ②	반드시 하나의 단일 변수에 적용되어야 한다(단항 연산자).
규칙 ③	증·감 연산자가 변수의 앞에 위치할 경우에는 전체적인 수식 혹은 논리식에서 해당 변수가 참조되기 이전에 먼저 증·감 연산이 적용되고, 증·감 연산자가 변수의 뒤에 위치할 경우에는 해당 변수의 참조가 이루어진 이후에 증·감 연산이 적용된다. 예) x = ++a + 10; x = b-- + 20; if (++a > b--) ...
규칙 ④	증·감 연산자가 적용된 변수가 다른 수식이나 논리식의 일부로 사용되지 않고 단독으로 사용되었을 경우에는 증·감 연산자의 위치에 관계없이 결과가 동일하다. 예) i++; --i; → i = i + 1; i = i -1; 과 각각 동일함

[표 3-3-12] 증·감 단항 연산자 사용 예

초기 값			문 장	결과 값		
x	y	z		x	y	z
1	2	?	① z = ++x + y--;	2	1	4
1	2	?	② z = x++ + ++y;	2	3	4
10	20	?	③ if (++x == 11) { y++; z = 15; } else { y--; z = 25; }	11	21	15
10	20	?	④ if (x++ == 11) { y++; z = 15; } else { y--; z = 25; }	11	19	25
10	20	?	⑤ if (++x == 11) { x--; y++; z = 15; } else { x++; y--; z = 25; }	10	21	15
10	20	?	⑥ if (++x == 11) { ++x; y++; z = 15; } else { --x; y--; z = 25; }	12	21	15
1	1	1	⑦ ++x || ++y && ++z;	2	1	1
1	1	1	⑧ ++x && ++y && ++z;	2	2	2
-1	-1	-1	⑨ ++x || ++y && ++z;	0	0	-1

[표 3-3-13] 지정문의 단축 표현 예

일반 지정문장 형태 **[변수 = 변수 연산자 수식;]**	단축 지정문장 형태 **[변수 연산자 = 수식;]**
sum = sum + 1;	sum += 1;
n = n - 1;	n -= 1; (→ --n; n--;)
i = i - j - k;	i -= j + k;
m = m * (x - y + z);	m *= (x - y + z);
month = month / (a + b);	month /= a + b;

STEP 3-3-2

지정문의 대표값 : 저장되는 최종 값 참조 (밑변 w가 높이 h보다 3 큰 삼각형이 있다. h가 4일 때 삼각형의 넓이 s를 구하고 싶다).

s-3-3-21.c s-3-3-22.c

```
main( )
{
    int   w, h, s;
    h = 4;
    w = h + 3;
    s = w * h / 2;
    printf("%d,%d,%d \n", w, h, s);
}
```

```
main( )
{
    int   w, h, s;
    w = (h = 4) + 3;
    s = w * h / 2;
    printf("%d,%d,%d \n", w, h, s);
}
```

[스텝 3-3-2] 연속된 정수 합(증감 단항 연산자, 지정문의 단축 표현

◎ 모든 지정문은 그 문장 자체가 대표 값을 지닌다. 따라서. 지정문 자체가 수식이나 논리식에 하나의 항 자격으로 참여할 수 있다([표 3-3-3] 참조).

◎ 지정문의 대표 값은 오른 쪽 수식의 계산이 완료되어 왼쪽 변수에 할당되는 값으로 정해진다.

QUIZ

q-3-3-21.c

입력된 반지름 r과 높인 h인 원뿔에 대해서 밑면적 s와 부피 v를 구하는 프로그램을 작성해보자(지정문의 대표 값을 활용할 것).

[표 3-3-2] 지정문의 대표 값 사용 예

초 기 값			문 장	결 과 값		
a	b	c		a	b	c
?	2	3	① a = (b = 3) * c;	9	3	3
?	?	?	② a = (b = 3) * (c = 4);	12	3	4
?	?	?	③ a = (b = 3) * (b = 4) / (c = 2);	x	x	x
?	?	?	④ a = b * (b = 4) / (c = 2);	x	x	x
?	?	?	⑤ a = (b = 3) * b / (c = 2);	x	x	x
?	?	?	⑥ a = (b = (c = 2) * 2) + 2;	6	4	2
?	?	1	⑦ if (a=10) {b = (c = c +1) *2; } else {b = 0; }	10	4	2
?	4	0	⑧ if (a =c) {a = (b++) / (--c); } else {a = (b /= 2) * (c = 2); }	4	2	2

% 논리식 자리에 수식이 있거나, 수식으로 이루어진 논리식 항은 관계식이 아니더라도 수식의 결과가 0이 아니면 참(음수 포함), 0이면 거짓으로 계산한다.

% 내포된 지정문은 전체적인 계산 순서에 따라 차례로 이루어진다.

QUIZ

q-3-3-22.c

[STEP 3-3-1]의 intsum( ) 함수를 이용하여 17~39, 49~61, 73~97 구간 각각의 합 s1, s2, s3와 전체 합 st를 구하는 프로그램을 작성해보자(지정문의 대표값을 활용할 것).

STEP 3-3-3

계단식•나열식 지정문 : 1부터, 주어진 정수 n까지의 모든 정수의 합, 3 혹은 7의 배수인 것들의 개수와 합을 모두 구하는 함수 intsum37( )를 만들고, 이를 이용하여 입력된 정수 x까지의 세 가지 데이터를 구하고 싶다.

s-3-3-31.c

```
int  intsum37(int  n, int  r[ ])
{
    int   st, s37, n37, i;
    st = 0;
    s37 = 0;
    n37 = 0;
    i = 1;
    while (i <= n) {
        st += i;
        if (!(i%3) || !(i%7)) {
            n37++;
            s37 += i;
        }
        ++i;
    }
    r[0] = n37;
    r[1] = s37;
    return(st);
}
main( )
{
    int   x, s, r[2];
    scanf("%d", &x);
    s = intsum37(x, r);
    printf("%d, %d, %d \n",
                    s, r[0], r[1]);
}
```

s-3-3-32.c

```
int  intsum37(int  n, int  r[ ])
{
    int   st, s37, n37, i;
    st = s37 = n37 = 0, i = 1;
    while (i <= n) {
        st += i;
        if (!(i%3) || !(i%7))
            n37++, s37 += i;
        ++i;
    }
    r[0] = n37, r[1] = s37;
    return(st);
}
main( )
{
    int   x, s, r[2];
    scanf("%d", &x);
    s = intsum37(x, r);
    printf("%d, %d, %d \n",
                    s, r[0], r[1]);
}
```

[스텝 3-3-3] 연속된 정수 합(증감 단항 연산자, 지정문의 단축 표현)

◎ 계단식 지정문으로 여러 개의 변수를 하나의 문장으로 초기화시킬 수 있다([표 3-3-31] 참조).

◎ 나열식 지정문으로 여러 개의 지정문을 하나의 문장으로 처리할 수 있다([표 3-3-32] 참조).

[표 3-3-31] 계단식 지정문의 예

일반 지정문장 형태 [변수$_1$ = 수식; 변수$_2$ = 변수$_1$; : 변수$_n$ = 변수$_{n-1}$;]	계단식 지정문장 형태 [변수$_n$ = 변수$_{n-1}$ = … = 변수$_2$ = 변수$_1$ = 수식;]
w = 1; x = w; y = x; z = y;	① z = y = x = w = 1;
w = a +1; x = w; y = x; z = y;	② z = y = x = w = a +1;
w = w + 1; x = x + w; y = y + x; z = z + y;	③ z += y += x += w += 1;
a = i +1; b = a / j c = b +3; d = c * k;	④ d=(c=(b=(a=i+1)/j)+3)*k;
a = i *3; b = a c = b +3; d = c;	⑤ d = c = (b = a = i*3) +3;

% 오른쪽부터 차례로 지정이 이루어지고, 대표 값도 가진다.

[표 3-3-32] 나열식 지정문의 예

초 기 값			문 장	결 과 값		
i	j	k		i	j	k
?	?	?	① i = 2, j = 3;	2	3	?
?	?	?	② i = j = 0, k = 1;	0	0	1
?	5	?	③ i = j, j +3, k = 5;	5	5	5
?	?	?	④ i = (j = 3, 10, 20, 30, k = 5);	5	3	5
?	?	?	⑤ i = (j = 3, k = 5, 10, 20, 30);	30	3	5
?	?	1	⑥ i = (i = 3, j = i +1, 20, 30, i+j+k);	8	4	1
?	1	1	⑦ i = (j = 3, k++, 10, 20, j, i = 3);	x	x	x
?	?	?	⑧ if (i=3,j=i-3) {k = i +1; } else {k = i -1; }	3	0	2

?	?	?	⑨ if (i=0, i+=1)
			j = 1, k = 10;
			else
			j = 0, k = 20;
				1	1	10

% 왼쪽 지정문부터 차례로 실행되고, 맨 오른 쪽 지정문의 결과가 최종 대표 값이 된다.

% 지정문이 아닌 수식, 상수 만으로도 대표 값을 가질 수 있다.

% 괄호가 있을 경우 먼저 처리한다.

STEP 3-3-4

<u>변수정의 동시 지정문</u> : 1부터, 주어진 정수 n까지의 모든 정수들에 대하여 3으로 나눴을 때의 나머지가 0, 1, 2인 세 그룹별 합을 구하는 intsum33( ) 함수를 만들고, 이를 이용하여 입력된 정수 x까지의 세 가지 데이터를 구하고 싶다.

s-3-3-41.c

```
void  intsum33(int  n, int  r[ ])
{
    int   s0, s1, s2, i, m;
    s0 = 0, s1 = 0, s2 = 0;
    for (i = 1; i <= n; i++) {
        m = i / 3;
        m = i - m*3;
        if (m == 0)
            s0 += i;
        else if (m == 1)
            s1 += i;
        else
            s2 += i;
    }
    r[0] = s0, r[1] = s1, r[2] = s2;
    return;
}
main( )
{
    int   x, r[3];
    scanf("%d", &x);
    intsum33(x, r);
    printf("%d, %d, %d \n",
                    r[0], r[1], r[2]);
}
```

s-3-3-42.c

```
void  intsum33(int  n, int  r[ ])
{
    int   s0 = 0, s1 = 0;
    int   s2 = 0, i, m;
    for (i = 1; i <= n; i++) {
        m = i % 3;
        switch(m) {
        case 0: s0 += i;
                break;
        case 1: s1 += i;
                break;
        default: s2 += i;
        }
    }
    r[0] = s0, r[1] = s1, r[2] = s2;
    return;
}
main( )
{
    int   x, r[3];
    scanf("%d", &x);
    intsum33(x, r);
    printf("%d, %d, %d \n",
                    r[0], r[1], r[2]);
}
```

[스텝 3-3-4] 나머지 그룹별 합(증감 단항 연산자, 지정문의 단축 표현)

◎ 변수의 초기화는 원칙적으로 변수가 정의된 후 일반적인 실행 문장에 의해서 이루어져야 하지만, 변수를 정의할 때 초기 값을 설정할 수도 있다.

도전 3-3

try-3-30.c

다음과 같은 수열의 제 n항(1 ≤ n)을 구하는 함수 serian( )를 만들고, 이를 이용하여 7, 8, 9 항을 구하는 프로그램을 작성해보자.

```
1 _ 2 _ 4 _ 7 _ 11 _ 16 _ 22 . . .
  1   2   3   4    5    6
```

과 제 3-3

1. 다음 수식에 대해 제 n항(1 ≤ n)까지의 합을 구하는 함수 serisum( )을 만들고, 이를 이용하여 5, 6, 7 각 항까지의 합을 각각 구하는 프로그램 작성(h-3-3-10.c).

```
1 - 2 + 3 - 4 + 5 - 6 . . .
```

2. 뺄셈을 이용하여 주어진 정수 n을 정수 d로 나누었을 때의 나머지를 구하는 함수 intmod( )를 만들고, 이를 이용하여 입력된 정수 x의 약수를 모두(1과 x 제외) 구하는 프로그램 작성(h-3-3-20.c).

3. 주어진 금액 w에 대응되는 10,000, 1,000, 100, 10, 1원 등 5 종류 화폐 각각의 개수를 구해주는 함수 intwon( )을 만들고(고액권 우선 배정), 이를 이용하여 입력된 금액 x를 위한 종류별 지폐의 개수를 구하는 프로그램 작성(h-3-3-30.c).

단원 정리

제 4 장

퀴즈•도전•과제 해설

QUIZ 1-1-1 **[스텝 1-1-1] 프로그램의 모든 변수명을 자신이 새롭게 부여하여 다시 작성해보자.**

q-1-1-11.bas

```
10 A = 13
20 B = 2379
30 C = A * B
40 PRINT C
50 END
```

q-1-1-12.bas

```
10 X1 = 13
20 X2 = 2379
30 X3 = X1 * X2
40 PRINT X3
50 END
```

q-1-1-13.bas

```
10 WID = 13
20 HEIGHT = 2379
30 AREA = WID * HEIGHT
40 PRINT AREA
50 END
```

QUIZ 1-1-2 **[스텝 1-1-2] 프로그램을 참조하여, "13 x 2379"와 "13 + 2379"를 모두 계산하여 출력하는 프로그램을 작성해보자.**

q-1-1-21.bas

```
10 A = 13
20 B = 2379
30 C = A * B
35 PRINT C
40 X = 13
50 Y = 2379
60 Z = X + Y
70 PRINT Z
80 END
```

q-1-1-22.bas

```
10 A = 13
20 B = 2379
30 C = A * B
40 X = 13
50 Y = 2379
60 Z = X + Y
70 PRINT C, Z
80 END
```

q-1-1-23.bas

```
10 VARX = 13
20 VARY = 2379
30 MUL = VARX * VARY
40 ADD = VARX + VARY
50 PRINT MUL, ADD
60 END
```

QUIZ 1-1-3 **[스텝 1-1-3] 프로그램을 참조하여 임의의 세 수에 대한 합을 구하는 프로그램을 작성해보자.**

q-1-1-31.bas

```
10 INPUT X
20 INPUT Y
25 INPUT Z
30 S =  X + Y + Z
40 PRINT S
50 END
```

q-1-1-32.bas

```
10 INPUT X
20 INPUT Y
25 INPUT Z
30 S =  X + Y
35 S =  S + Z
40 PRINT S
50 END
```

q-1-1-33.bas

```
10 INPUT X
15 S = X
20 INPUT X
25 S = S + X
30 INPUT X
35 S =  S + X
40 PRINT S
50 END
```

QUIZ 1-1-4 **[스텝 1-1-4] 프로그램을 참조하여, 임의의 두 수에 대한 합, 차, 곱, 몫을 구하는 프로그램을 작성해보자.**

q-1-1-41.bas

```
10 INPUT X
20 INPUT Y
30 S = X * Y
35 D = X / Y
40 A = X + Y
45 B = X - Y
50 PRINT S, D, A, B
60 END
```

q-1-1-42.bas

```
10 INPUT X
20 INPUT Y
30 S1 = X + Y
35 S2 = X - Y
40 S3 = X * Y
45 S4 = X / Y
50 PRINT S1, S2, S3, S4
60 END
```

도전 1-1 **밑변 W1, 윗변 W2, 높이 H를 입력받아, 사다리꼴의 넓이(S)를 계산하는 순서도를 그리고, 프로그램을 작성해보자.**

try-1-10.bas

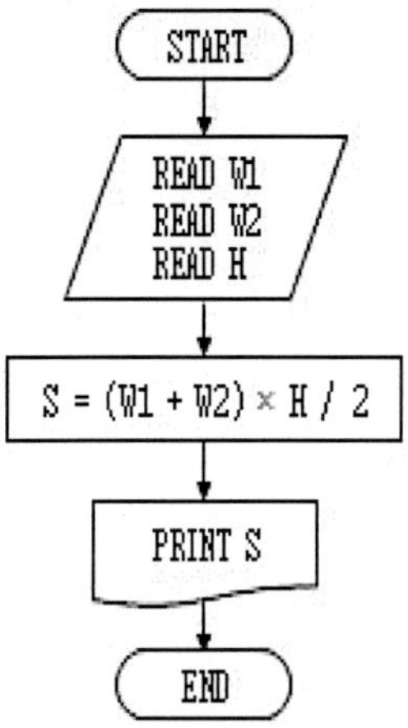


```
10 INPUT W1
20 INPUT W2
30 INPUT H
40 S =  (W1 + W2) * H / 2
50 PRINT S
60 END
```

과 제 1-1-1 **밑변 W, 높이 H를 입력받아 삼각형의 넓이(S)를 구하여 출력하기 위한 순서도와 프로그램 작성.**

h-1-1-10.bas

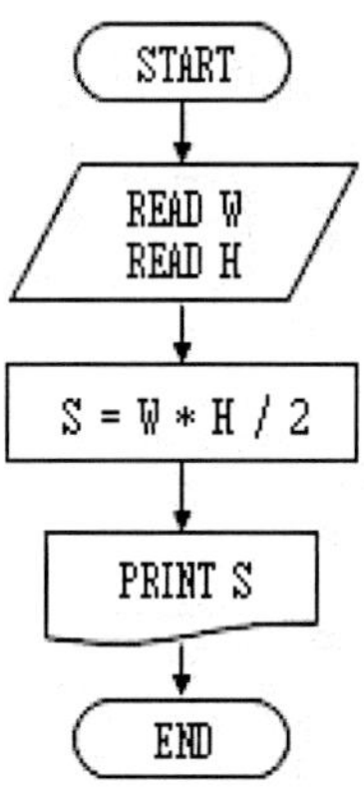


```
10 INPUT W
20 INPUT H
30 S =  W * H / 2
40 PRINT S
50 END
```

과 제 1-1-2 **반지름 R, 높이 H를 입력받아 원통의 부피(V)를 구하여 출력하기 위한 순서도와 프로그램 작성.**

h-1-1-20.bas

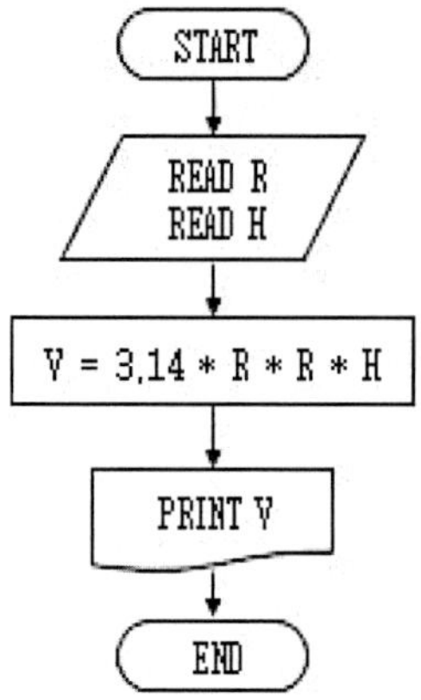


```
10 INPUT R
20 INPUT H
30 V =  3.13 * R * R * H
40 PRINT V
50 END
```

과 제 1-1-3 **임의의 수 X를 입력받아 $(X + 1)^2$의 값(SQ)을 구하여 출력하기 위한 순서도와 프로그램 작성.**

h-1-1-30.bas

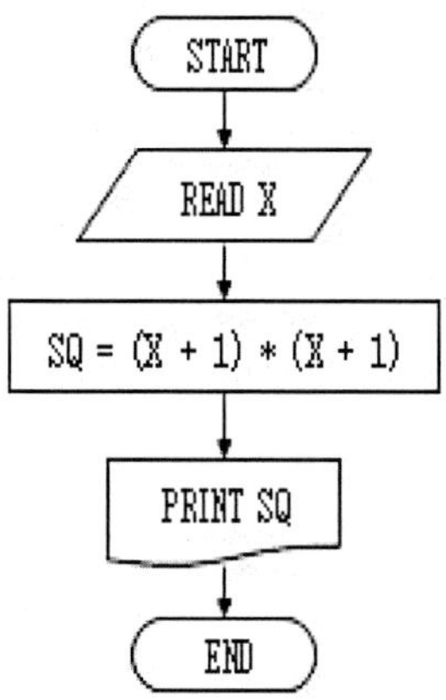


```
10 INPUT X
20 SQ = (X + 1) * (X + 1)
30 PRINT SQ
40 END
```

과 제 1-1-4 **임의의 정수 X를 입력받아 X부터 시작해서 연속되는 3개의 수에 대한 합(S)을 구하여 출력하기 위한 순서도와 프로그램 작성.**

h-1-1-40.bas

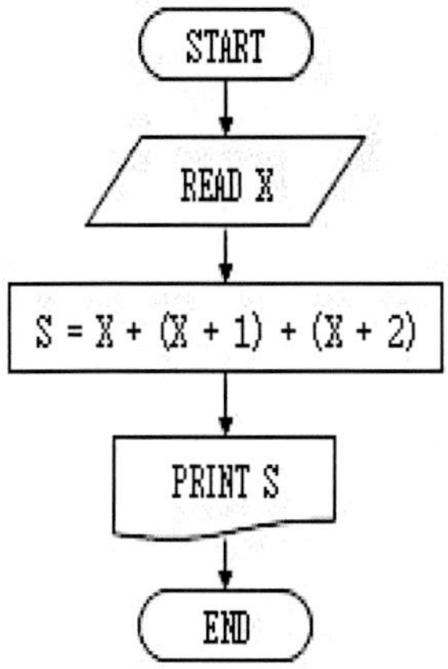


```
10 INPUT X

20 S = X + (X + 1) + (X + 2)

30 PRINT S

40 END
```

과 제 1-1-5 **임의의 두 수 X, Y를 입력받아 두 수의 차(SUB)와 두 수의 합(ADD)을 곱한 결과(DAM)를 구하여 출력하기 위한 순서도와 프로그램 작성.**

h-1-1-50.bas

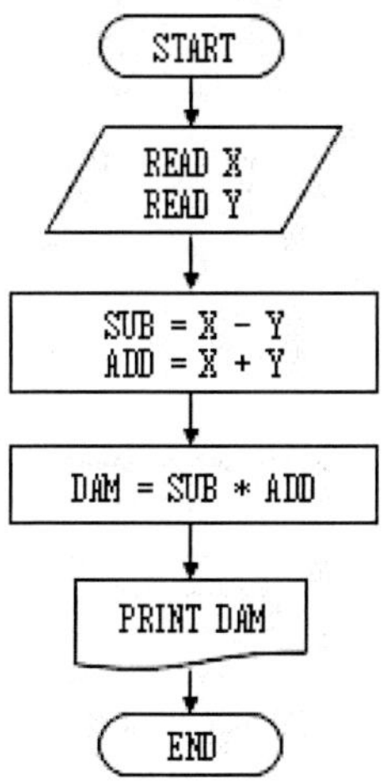


```
10 INPUT X
20 INPUT Y

30 SUB = X - Y
40 ADD = X + Y

50 DAM = SUB * ADD

60 PRINT DAM

70 END
```

QUIZ 1-2-11 **[스텝 1-2-1] 프로그램을 연산 선택 문자가 "*"가 아니면 나눗셈을, 그렇지 않으면 곱셈을 계산하는 형태로 변형해보자.**

q-1-2-11.bas

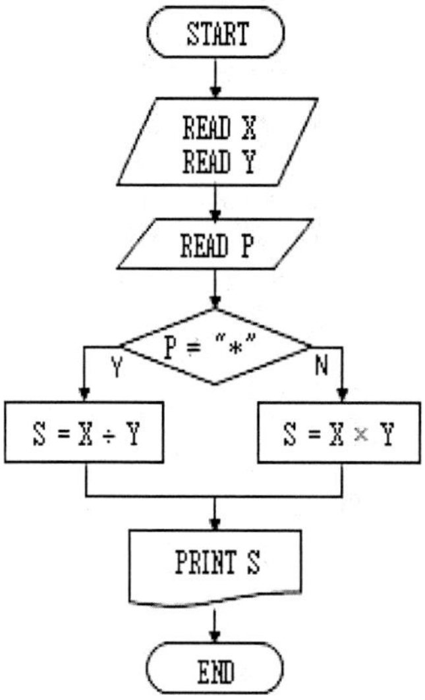


```
10 INPUT X
20 INPUT Y
30 INPUT P$
40 IF (P$<>"*")
   THEN S = X / Y
   ELSE S = X * Y
50 PRINT S
60 END
```

```
10 INPUT X
20 INPUT Y
30 INPUT P$
40 IF (P$<>"*")
   THEN GOTO 60
   ELSE GOTO 70
60 S = X / Y
65 GOTO 80
70 S = X * Y
75 GOTO 80
80 PRINT S
90 END
```

QUIZ 1-2-12 **두 수 X, Y를 입력 받아, 그 합 S가 100보다 크면 "Yes"를, 아니면 "No"를 출력하는 프로그램을 순서도와 함께 작성해보자.**

q-1-2-12.bas

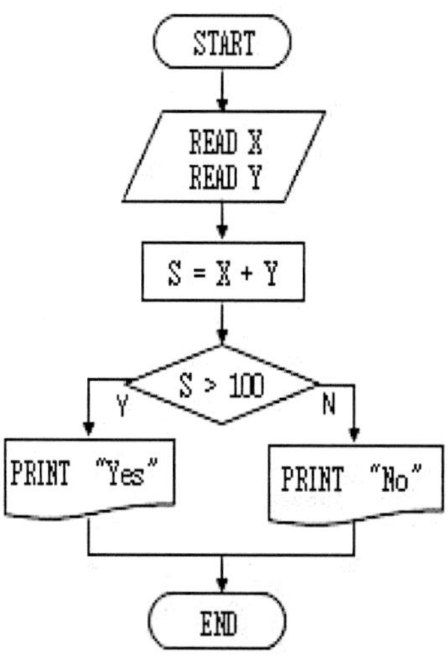


```
10 INPUT X
20 INPUT Y
30 S = X + Y
40 IF (S > 100)
   THEN PRINT "Yes"
   ELSE PRINT "No"
50 END
```

QUIZ 1-2-2 **두 과목 성적 E, M을 입력받아 평균(AVG)을 구하는 프로그램을 순서도와 함께 작성해보자. 단, 각 성적이 60점 미만이면 60점으로 수정하여 계산한다.**

q-1-2-20.bas

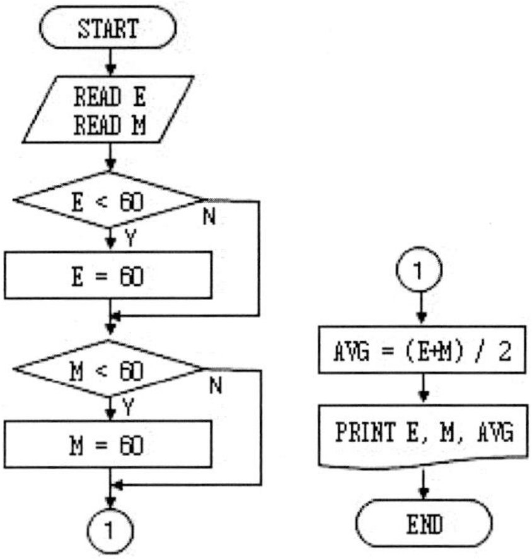


```
10 INPUT E
20 INPUT M
30 IF (E < 60)
      THEN E = 60
40 IF (M < 60)
      THEN M = 60
50 AVG = (E + M) / 2
60 PRINT E, M, AVG
70 END
```

QUIZ 1-2-3 **[스텝 1-2-3] 프로그램을 "IF (R < 60)"으로 시작하도록 재작성해보자.**

q-1-2-30.bas

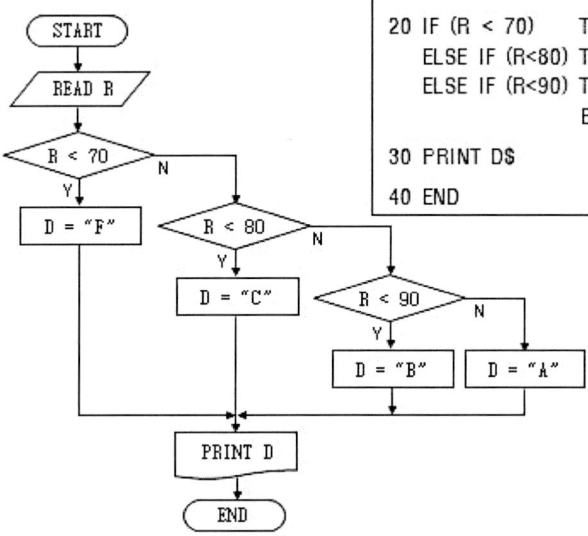


```
10 INPUT R
20 IF (R < 70)     THEN D$ = "F"
   ELSE IF (R<80) THEN D$ = "C"
   ELSE IF (R<90) THEN D$ = "B"
                  ELSE D$ = "A"
30 PRINT D$
40 END
```

QUIZ 1-2-4 **[스텝 1-2-4] 프로그램과 옆의 프로그램을 비교하여 어떻게 다른지 토론해보자.**

q-1-2-40.txt

- [스텝 1-2-4]의 프로그램에서는 비교 구문 전체가 하나의 문장으로 구성되어 비교에 성공하는 순간 더 이상의 비교는 하지 않는다.
- 퀴즈에 보인 프로그램에서는 비교 구문이 하나씩 독립적으로 분리되어 있어, 앞에서 이미 발견된 경우라도 아래에서 다시 비교하기 때문에 비효율적이다.
- 이를테면, G$가 "A"인 경우 [스텝 1-2-4]의 프로그램에서는 한 번의 비교로 끝나지만, 퀴즈 프로그램에서는 무조건 네 번 비교한다.

도전 1-2 **삼각형의 두 각 D1, D2를 입력받아 그 삼각형이 직각 삼각형인지("Yes" 혹은 "No")를 알아내는 순서도를 그리고, 프로그램을 작성해보자.**

try-1-20.bas

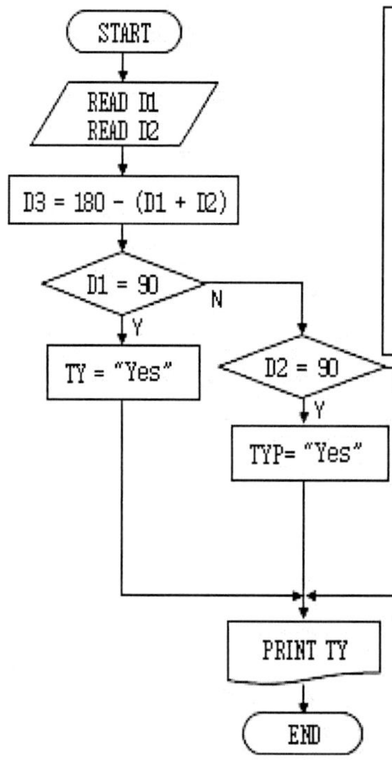


```
10 INPUT D1
20 INPUT D2
30 D3 = 180 - D1 - D2
40 IF (D1 = 90)      THEN TY$ = "Yes"
   ELSE IF (D2 = 90) THEN TY$ = "Yes"
   ELSE IF (D3 = 90) THEN TY$ = "Yes"
   ELSE TY$ = "No"
50 PRINT TY$
60 END
```

과 제 1-2-1 **삼각형 세 변의 길이 A, B, C(빗변)를 입력받아 그 삼각형이 직각 삼각형인지("R"), 둔각 삼각형인지("O"), 예각 삼각형인지("A")를 판별하기 위한 순서도와 프로그램 작성.**

h-1-2-10.bas

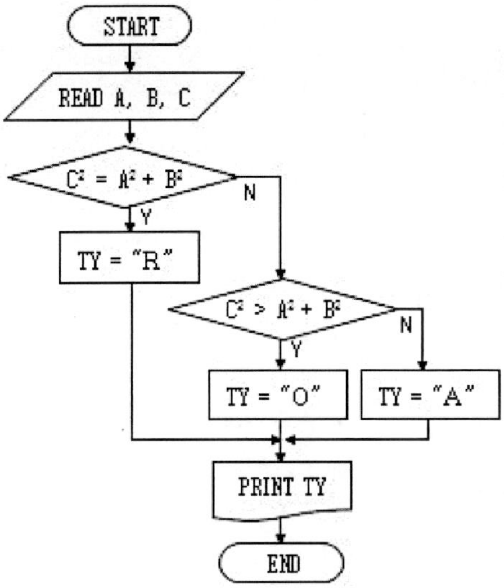


```
10 INPUT A
20 INPUT B
30 INPUT C
40 IF (C*C = A*A + B*B)
            THEN TY$ = "R"
   ELSE IF (C*C > A*A + B*B)
            THEN TY$ = "O"
   ELSE TY$ = "A"
50 PRINT TY$
60 END
```

과 제 1-2-2 **어떤 회사의 영업사원에 대한 보너스 지급 규정이 다음과 같을 때, 영업사원의 월급 S와 개인별 매출액 T를 입력받아, 보너스 지급 금액 B를 계산하기 위한 순서도와 프로그램 작성**(보너스 지급액 : 해당 사원의 총 매출액이 월급의 3 배보다 작으면 매출액의 3%, 4 배보다 작으면 4%, 그이상이면 6%).

h-1-2-20.bas

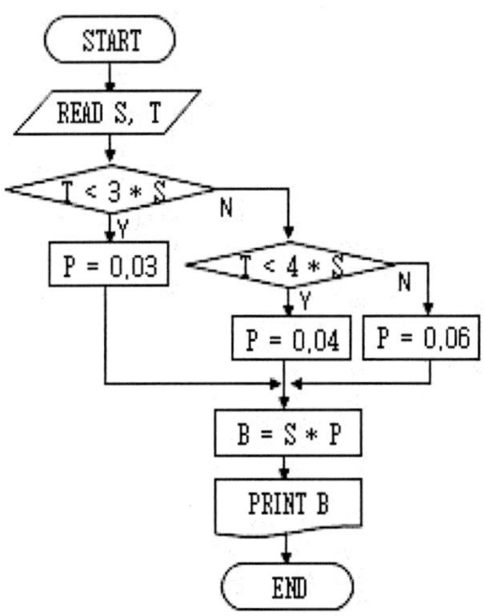


```
10 INPUT S
20 INPUT T
30 IF (T < 3 * S)
        THEN P = 0.03
     ELSE IF (T < 4 * S)
          THEN P = 0.04
        ELSE P = 0.06
40 B = S * P
50 PRINT B
60 END
```

과 제 1-2-3

함수 *f(x)*가 다음과 같이 정의되어 있을 때, 임의 입력 값 X에 대한 함수 값 *f(X)*를 계산하는 순서도와 프로그램 작성.

o $f(x) = \begin{cases} (x^2 + 4x + 1) / 3 & : x > 0 \text{ 일때} \\ (x + 4) & : x = 0 \text{ 일때} \\ (x - 10) & : x < 0 \text{ 일때} \end{cases}$

h-1-2-30.bas

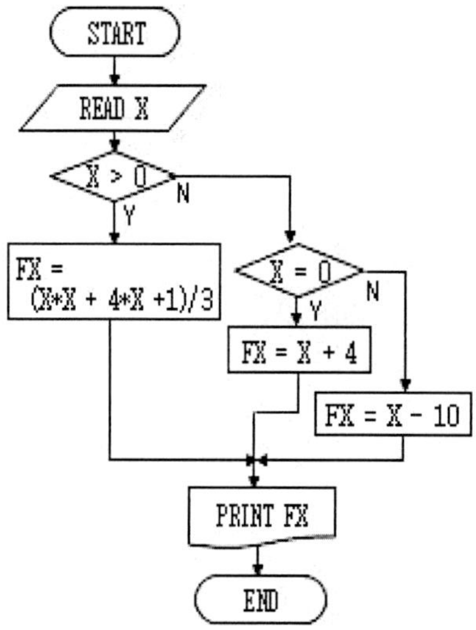


```
10 INPUT X
20 IF (X > 0)
      THEN FX = (X*X + 4*X +1)/3
   ELSE IF (X = 0)
      THEN FX = X + 4
   ELSE FX = X - 10
30 PRINT FX
40 END
```

QUIZ 1-3-11 **[그림 1-3-1]을 B와 C를 먼저 비교하는 형태로 다시 그리고, 그 방식에 의한 순서도와 프로그램을 재작성해보자.**

q-1-3-11.bas

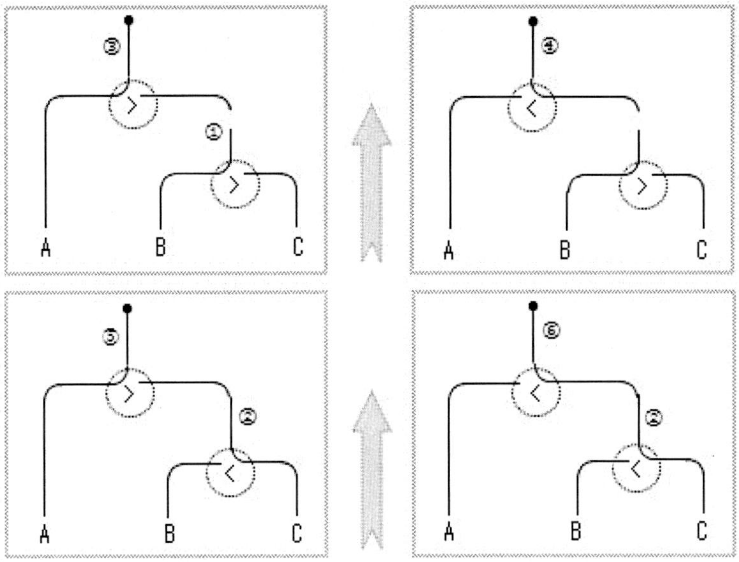

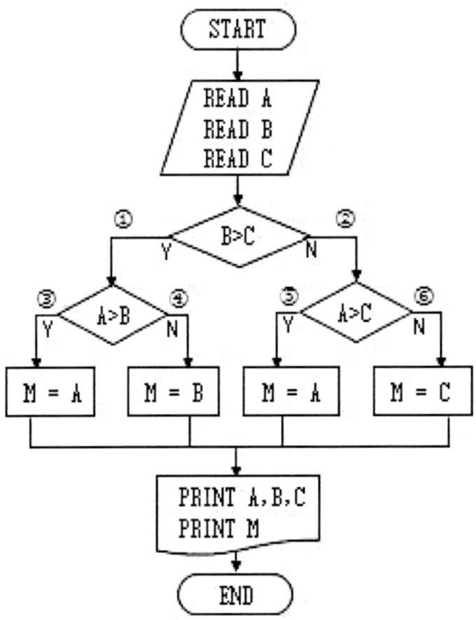


```
10 INPUT A
20 INPUT B
30 INPUT C
40 IF (B > C)
     THEN IF (A > B) THEN M = A
                     ELSE M = B
     ELSE IF (A > C) THEN M = A
                     ELSE M = C

70 PRINT A, B, C
80 PRINT M

90 END
```

QUIZ 1-3-12 **[그림 1-3-1]을 가장 적은 수(M)를 찾도록 수정하고, 해당 프로그램을 작성해보자.**

q-1-3-12.bas

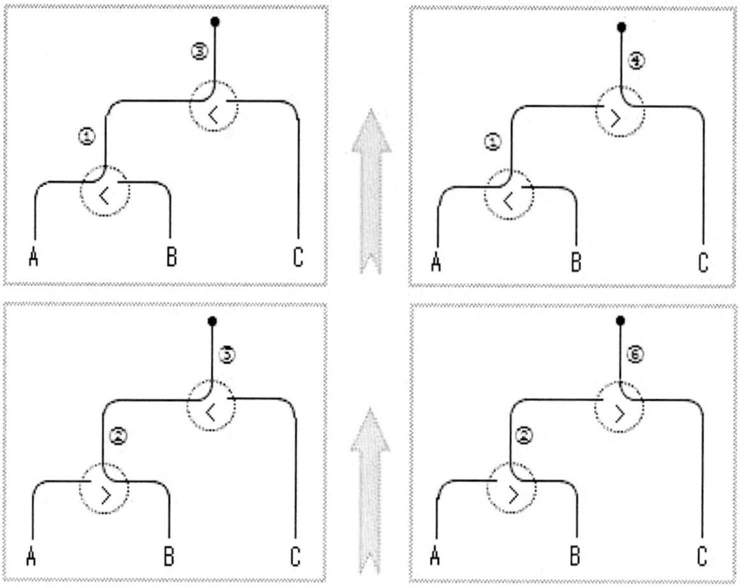

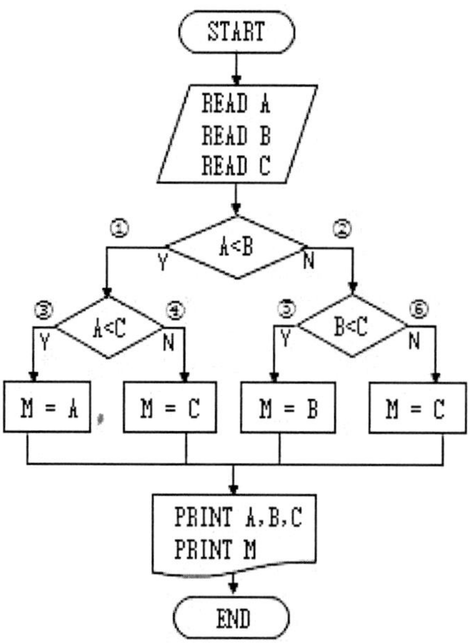


```
10 INPUT A
20 INPUT B
30 INPUT C
40 IF (A < B)
      THEN IF (A < C) THEN M = A
                      ELSE M = C
      ELSE IF (B < C) THEN M = B
                      ELSE M = C

70 PRINT A, B, C
80 PRINT M

90 END
```

QUIZ 1-3-3 **[스텝 1-3-2], [스텝 1-3-3]의 프로그램을 가장 작은 수(M)를 찾도록 수정해보자.**

q-1-3-31.bas

```
10 INPUT A
20 INPUT B
30 INPUT C

40 IF (A<B AND A<C) THEN M=A
   ELSE IF (B<A AND B<C) THEN M=B
   ELSE IF (C<A AND C<B) THEN M=C

70 PRINT A, B, C, M

80 END
```

q-1-3-32.bas

```
10 INPUT A
20 INPUT B
30 INPUT C
40 M = A
50 IF (B < M)
      THEN M = B
60 IF (C < M)
      THEN M = C
70 PRINT A, B, C, M
80 END
```

QUIZ 1-3-4 **서로 다른 세 정수 A, B, C 중 가장 큰 수(M)를 토너먼트 식으로 찾는 프로그램을 작정해보자.**

q-1-3-40.bas

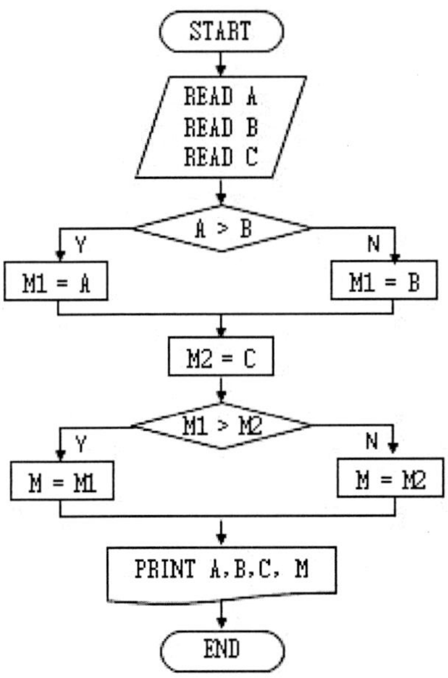


```
10 INPUT A
20 INPUT B
30 INPUT C
50 IF (A > B) THEN M1 = A
             ELSE M1 = B

60 M2 = C

70 IF (M1> M2) THEN M = M1
               ELSE M = M2

80 PRINT A, B, C, M

90 END
```

도전 1-3 **서로 다른 세 정수 A, B, C 중, 가운데 수(M)를 찾는 순서도를 사건 중심 분류 방식으로 그리고, 프로그램을 작성해보자.**

try-1-30.bas

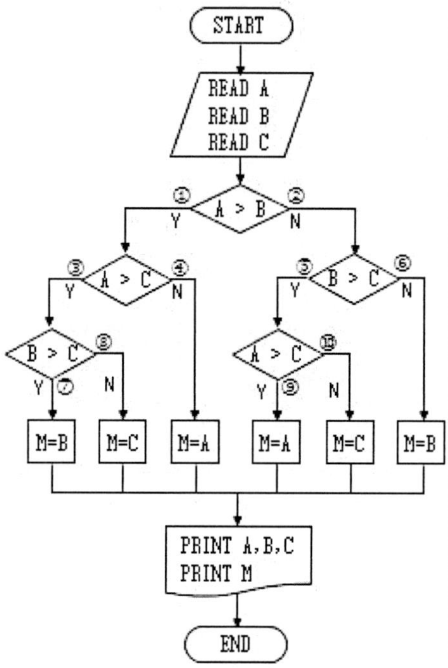


```
10 INPUT A
20 INPUT B
30 INPUT C
40 IF (A > B)
      THEN IF (A > C)
 ①          THEN IF (B > C)
        ③          ⑦ THEN M = B
                   ⑧ ELSE M = C
        ④ ELSE M = A
      ELSE IF (B > C)
            THEN IF (A > C)
 ②      ⑤          ⑨ THEN M = A
                   ⑩ ELSE M = C
        ⑥ ELSE M = B
70 PRINT A, B, C
80 PRINT M
90 END
```

과제 1-3-1 **서로 다른 네 정수 A, B, C, D 중, 가장 큰 수(M)를 찾는 순서도와 프로그램을 아래의 방식에 따라 그리고 작성.**

o 결과 중심 분류

h-1-3-11.bas

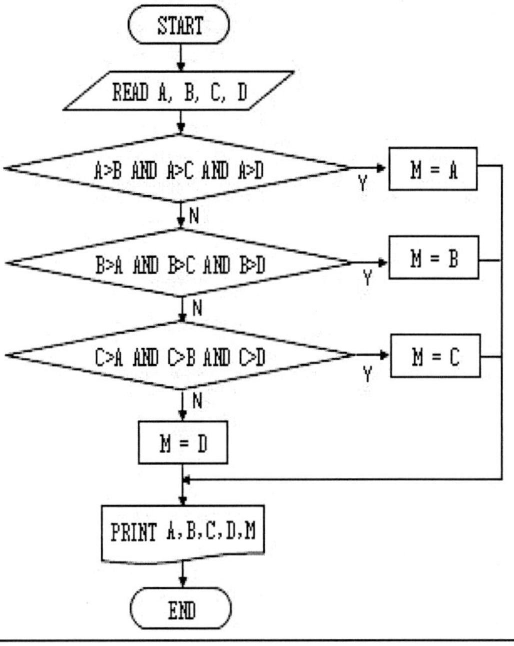


```
10 INPUT A
20 INPUT B
30 INPUT C
40 INPUT D

50 IF (A>B AND A>C AND A>D)
      THEN M=A
      ELSE IF (B>A AND B>C AND B>D)
              THEN M=B
              ELSE IF (C>A AND C>B AND C >D)
                      THEN M=C
                      ELSE M=D

70 PRINT A, B, C, D, M

80 END
```

o 순차 대결

h-1-3-12.bas

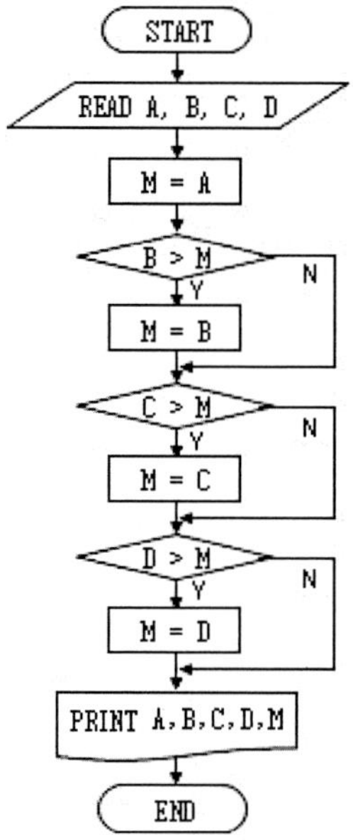


```
10 INPUT A
20 INPUT B
30 INPUT C
40 INPUT D

50 M = A

60 IF (B > M) THEN M = B
70 IF (C > M) THEN M = C
80 IF (D > M) THEN M = D

90 PRINT A, B, C, D, M

99 END
```

과 제 1-3-2 **서로 다른 네 정수 A, B, C, D 중, 두 번째로 큰 수(M2)를 순차 대결 방식으로 찾는 순서도를 그리고 프로그램을 작성.**

h-1-3-20.bas

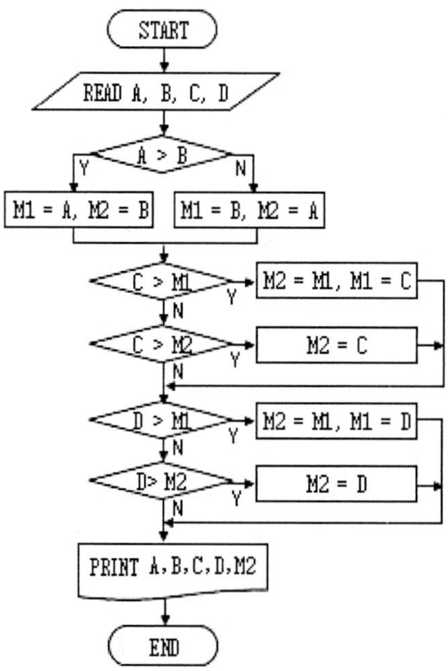


```
10 INPUT A
20 INPUT B
30 INPUT C
40 INPUT D
50 IF (A > B)
     THEN M1=A: M2=B
     ELSE M1=B: M2=A
60 IF (C > M1)
      THEN M2=M1: M1=C
      ELSE IF (C > M2)
              THEN M2=C
70 IF (D > M1)
      THEN M2=M1: M1=D
      ELSE IF (D > M2)
              THEN M2=D
80 PRINT A, B, C, D, M2
90 END
```

QUIZ 1-4-1 **임의의 입력된 정수 N이 짝수이면 "Even"을, 홀수이면 "Odd"를 출력하는 순서도와 프로그램을 작성해보자.**

q-1-4-10.bas

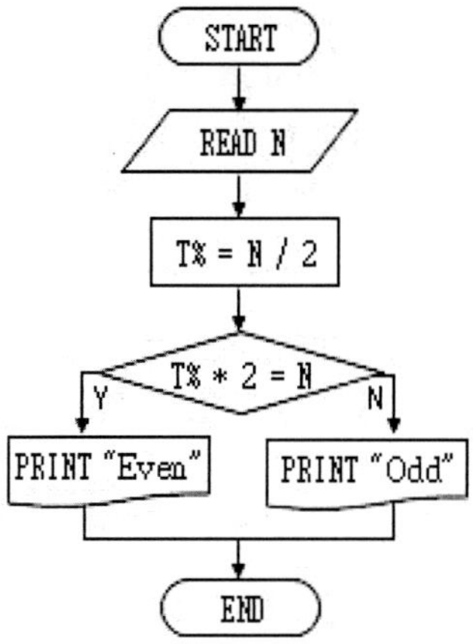


```
10 INPUT N
20 T% = N / 2

30 IF (T% * 2 = N)
      THEN PRINT "Even"
      ELSE PRINT "Odd"

40 END
```

QUIZ 1-4-2 **100~999인 임의의 정수 N에 대하여 각 자리의 숫자 (N1~N3)를 분리하기 위한 순서도와 프로그램을 작성해보자.**

q-1-4-20.bas

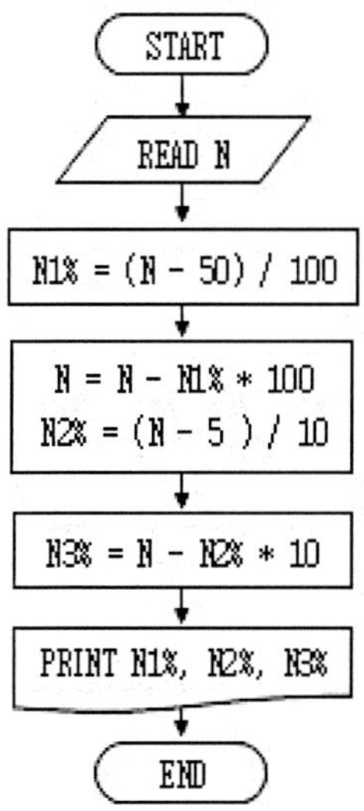


```
10 INPUT N

20 N1% = (N - 50) / 100

30 N = N - N1% * 100
40 N2% = (N - 5) / 10

50 N3% = N - N2% * 10
60 PRINT N1%, N2%, n3%

70 END
```

도전 1-4 **아래 사항을 이용하여 임의의 세 자리 정수 N에 대응되는 숫자 문자열(ND)을 구하는 순서도와 프로그램을 작성해보자.**

- o 두 문자열에 '+' 연산을 가하면 두 문자열이 연결된 새로운 문자열이 생성된다(예, A$="aa", B$="bb", C$ = A$ + B$ ⇒ C$는 "aabb").
- o STR$(D) 함수는 0~9인 정수 D에 대하여 대응되는 숫자 문자 **"0"** ~ **"9"**를 알려주되, 숫자 앞쪽에 공백을 붙여준다(예, A$=STR$(0) ⇒ A$는 " **0**", A$=STR$(1) ⇒ A$는 " **1**").

try-1-40.bas

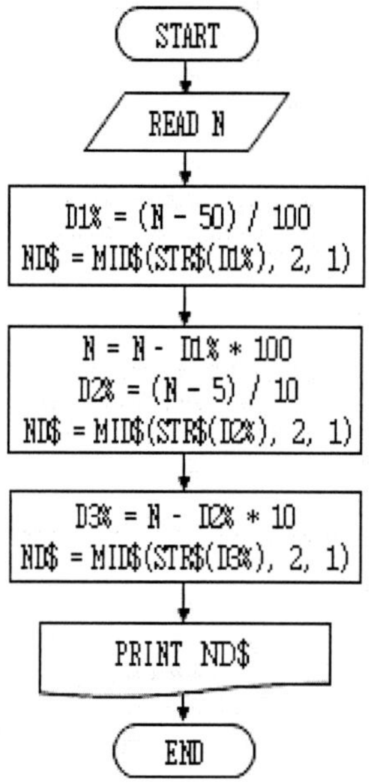


```
10 INPUT N
20 D1% = (N - 50) / 100
25 ND$ = MID$(STR$(D1%), 2, 1)
30 N = N - (D1% * 100)
33 D2% = (N - 5) / 10
35 ND$ = ND$ + MID$(STR$(D2%), 2, 1)
40 D3% = N - D2% * 10
45 ND$ = ND$ + MID$(STR$(D3%), 2, 1)
50 PRINT ND$
60 END
```

과 제 1-4-1 **임의의 정수 N이 3의 배수이면 "Yes"를, 아니면 "No"를 출력하는 순서도와 프로그램 작성.**

h-1-4-10.bas

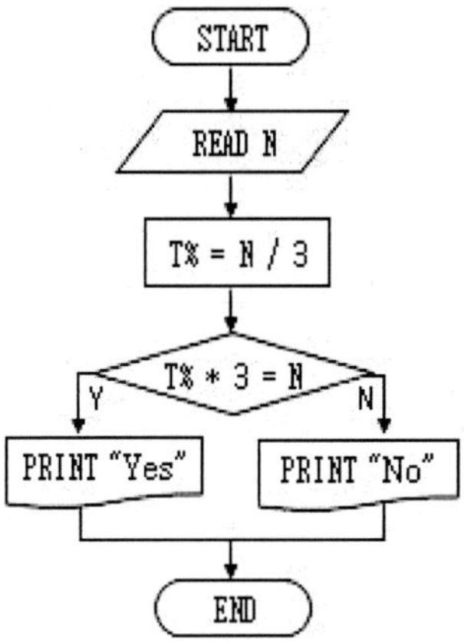


```
10 INPUT N
20 T% = N / 3
30 IF (T% * 3 = N)
      THEN PRINT "Yes"
      ELSE PRINT "No"
40 END
```

과 제 1-4-2 **아래 사항을 이용하여, "324"와 같이 임의의 세 숫자로 구성된 문자열 D에 대응되는 정수(324, N)를 구하여 출력하는 순서도와 프로그램 작성.**

- o VAL(D$) 함수는 D$에 저장된 **"0"** ~ **"9"의** 숫자에 대응되는 정수 0 ~ 9를 알려준다(예, D$="7", N=VAL(D$) ⇒ N은 정수 7). MID$(T$, I, J) 함수는 위와 동일.

h-1-4-20.bas

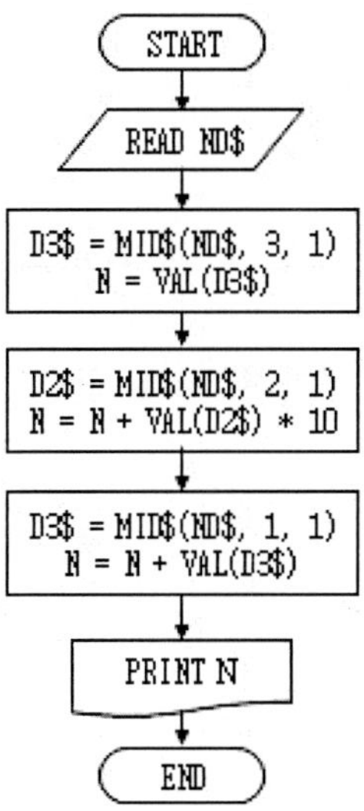


```
10 INPUT ND$
20 D3$ = MID$(ND$, 3, 1)
25 N = VAL(D3$)
30 D2$ = MID$(ND$, 2, 1)
35 N = N + VAL(D2$) * 10
40 D1$ = MID$(ND$, 1, 1)
45 N = N + VAL(D1$) * 100
50 PRINT N
60 END
```

QUIZ 1-5-1 **위 [스텝 1-5-1] 프로그램을 N이 1부터 시작하도록 하는 순서도와 프로그램을 재작성해보자.**

q-1-5-10.bas

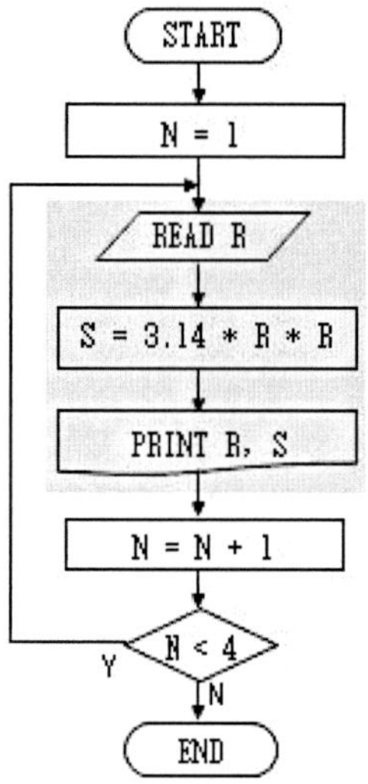


```
10 N = 1
20 INPUT R
30 S = 3.14 * R * R
40 PRINT R, S
50 N = N + 1
60 IF (N < 4) GOTO 20
70 END
```

QUIZ 1-5-2 **정수 N을 입력받아, "G. D. Hong"을 N 번 출력하는 순서도와 프로그램을 작성해보자(단, N이 0이면 출력하지 않음).**

q-1-5-20.bas

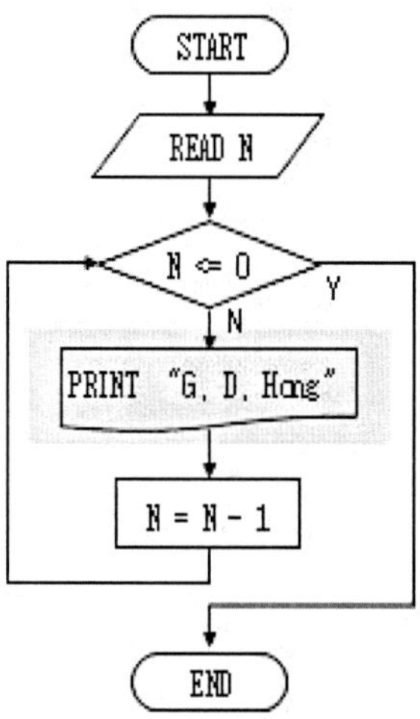


```
10 INPUT N
20 IF (N <= 0) GOTO 60
30 PRINT "G. D. Hong"
40 N = N - 1
50 GOTO 20
60 END
```

QUIZ 1-5-3 **위 [스텝 1-5-3] 프로그램을 N이 1부터 시작하도록 재작성해보자.**

q-1-5-31.bas

```
10 INPUT T
20 N = 1
30 INPUT R
40 S = 3.14 * R * R
50 PRINT R, S
60 N = N + 1
65 IF (N <= T) GOTO 30
70 END
```

q-1-5-32.bas

```
10 INPUT T
20 N = 1
25 DO
30    INPUT R
40    S = 3.14 * R * R
50    PRINT R, S
60    N = N + 1
65 WHILE (N <= T)
70 END
```

QUIZ 1-5-4 **사다음 프로그램을 WHILE~WEND 구문으로 작성해보자.**

q-1-5-40.bas

```
10 I = 1
20 WHILE (I < 10)
30 PRINT I
40 I = I + 1
50 WEND
60 END
```

① 1~9 출력

```
10 I = 1
20 WHILE (I < 10)
25 V = 3 * I
30 PRINT V
40 I = I + 1
50 WEND
80 END
```

② 3단 출력

```
10 I = 1
15 INPUT N
20 WHILE (I < 10)
25 V = N * I
30 PRINT V
40 I = I + 1
50 WEND
80 END
```

③ n단 출력

QUIZ 1-5-5 **위 [스텝 1-5-5] 프로그램을 1~N까지의 모든 홀수의 합 (S)을 구하도록 순서도와 함께 재작성해보자.**

q-1-5-51.bas q-1-5-52.bas

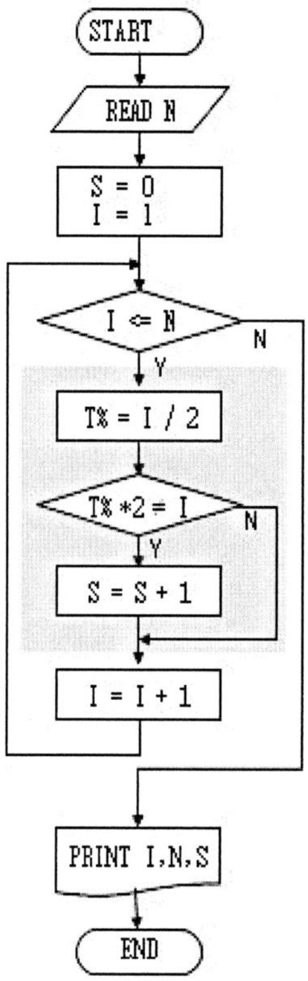


```
10 INPUT N
20 S = 0
30 I = 1
40 WHILE (I <= N)
50  T% = I / 2
55  IF (T% * 2 <> I)
      THEN S = S + I
60  I = I + 1
65 WEND
70 PRINT N, I, S
80 END
```

```
10 INPUT N
20 S = 0
35 FOR I = 1
      TO N
       STEP 1
50  T% = I / 2
53  IF (T% * 2 = I)
      THEN  GOTO 65
55   S = S + I
65 NEXT I
70 PRINT N, I, S
80 END
```

도전 1-5 **아래 사항을 이용하여 "4321"와 같이 숫자들로 구성된 두 문자열 N1과 N2를 입력받아 각각을 정수로 변환하여 두 수의 합(S1 + S2)을 구하는 순서도와 프로그램을 작성해보자.**

- o LEN(T$) 함수는 문자열 T$의 전체 길이를 알려준다.
- o MID$(T$, I, J) 함수는 문자열 T$ 중 I 번째부터 J 개의 문자열을 꺼내서 만든 새로운 문자열을 알려준다.
- o VAL(D$) 함수는 D$에 저장된 **"0"** ~ **"9"의** 숫자에 대응되는 정수를 알려준다.

try-1-50.bas

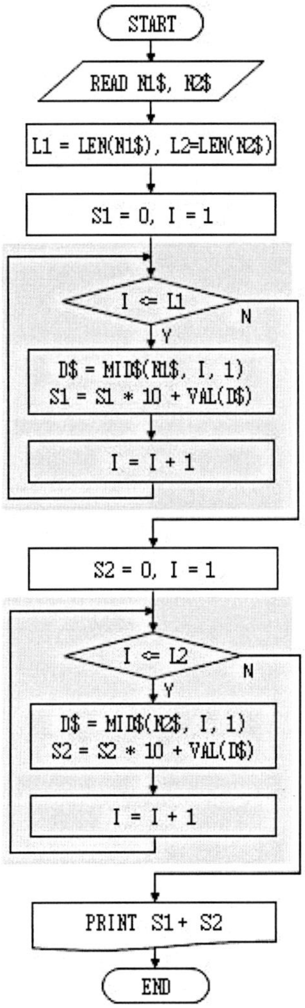


```
10 INPUT N1$
15 INPUT N2$

20 L1 = LEN(N1$):  L2 = LEN(N2$)

30 S1 = 0:  I = 1

40 FOR I = 1 TO L1

45     D$ = MID$(N1$, I, 1)
47     S1 = S1 * 10 + VAL(D$)

49 NEXT I

50 S2 = 0:  I = 1

60 FOR I = 1 TO L2

65     D$ = MID$(N2$, I, 1)
67     S2 = S2 * 10 + VAL(D$)

69 NEXT I

70 PRINT S1 + S2

80 END
```

과 제 1-5-1 아래 사항을 이용하여 임의의 정수 N을 입력받아 이 정수에 대응되는 숫자 문자열(ND)을 구하는 순서도와 프로그램 작성.

- o 두 문자열에 '+' 연산을 가하면 두 문자열이 연결된 새로운 문자열이 생성된다(예, A$="aa", B$="bb", C$ = A$ + B$ ⇒ C$는 "aabb").
- o STR$(D) 함수는 0~9인 정수 D에 대하여 대응되는 숫자 문자 **"0"** ~ **"9"**를 알려주되, 숫자 앞쪽에 공백을 붙여준다(예, A$=STR$(0) ⇒ A$는 **" 0"**, A$=STR$(1) ⇒ A$는 **" 1"**).
- o MID$(T$, I, J) 함수는 위와 동일.

h-1-5-11.bas | h-1-5-12.bas

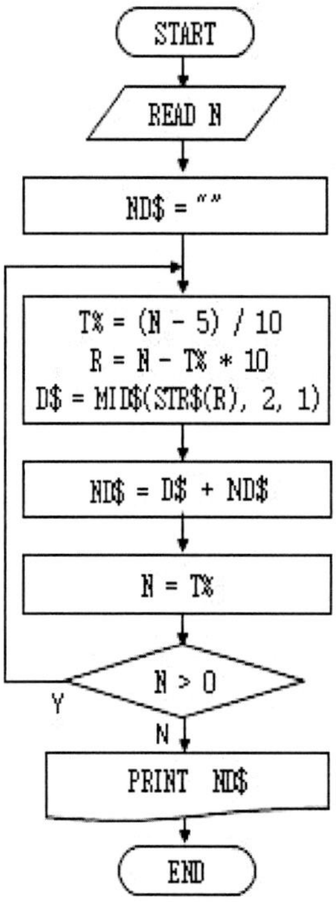


```
10 INPUT N
20 ND$ = ""
33 T% = (N - 5) / 10
35 R = N - T% * 10
37 D$ =
   MID$(STR$(R), 2, 1)
40 ND$ = D$ + ND$
50 N = T%
55 IF (N > 0) GOTO 33
60 PRINT ND$
70 END
```

```
10 INPUT N
20 ND$ = ""
30 DO
30    T% = (N - 5) / 10
35    R = N - T% * 10
37    D$ =
      MID$(STR$(R), 2, 1)
40    ND$ = D$ + ND$
50    N = T%
55 WHILE (N > 0)
60 PRINT ND$
70 END
```

과 제 1-5-2 **임의의 두 양의 정수 N1, N2를 입력받아 N1×N2(=S)를 구하는 순서도와 프로그램 작성(단, 덧셈을 반복하는 방법을 사용할 것).**

h-1-5-20.bas

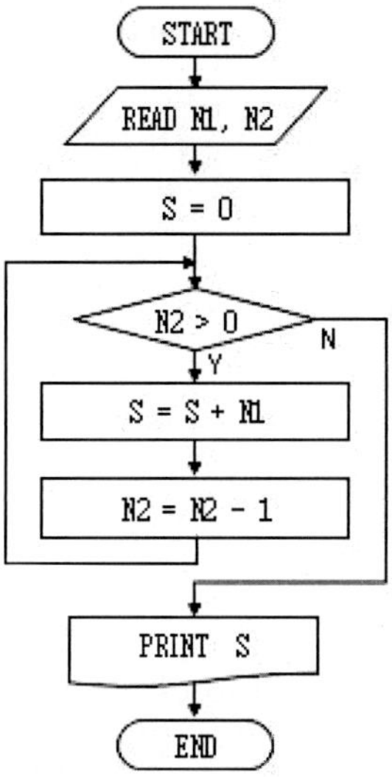


```
10 INPUT N1
20 INPUT N2

30 S = 0

40 WHILE (N2 > 0)

50    S = S + N1

60    N2 = N2 - 1

70 WEND

80 PRINT S

90 END
```

과 제 1-5-3 **임의의 두 양의 정수 N1, N2를 입력받아 N1÷N2의 몫(Q)과 나머지(R)를 구하는 순서도와 프로그램 작성(단, 뺄셈을 반복하는 방법을 사용할 것).**

h-1-5-30.bas

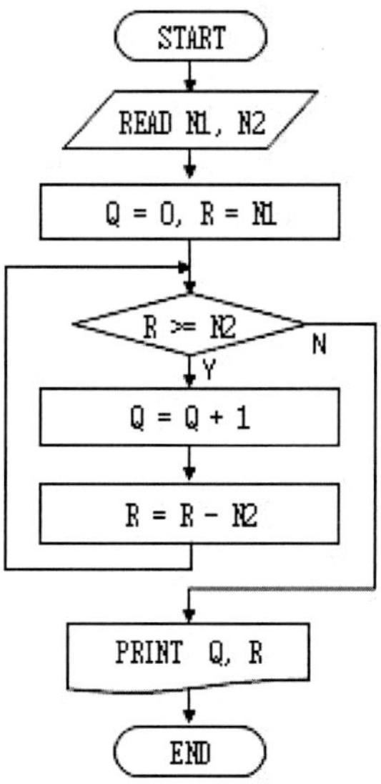


```
10 INPUT N1
20 INPUT N2

30 Q = 0: R = N1

40 WHILE (R >= N2)

50    Q = Q + 1

60    R = R - N2

70 WEND

80 PRINT Q, R

90 END
```

과 제 1-5-4 **임의의 정수 N(2≤N≤9)을 입력받아 구구단의 N단을 출력하는 순서도와 프로그램 작성.**

h-1-5-40.bas

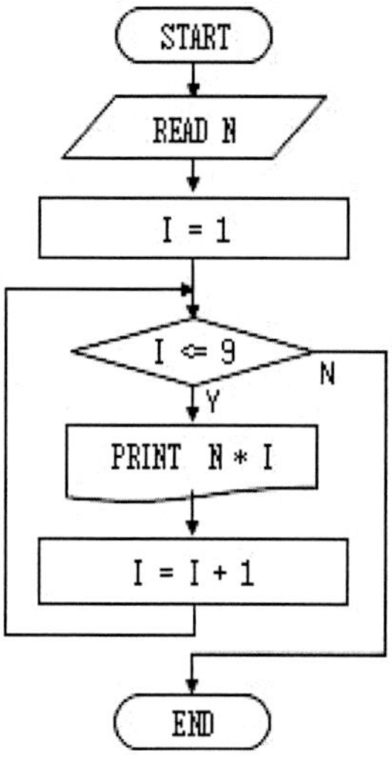


```
10 INPUT N

20 FOR I = 1 TO 9

30    PRINT N; "x"; I; "="; N * I

40 NEXT I

50 END
```

QUIZ 1-6-1 **위 [스텝 1-6-1] 프로그램을 1~9까지의 모든 구구단을 출력하도록 재작성해보자.**

q-1-6-11.bas

```
10 N = 1
20 FOR I = 1 TO 9
30   V = N * I
40   PRINT N; "x"; I; "="; V
50 NEXT I
60 IF (N = 9) GOTO 90
65 N = N + 1
70 GOTO 20
90 END
```

q-1-6-12.bas

```
10 FOR N = 1 TO 9
20   FOR I = 1 TO 9
30     V = N * I
40     PRINT N; "x"; I; "="; V
50   NEXT I
65 NEXT N
90 END
```

QUIZ 1-6-2 **위 [스텝 1-6-2] 프로그램을, 한 줄에 15개씩 출력하도록 재작성해보자.**

q-1-6-21.bas

```
15 FOR N = 10
          TO 99 STEP 15
25   FOR I = N TO N+14
30     PRINT I; " ";
45   NEXT I
50   PRINT " "
60 NEXT N
70 END
```

q-1-6-22.bas

```
10 N = 10
15 WHILE (N < 100)
20   I = N
25   WHILE (I < N + 15)
30     PRINT I; " ";
40     I = I + 1
45   WEND
50   PRINT " "
60   N = N + 15
65 WEND
70 END
```

10	11	12 ...	17	18	19
20	21	22 ...	27	28	29
:	:	:	:	:	:
90	91	92 ...	97	98	99

QUIZ 1-6-3 **위 [스텝 1-6-3] 프로그램을, N = 0, I = 1로 시작하도록 재작성해보자.**

q-1-6-31.bas

```
15 FOR N = 0 TO 4
25    FOR I = 1 TO N +1
30       PRINT "*";
45    NEXT I
50    PRINT " "
60 NEXT N
70 END
```

q-1-6-32.bas

```
10 N = 0
15 WHILE (N < 5)
20    I = 1
25    WHILE (I <= N + 1 )
30       PRINT "*";
40       I = I + 1
45    WEND
50    PRINT " "
60    N = N + 1
65 WEND
70 END
```

```
*
* *
* * *
* * * *
* * * * *
```

도전 1-6 **아래 그림을 출력하도록 하는 순서도와 프로그램을 작성해보자.**

try-1-60.bas

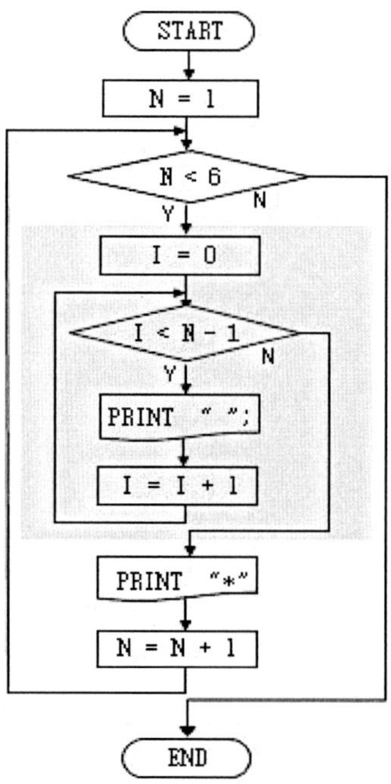


```
15 FOR N = 1
       TO 5 STEP 1
25    FOR I = 0
          TO N-2 STEP 1
30          PRINT " ";
40    NEXT I
50    PRINT "*"
60 NEXT N
70 END
```

```
*
 *
  *
   *
    *
```

과 제 1-6-1 오른쪽 그림을 출력하도록 하는 순서도와 프로그램 작성.

h-1-6-10.bas

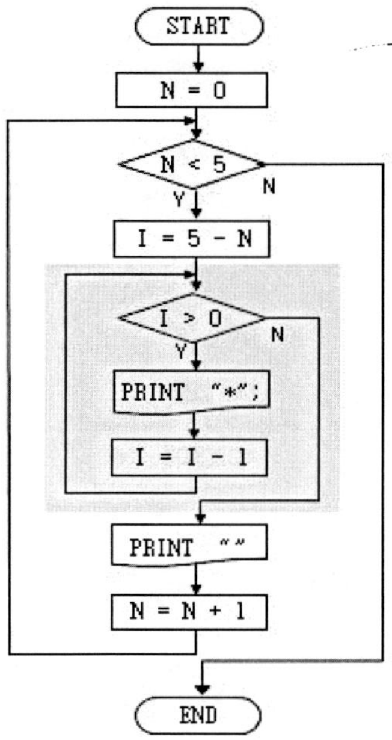


```
15 FOR N = 0 TO 4

25   FOR I = 5 - N
              TO 1 STEP -1

30       PRINT "*";

40   NEXT I

50   PRINT " "

60 NEXT N

70 END
```

```
* * * * *
* * * *
* * *
* *
*
```

과 제 1-6-2 오른쪽 그림을 출력하도록 하는 순서도와 프로그램 작성.

h-1-6-20.bas

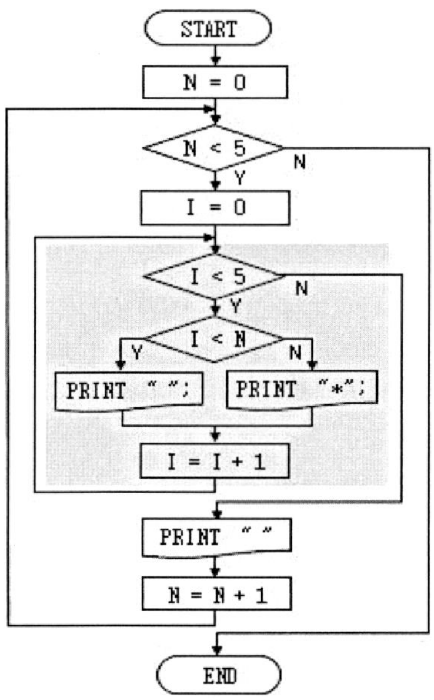


```
15 FOR N = 0 TO 4

25   FOR I = 0  TO 4

30      IF (I < N)
           THEN PRINT " ";
           ELSE PRINT "*";

40   NEXT I

50  PRINT " "

60 NEXT N

70 END
```

```
* * * * *
  * * * *
    * * *
      * *
        *
```

과 제 1-6-3 오른쪽 그림을 출력하도록 하는 순서도와 프로그램 작성.

h-1-6-30.bas

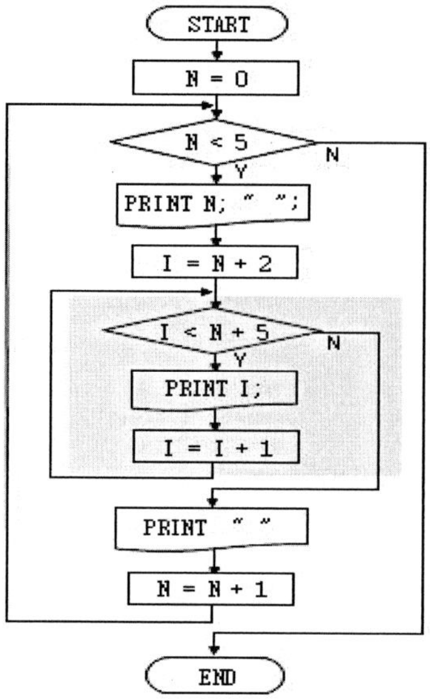


```
15 FOR N = 0 TO 4
20     PRINT N; "  ";
35     FOR I = N +2  TO N +4
40         PRINT I; " ";
45     NEXT I
50     PRINT " "
60 NEXT N
70 END
```

```
0   2 3 4
1   3 4 5
2   4 5 6
3   5 6 7
4   6 7 8
```

과 제 1-6-4 2부터 999까지의 모든 정수에 대해 소수인 것들을 찾아 출력하는 순서도와 프로그램 작성.

h-1-6-40.bas

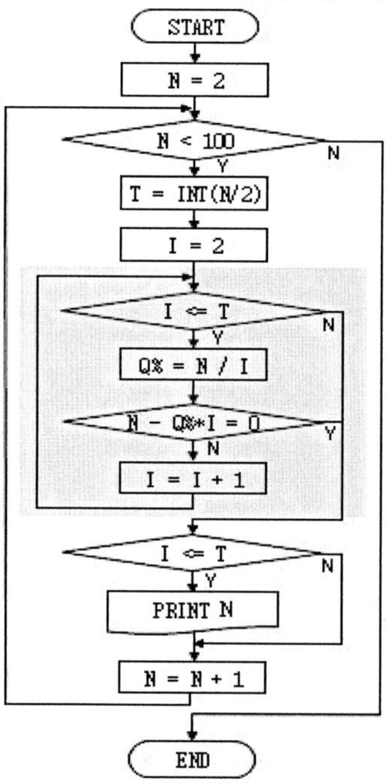


```
15 FOR N = 2 TO 999
20     T = INT(N / 2)
35     FOR I = 2 TO T
40         Q% = N / I
50         IF (N - Q%*I = 0)
               THEN GOTO 70
60     NEXT I
70     IF (I > T)
           THEN PRINT N; " ";
80 NEXT N
90 END
```

QUIZ 1-7-2 **위 [스텝 1-7-2]의 두 프로그램을 최소값 MIN을 구할 수 있도록 재작성해보자.**

q-1-7-21.bas | q-1-7-22.bas

```
10 DIM  X[10], MIN
20 REM -------------------(X[10])
21 FOR I = 1 TO 10
22     READ X[I]
24 NEXT I
30 REM -------------------(MIN)
31 MIN = X[1]
32 FOR I = 2 TO 10
33     IF (MIN > X[I])
           THEN MIN = X[I]
34 NEXT I
40 PRINT "MIN="; MIN
50 DATA 19, 18, 22, 13, 15
51 DATA 17, 19, 23, 21, 22
99 END
```

```
10 DIM  X[10], MIN
20 REM -------------------(X[10])
21 FOR I = 1 TO 10
22     READ X[I]
24 NEXT I
30 REM -------------------(MIN)
31 MIN = 99
32 FOR I = 1 TO 10
33     IF (MIN > X[I])
           THEN MIN = X[I]
34 NEXT I
40 PRINT "MIN="; MIN
50 DATA 19, 18, 22, 13, 15
51 DATA 17, 19, 23, 21, 22
99 END
```

QUIZ 1-7-3 **위 [스텝 1-7-3] 프로그램이 오름차순을 구하도록 재작성해보자.**

q-1-7-30.bas

```
10 DIM  X[10]
20 REM -------------------(X[10])
21 FOR I = 1 TO 10
22     READ X[I]
24 NEXT I

50 FOR I = 1 TO 10
52     PRINT X[I]; " ";
54 NEXT I
60 DATA 19, 18, 22, 13, 15
61 DATA 17, 19, 23, 21, 22
99 END
```

```
30 REM -------------------(Sort)
32 FOR I = 1 TO 9
34     MID = I
36     FOR J = I+1 TO 10
38         IF (X[MID] < X[J])
               THEN MID = J
40     NEXT J
42     T = X[I]
44     X[I] = X[MID]
46     X[MID] = T
48 NEXT I
```

도전 1-7 **아래의 10 개의 데이터(X[]) 각각에 대한 순위(R[])를 정하여 출력하는 프로그램을 작성해보자.**

19 18 22 13 15 17 19 23 21 22

try-1-70.bas

```
10 DIM  X[10], R[10]
20 REM -----------------(X[10])
21 FOR I = 1 TO 10
22    READ X[I]
24 NEXT I

50 FOR I = 1 TO 10
52    PRINT R[I]; " ";
54 NEXT I
60 DATA 19, 18, 22, 13, 15
61 DATA 17, 19, 23, 21, 22
99 END
```

```
30 REM ---------------------(Rank)
33 FOR I = 1 TO 10
36    R[I] = 1
39    FOR J = 1 TO 10
42       IF (X[J] > X[I])
            THEN R[I] = R[I] + 1
45    NEXT J
48 NEXT I
```

과 제 1-7-1 **아래의 9 개 데이터가 있다. 이들을 배열 X[10]에 읽은 후, X[3](=22) 다음에 13을 삽입하고, 그 결과를 출력하는 프로그램 작성(X[4]부터 뒤로 한 칸씩 밀어내고, X[4]에 13을 저장함).**

19	18	22	15	17	19	23	21	22

h-1-7-11.bas h-1-7-12.bas

```
10 DIM  X[10]
20 REM -----------------(X[10])
21 FOR I = 1 TO 9
22    READ X[I]
24 NEXT I

49 X[4] = 13
50 FOR I = 1 TO 10
52    PRINT X[I]; " ";
54 NEXT I
60 DATA 19, 18, 22, 15
61 DATA 17, 19, 23, 21, 22
99 END
```

방법 1

```
30 REM -----------------(Insert)
35 FOR I = 9 TO 4 STEP -1
40    X[I+1] = X[I]
45 NEXT I
```

방법 2

```
30 REM -----------------(Insert)
33 T1 = X[4]
36 FOR I = 4 TO 9
39    T2 = X[I+1]
42    X[I+1] = T1
45    T1 = T2
48 NEXT I
```

과 제 1-7-2 **아래의 10 개 데이터가 있다. 이들을 배열 X[10]에 읽은 후, X[4](=13)을 제거하고 그 결과를 출력하는 프로그램 작성(X[4]부터 앞으로 한 칸씩 당김).**

19	18	22	13	15	17	19	23--21	14

h-1-7-21.bas　h-1-7-22.bas

```
10 DIM  X[10]
20 REM ------------------(X[10])
21 FOR I = 1 TO 10
22     READ X[I]
24 NEXT I

50 FOR I = 1 TO 9
52     PRINT X[I]; " ";
54 NEXT I
60 DATA 19, 18, 22, 13, 15
61 DATA 17, 19, 23, 21, 22
99 END
```

방법 1

```
30 REM ------------------(Delete)
35 FOR I = 4 TO 9
40     X[I] = X[I+1]
45 NEXT I
```

방법 2

```
30 REM ------------------(Delete)
33 T1 = X[10]
36 FOR I = 10 TO 5
39     T2 = X[I-1]
42     X[I-1] = T1
45     T1 = T2
48 NEXT I
```

과 제 1-7-3 **1, 1, 2, 3, 5, 8, ... 와 같은 피보나치 수열을 21 항까지 배열 X[ ]에 구하고 그 결과를 출력하는 프로그램 작성).**

h-1-7-30.bas

```
10 DIM  X[21]
20 X[1] = 1
22 X[2] = 1
24 FOR I = 3 TO 21
26     X[I] = X[I-2] + X[I-1]
28 NEXT I
30 FOR I = 1 TO 21
32     PRINT X[I]; " ";
34 NEXT I
40 END
```

QUIZ 1-8-1 위 [스텝 1-8-1] 프로그램이 상삼각행렬을 만들도록 재작성해보자(상삼각행렬이란 대각선 아래 원소가 모두 0인 행렬임).

$$\begin{matrix} 4 & 2 & 3 & 5 \\ 0 & 0 & 2 & 4 \\ 0 & 0 & 5 & 7 \\ 0 & 0 & 0 & 4 \end{matrix} \qquad \begin{pmatrix} 4 & 2 & 3 & 5 \\ 6 & 1 & 2 & 4 \\ 1 & 4 & 5 & 7 \\ 1 & 5 & 3 & 4 \end{pmatrix}$$

s-1-8-10.bas

```
10 DIM A[4, 4]
20 REM -------------------(A)
21 FOR I = 1 TO 4        // 행
22     FOR J = 1 TO 4  // 열
23         READ A[I, J]
24         PRINT A[I, J]; " ";
25     NEXT J
26     PRINT " "
27 NEXT I
29 PRINT " ============"
30 REM -------------------(A')
31 FOR I = 1 TO 3
32     FOR J = I + 1 TO 4
33       SWAP A[I, J], A[J, I]
34     NEXT J
35 NEXT I
40 FOR I = 1 TO 4
41     FOR J = 1 TO 4
42        PRINT A[I, J]; " ";
43     NEXT J
44     PRINT " "
45 NEXT I
50 DATA 4,2,3,5, 6,1,2,4
51 DATA 1,4,5,7, 1,5,3,4
99 END
```

⇨

q-1-8-10.bas

```
10 DIM A[4, 4]
20 REM -------------------(A)
21 FOR I = 1 TO 4        // 행
22     FOR J = 1 TO 4  // 열
23         READ A[I, J]
24         PRINT A[I, J]; " ";
25     NEXT J
26     PRINT " "
27 NEXT I
29 PRINT " ============"
30 REM -------------------(A')
31 FOR I = 1 TO 3
32     FOR J = I + 1 TO 4
33       A[I, J] = 0
34     NEXT J
35 NEXT I
40 FOR I = 1 TO 4
41     FOR J = 1 TO 4
42        PRINT A[I, J]; " ";
43     NEXT J
44     PRINT " "
45 NEXT I
50 DATA 4,2,3,5, 6,1,2,4
51 DATA 1,4,5,7, 1,5,3,4
99 END
```

QUIZ 1-8-2 **위 [스텝 1-8-2] 프로그램을, 23 번 명령어는 "READ A[I, J], B[I, J]"로 수정하고, 30~35 번 명령어들은 삭제한 프로그램으로 재작성해보자.**

$$\begin{pmatrix} 4 & 2 & 3 & 5 \\ 6 & 1 & 2 & 4 \\ 1 & 4 & 5 & 7 \end{pmatrix} + \begin{pmatrix} 1 & 5 & 3 & 4 \\ 3 & 8 & 6 & 2 \\ 8 & 3 & 2 & 1 \end{pmatrix} = \begin{pmatrix} ? & ? & ? & ? \\ ? & ? & ? & ? \\ ? & ? & ? & ? \end{pmatrix}$$

s-1-8-20.bas ⇒ q-1-8-20.bas

```
10 DIM A[3, 4], B[3, 4], C[3, 4]
20 REM ------------------(A)
21 FOR I = 1 TO 3
22     FOR J = 1 TO 4
23         READ A[I, J]
24     NEXT J
25 NEXT I
30 REM ------------------(B)
31 FOR I = 1 TO 3
32     FOR J = 1 TO 4
33         READ B[I, J]
34     NEXT J
35 NEXT I
40 REM ------------------(C)
41 FOR I = 1 TO 3
42     FOR J = 1 TO 4
43         C[I,J] = A[I,J] + B[I,J]
44         PRINT C[I, J]; " ";
45     NEXT J
46     PRINT " "
47 NEXT I
50 DATA 4,2,3,5,  6,1,2,4,  1,4,5,7
51 DATA 1,5,3,4,  3,8,6,2,  8,3,2,1

99 END
```

```
10 DIM A[3, 4], B[3, 4], C[3, 4]
20 REM ------------------(A)
21 FOR I = 1 TO 3
22     FOR J = 1 TO 4
23         READ A[I, J], B[I, J]
24     NEXT J
25 NEXT I
40 REM ------------------(C)
41 FOR I = 1 TO 3
42     FOR J = 1 TO 4
43         C[I,J] = A[I,J] + B[I,J]
44         PRINT C[I, J]; " ";
45     NEXT J
46     PRINT " "
47 NEXT I
50 DATA 4,1, 2,5, 3,3, 5,4
51 DATA 6,3, 1,8, 2,6, 4,2
52 DATA 1,8, 4,3, 5,2, 7,1
99 END
```

QUIZ 1-8-3 **위 [스텝 1-8-3] 프로그램이 BxA를 구하도록 재작성해 보자.**

$$\begin{pmatrix} 4 & 0 & 0 \\ 0 & 0 & 0 \\ 0 & 3 & 8 \\ 2 & 1 & 7 \end{pmatrix} \times \begin{pmatrix} 3 & 8 & 5 & 4 \\ 4 & 5 & 6 & 2 \\ 7 & 2 & 4 & 3 \end{pmatrix} = \begin{pmatrix} ? & ? & ? & ? \\ ? & ? & ? & ? \\ ? & ? & ? & ? \\ ? & ? & ? & ? \end{pmatrix}$$

s-1-8-30.bas

```
10 DIM A[3, 4], B[4, 3], C[3, 3]
20 REM ------------------(A)
21 FOR I = 1 TO 3
22    FOR J = 1 TO 4
23       READ A[I, J]
24    NEXT J
25 NEXT I
30 REM ------------------(B)
31 FOR I = 1 TO 4
32    FOR J = 1 TO 3
33       READ B[I, J]
34    NEXT J
35 NEXT I
37 DATA 3,8,5,4,  4,5,6,2,  7,2,4,3
38 DATA 4,0,0, 0,0,0, 0,3,8, 2,1,7
40 REM ------------------(C)
41 FOR I = 1 TO 3
42   FOR J = 1 TO 3
43     T = 0
44     FOR K = 1 TO 4
45       T = T + A[I,K]*B[K,J]
46     NEXT K
47     C[I, J] = T
48     PRINT C[I, J]; " ";
49   NEXT J
50   PRINT " "
51 NEXT I
99 END
```

q-1-8-30.bas

```
10 DIM A[3, 4], B[4, 3], C[4, 4]
20 REM ------------------(A)
21 FOR I = 1 TO 3
22    FOR J = 1 TO 4
23       READ A[I, J]
24    NEXT J
25 NEXT I
30 REM ------------------(B)
31 FOR I = 1 TO 4
32    FOR J = 1 TO 3
33       READ B[I, J]
34    NEXT J
35 NEXT I
37 DATA 3,8,5,4,  4,5,6,2,  7,2,4,3
38 DATA 4,0,0, 0,0,0, 0,3,8, 2,1,7
40 REM ------------------(C)
41 FOR I = 1 TO 4
42   FOR J = 1 TO 4
43     T = 0
44     FOR K = 1 TO 3
45       T = T + B[I,K]*A[K,J]
46     NEXT K
47     C[I, J] = T
48     PRINT C[I, J]; " ";
49   NEXT J
50   PRINT " "
51 NEXT I
99 END
```

도전 1-8 **아래와 같이 5x3 행렬 A에 0~9의 숫자가 있다. 행 하나를 십진수로 생각하여 행들이 오름차순을 이루도록 정렬하는 프로그램을 작성해보자(정렬 기준을 낮은 자리 수부터 높은 자리 수로 차례로 이동).**

7	5	2
2	7	8
5	3	2
1	7	8
3	5	1

try-1-80.bas

```
10 DIM A[5, 3]
20 REM --------------------(A)
22 FOR I = 1 TO 5
24    FOR J = 1 TO 3
26        READ A[I, J]
28        PRINT  A[I, J]; " ";
30    NEXT J
32    PRINT " "
34 NEXT I
36 PRINT "=========="
38 DATA 7,5,2,  2,7,8,  5,3,2
39 DATA 1,7,8,  3,5,1

70 REM --------------------(A')
72 FOR I = 1 TO 5
74    FOR J = 1 TO 3
76        PRINT  A[I, J]; " ";
78    NEXT J
80    PRINT " "
82 NEXT I
99 END
```

```
40 REM -------------------(Sort)
42 FOR J = 3 TO 1 STEP -1
44    FOR I = 1 TO 4
46       M = I
48       FOR K = I + 1 TO 5
50          IF (A[K, J] < A[M, J])
               THEN  M = K
52       NEXT K
54       FOR K = 1 TO 3
56          SWAP A[I, K], A[M, K]
58       NEXT K
60    NEXT I
62 NEXT J
```

과 제 1-8-1 **임의의 숫자로 채워진 3x4 행렬 A가 있다. 이 행렬 원소들의 좌우 위치를 교환하는 프로그램 작성(옆 데이터 사용).**

3	8	5	4
4	5	6	2
7	2	4	3

h-1-8-10.bas

```
10 DIM A[3, 4]
20 REM -----------------(A)
22 FOR I = 1 TO 3
24    FOR J = 1 TO 4
26       READ A[I, J]
28       PRINT  A[I, J]; " ";
30    NEXT J
32    PRINT " "
34 NEXT I
36 PRINT "=========="
38 DATA 3,8,5,4,  4,5,6,2
39 DATA 7,2,4,3
```

```
40 REM -----------------(Swap)
41 FOR I = 1 TO 3
43    FOR J = 1 TO 2
45       SWAP A[I, J], A[I, 5-J]
47    NEXT J
49 NEXT I
70 FOR I = 1 TO 3
72    FOR J = 1 TO 4
74       PRINT  A[I, J]; " ";
76    NEXT J
78    PRINT " "
79 NEXT I
99 END
```

과 제 1-8-2 **임의의 숫자로 채워진 3x4 행렬 A가 있다. 이 행렬 원소들의 상하 위치를 교환하는 프로그램 작성(위 데이터 사용).**

h-1-8-20.bas

```
10 DIM  A[3, 4]
20 REM -----------------(A)
22 FOR I = 1 TO 3
24    FOR J = 1 TO 4
26       READ A[I, J]
28       PRINT  A[I, J]; " ";
30    NEXT J
32    PRINT " "
34 NEXT I
36 PRINT "=========="
38 DATA 3,8,5,4,  4,5,6,2
39 DATA 7,2,4,3
```

```
40 REM -----------------(Swap)
41 FOR J = 1 TO 4
43    FOR I = 1 TO 1
45       SWAP A[I, J], A[4-I, J]
47    NEXT I
49 NEXT J
70 FOR I = 1 TO 3
72    FOR J = 1 TO 4
74       PRINT  A[I, J]; " ";
76    NEXT J
78    PRINT " "
79 NEXT I
99 END
```

과 제 1-8-3 **임의의 숫자로 채워진 3x4 행렬 A가 있다. 이 행렬 원소들 중 가장 큰 수와 작은 수를 찾는 프로그램 작성(위 데이터 사용).**

h-1-8-30.bas

```
10 DIM A[3, 4]
20 REM ---------------------(A)
22 FOR I = 1 TO 3
24    FOR J = 1 TO 4
26        READ A[I, J]
28        PRINT  A[I, J]; " ";
30    NEXT J
32    PRINT " "
34 NEXT I
36 PRINT " ============"
38 DATA 3,8,5,4,   4,5,6,2
39 DATA 7,2,4,3
```

```
40 MAX = A[1, 1]
41 MIN = A[1, 1]
41 FOR I = 1 TO 3
43    FOR J = 1 TO 4
45       IF (A[I, J] > MAX)
             THEN MAX = A[I, J]
         ELSE  IF (A[I, J] < MIN)
             THEN MIN = A[I, J]
47    NEXT J
49 NEXT I
70 PRINT MAX, MIN
99 END
```

QUIZ 1-9-1 **세 개의 정수 111, 211, 311이 있다. 이들 각 정수를 14로 나누었을 때의 몫과 나머지를 구하는 프로그램을 작성해보자([STEP 1-4-2] 참조, 몫과 나머지를 구하는 부분을 종 프로그램으로 독립).**

q-1-9-11.bas

```
10 DIM N, Q%, R%
20 N = 111
22 GOSUB 80
24 PRINT N, Q%, R%
30 N = 211
32 GOSUB 80
34 PRINT N, Q%, R%
40 N = 311
42 GOSUB 80
44 PRINT N, Q%, R%
80 Q% = (N - 7) / 14
83 R% = N - Q% * 14
85 RETURN
90 END
```

q-1-9-12.bas

```
10 DIM N, Q%, R%
20 FOR I = 1 TO 3
22    READ N
24    GOSUB 80
26    PRINT N, Q%, R%
28 NEXT I
30 DATA 111, 211, 311
80 Q% = (N - 7) / 14
83 R% = N - Q% * 14
85 RETURN
90 END
```

QUIZ 1-9-2 **[스텝 1-7-3] 정렬 프로그램의 라인 34~46 부분을 종 프로그램으로 독립시켜 재작성해보자.**

s-1-7-30.bas

```
10 DIM  X[10]
20 REM ---------------(X[10])
21 FOR I = 1 TO 10
22    READ X[I]
24 NEXT I
30 REM ----------------(Sort)
32 FOR I = 1 TO 9
34    MID = I
36    FOR J = I+1 TO 10
38        IF (X[MID] < X[J]
              THEN MID = J
40    NEXT J
42    T = X[I]
44    X[I] = X[MID]
46    X[MID] = T
48 NEXT I
50 FOR I = 1 TO 10
52    PRINT X[I]; " ";
54 NEXT I
60 DATA 19, 18, 22, 13, 15
61 DATA 17, 19, 23, 21, 14
70 END
```

q-1-9-20.bas

```
10 DIM  X[10]
20 REM ---------------(X[10])
21 FOR I = 1 TO 10
22    READ X[I]
24 NEXT I
30 REM ----------------(Sort)
32 FOR I = 1 TO 9
35    GOSUB 80
42    SWAP X[I], X[MID]
48 NEXT I
50 FOR I = 1 TO 10
52    PRINT X[I]; " ";
54 NEXT I
60 DATA 19, 18, 22, 13, 15
61 DATA 17, 19, 23, 21, 14
70 END
80 MID = I
82 FOR J = I+1 TO 10
84    IF (X[MID] < X[J])
          THEN MID = J
86 NEXT J
88 RETURN
```

QUIZ 1-9-3 **위 [스텝 1-9-3] 프로그램을 짝수들만의 합을 구하도록 재작성해보자.**

s-1-9-30.bas

```
10 DIM   SUM, S, N1, N2
20 SUM = 0
30 N1 = 11: N2 = 75
31 GOSUB 80
32 SUM = SUM + S
40 N1 = 119: N2 = 131
41 GOSUB 80
42 SUM = SUM + S
50 N1 = 325: N2 = 357
51 GOSUB 80
52 SUM = SUM + S
60 PRINT SUM
70 END
80 S = 0
81 FOR I = N1 TO N2
82    S = S + I
83 NEXT I
84 RETURN
```

q-1-9-30.bas

```
10 DIM   SUM, S, N1, N2
20 SUM = 0
30 N1 = 11: N2 = 75
31 GOSUB 80
32 SUM = SUM + S
40 N1 = 119: N2 = 131
41 GOSUB 80
42 SUM = SUM + S
50 N1 = 325: N2 = 357
51 GOSUB 80
52 SUM = SUM + S
60 PRINT SUM
70 END
80 S = 0
81 FOR I = N1 TO N2
82    Q% = I / 2
83    IF ((I - 2 * Q%) = 0)
          THEN S = S + I
84 NEXT I
85 RETURN
```

도전 1-9 **아래와 같은 수열이 있다. 임의의 정수 N을 입력받아 N 번째 항까지를 차례로 출력하는 프로그램을 작성해보자(종 프로그램 활용).**

(1) (1+2) (1+2+3) (1+2+3+4) (1+2+3+4+5) ... (1+2+3+4+5+6 ... +N)

try-1-90.bas

```
10 DIM  K, NK
15 INPUT  N
20 FOR K = 1 TO N
22    GOSUB 30
24    PRINT NK; " ";
26 NEXT K
28 END
```

```
30 NK = 0
32 FOR I = 1 TO K
34    NK = NK + I
36 NEXT I
38 RETURN
```

과 제 1-9-1 **임의의 주어진 정수 P에 대하여 2^P 값(NP)을 계산하는 종 프로그램을 작성하고, 2^8, 2^{10}, 2^{14} 각각의 값을 구하는 프로그램 완성.**

h-1-9-10.bas

```
10 DIM  N, NP
20 FOR N = 1 TO 3
21    READ  P
22    GOSUB 30
23    PRINT NP
24 NEXT N
25 DATA 8, 10, 14
29 END
```

```
30 NP = 1
32 FOR I = 1 TO P
34    NP = NP * 2
36 NEXT I
38 RETURN
```

과 제 1-9-2 **임의의 주어진 정수 N에 대하여 절대값(NA)을 구하는 종 프로그램을 작성하고, 100, -100, -300 각각에 대한 절대값을 출력하는 프로그램 완성.**

h-1-9-20.bas

```
10 DIM   N, NA
20 FOR I = 1 TO 3
21      READ  N
22      GOSUB 30
23      PRINT N, NA
24 NEXT I
25 DATA 100, -100, -300
29 END
```

```
30 NA = N
32 IF (NA < 0)
         THEN NA = -NA
38 RETURN
```

과 제 1-9-3 **임의의 주어진 서로 다른 세 정수 X, Y, Z에 대하여 가장 큰 수(M)를 찾는 종 프로그램을 작성하고, (3, 5 2), (6, 4 3), (4, 6, 9) 등 세 가지 각각에 대하여 가장 큰 수를 구하여 출력하는 프로그램 완성.**

h-1-9-30.bas

```
10 DIM   X, Y, Z, M
20 FOR I = 1 TO 3
21      READ  X, Y, Z
22      GOSUB 30
23      PRINT X, Y, Z, M
24 NEXT I
25 DATA 3,5,2,  6,4,3,  4,6,9
29 END
```

```
30 M = X
32 IF (M < Y)
         THEN M = Y
34 IF (M < Z)
         THEN M = Z
35 RETURN
```

QUIZ 2-1-1 **밑변 w가 10, 높이 h가 6인 삼각형의 넓이 s를 구하여 출력하는 C 프로그램을 메모장으로 작성하여 파일 q-2-1-1.c에 저장해보자.**

q-2-1-10.c

```
main( )
{
    int  w, h, s;

    w = 10;
    h = 6;
    s = w * h / 2;

    printf("%d", s);
}
```

QUIZ 2-1-2 **DOS창에서 작업디스크, 작업폴더, 경로명의 개념과 x: , cd, dir, type 등의 명령어의 기능을 알아보자.**

q-2-1-20.txt

1. 작업 디스크 : 파일을 읽거나 쓰는 등의 작업을 하려는 디스크
2. 작업 폴더 : 파이을 읽거나 쓰는 등의 작업을 하기 위해 설정한 폴더
3. 경 로 명 : 읽기 · 쓰기 등의 작업을 하려는 파일
   예1) "q-2-1-1.c" 와 같이 파일명만 명시하면 작업 폴더내의 q-2-1-1.c 파일을 의미
   예2) "cprog\chap02\q-2-1-1.c" 와 같이 '\' 로 구분되어 있으면 작업 폴더 내의 cprog 폴더, cprog 내의 chap02 폴더 내의 q-2-1-1.c를 의미
   예3) "x:cprog\chap02\q-2-1-1.c" 와 같이 맨 앞에 드라이브명이 명시되면 작업 디스크나 작업 폴더와 관계 없이 해당 디스크에서의 폴더와 파일을 의미
3. x: ↵ : 작업 디스크를 x로 설정함
4. cd cprog\chap02 ↵ : 작업 폴더를 cprog 아래의 chap02 폴더로 설정함
5. dir ↵ : 현재 작업 폴더 내의 파일들을 열거함
6. type q-2-1-1.c ↵ : 파일 q-2-1-1.c의 내용을 화면에 출력함

과 제 2-1-1 **아래의 두 프로그램을 h-2-1-11.c와 h-2-1-12.c 파일에 C 프로그램으로 변환하여 컴파일하고 실행.**

h-2-1-11.c h-2-1-12.c

```
10 X = 13
20 Y = 2379
30 S = X * Y
40 PRINT S
50 A = 1879
60 B = 17
70 T = A * B
80 PRINT T
90 END
```

⇨

```
main( )
{
        int  x, y, s, a, b, t;
        x = 13;
        y = 2379;
        s = x * y;
        printf("%d ", s);
        a = 1879;
        b = 17;
        t = a * b;
        printf("%d ", t);
}
```

```
10 X = 13
20 Y = 2379
30 S = X * Y
40 PRINT S
50 X = 1879
60 Y = 17
70 S = X * Y
80 PRINT S
90 END
```

⇨

```
main( )
{
        int  x, y, s;
        x = 13;
        y = 2379;
        s = x * y;
        printf("%d ", s);
        x = 1879;
        y = 17;
        s = x * y;
        printf("%d ", s);
}
```

과 제 2-1-2 **반지름 r이 10, 높이 h가 15인 원기둥의 부피 v를 구하여 출력하는 C 프로그램을 h-2-1-2.c에 작성하여 컴파일하고 실행.**

h-2-1-20.c

```
main( )
{
        int    r, h, v;

        r = 10;
        h = 15;
        v = 3.14 * r * r * h;

        printf("%d", v);
}
```

QUIZ 2-2-2 **10, 11, 13, 15를 차례로 더하여 총합 s를 구하는 C 프로그램을 [스텝 2-2-2]의 (c)와 (d) 형태의 두 가지로 각각 작성하여 실행시켜보자.**

q-2-2-21.c

```
main( )
{
       int   s;
       s = 0;
       s = s + 10;
       s = s + 11;
       s = s + 12;
       printf("%d", s);
}
```

q-2-2-22.c

```
main( )
{
       int  s = 0;

       s = s + 10;
       s = s + 11;
       s = s + 12;

       printf("%d", s);
}
```

QUIZ 2-2-3 **옆 프로그램을 [스텝 2-2-3]의 (a), (b), (c) 형식으로 각각 작성하여 실행시켜보자.**

q-2-2-31.c

```
main( )
{
    int  x, y, s;
    int  a, b, t;
    x = 13;
    y = 2379;
    s = x * y;
    printf("%d ", s);
    a = 1879;
    b = 17;
    t = a * b;
    printf("%d ", t);
}
```

q-2-2-32.c

```
main( )
{
    int  x, y, s;
    int  a, b, t;
    x = 13,  y = 2379;
    s = x * y;
    printf("%d" , s);
    a = 1879, b = 17;
    t = a * b;
    printf("%d ", t);
}
```

q-2-2-33.c

```
main( )
{
    int  x=13, y=2379, s;
    int  a, b, t;
    s = x * y;
    printf("%d ", s);

    a = 1879, b = 17;
    t = a * b;
    printf("%d ", t);
}
```

QUIZ 2-2-6 **위 [스텝 2-2-6] (a) 프로그램을 x와 y가 세 자리에 맞추어 출력되도록 출력 포맷을 수정하여 실행시켜보자.**

q-2-2-60.c

```
main( )
{
    int  x, y, s, d;
    scanf("x=%d,y=%d", &x, &y);
    s = x * y;
    d = x / y;
    printf("%d*%d = %3d \n", x, y, s);
    printf("%d/%d = %3d \n", x, y, d);
}
```

QUIZ 2-2-7 **name1[ ]에 "Kim"을 입력받아 그 이름을 name2[ ]에 배정(복사)하고, 이들을 각각의 길이와 함께 출력하는 프로그램을 작성해보자.**

q-2-2-70.c

```
main( )
{
    char  name1[16], name2[16];
    int   len1, len2;
    scanf("name=%s", name1);
    len1 = strlen(name1);
    strcpy(name2, name1);
    len2 = strlen(name2);
    printf("N1=%s, L1=%d, N2=%s, L2=%d \n",
                              name1, len1, name2, len2);
}
```

QUIZ 2-2-81 **[스텝 2-2-8]의 C 프로그램 예에서 기호(특수문자), 예약어, 표준 식별자, 임의 식별자를 지적해보자.**

q-2-2-81.txt

1. 기 호 : ( ) { , ; = ; + }
2. 예 약 어 : int
3. 표준 식별자 : main
4. 임의 식별자 : a b c

QUIZ 2-2-82 **아래 두 프로그램은 문법적으로 동일하다. 띄어쓰기 관점에서 서로 다른 부분을 살펴보고, 어느 쪽이 나은지를 토론해보자.**

```
main()
{
int  x,y,s,d;
scanf("x:%d,y:%d",&x,&y);
s=x*y;
d=x/y;
printf("%d \nd=%d \n",s,d);
}
```

(a)

```
main( )
{
    int  x, y, s, d;
    scanf("x:%d, y:%d" , &x, &y);
    s = x * y;
    d = x / y;
    printf("%d \nd=%d \n", s, d);
}
```

(b)

q-2-2-82.txt

1. 문법적으로는 동일하나 가급적 띄어쓰기를 하는 것이 가시적으로 이해는데 도움을 줄 뿐만 아니라, 오류(에러)를 예방하는 데도 좋다.
2. 칸의 띄어쓰기는 물론, 줄 단위의 띄어쓰기도 매우 중요하다.
3. 기호나 식별자 외에 scanf( ) 등의 문자열 또한 띄어써서 보기 쉽도록 한다.

도전 2-2 **사다리꼴의 밑변(x), 윗변(y), 높이(z) 등 세 정수를 키보드에서 입력받아 넓이 s를 구하여 출력하는 프로그램을 아래의 조건으로 작성해보자.**

① 입력 포맷 : "4, 30, 200↵ ", 출력 포맷 : "3400↵ "
② 입력 포맷 : "x=4, y=30, z=200↵ ", 출력 포맷 : "s=3400↵ "
③ 입력 포맷 : "x4y30z200↵ ", 출력 포맷 : "x=   4↵ "
"y=   20↵ "
"z= 200↵ "
"s=3400↵ "

try-2-21.c try-2-22.c try-2-23.c

```
main( )
{
      int  x, y, z, s;
      scanf("%d, %d, %d", &x, &y, &z);
      s = (x + y) * z / 2;
      printf("%d \n", s);
}
```

```
main( )
{
      int  x, y, z, s;
      scanf("x=%d, y=%d, z=%d", &x, &y, &z);
      s = (x + y) * z / 2;
      printf("s=%d \n", s);
}
```

```
main( )
{
      int  x, y, z, s;
      scanf("x%dy%dz%d", &x, &y, &z);
      s = (x + y) * z / 2;
      printf("x=%4d \ny=%4d \nz=%4d \ns=%4d \n", x, y, z, s);
}
```

과 제 2-2-1 **0~999 사이의 임의의 세 정수 a, b, c를 입력받아, a+b(=s1), a+c(=s2), b+c(=s3) 값을 오른쪽 그림과 같이 열을 맞추어 차례로 출력하는 프로그램 작성.**

```
??? + ??? = ????
??? + ??? = ????
??? + ??? = ????
```

① 자리수 앞 부분을 공백으로 채운다.

② 자리수 앞 부분을 '0'으로 채운다.

h-2-2-11.c h-2-2-12.c

```
main( )
{
      int    a, b, c, s1, s2, s3;
      scanf("%d, %d, %d", &a, &b, &c);
      s1 = a + b;
      s2 = a + c;
      s3 = b + c;
      printf("%3d + %3d = %4d \n", a, b, s1);
      printf("%3d + %3d = %4d \n", a, c, s2);
      printf("%3d + %3d = %4d \n", b, c, s3);
}
```

```
main( )
{
      int    a, b, c, s1, s2, s3;
      scanf("%d, %d, %d", &a, &b, &c);
      s1 = a + b;
      s2 = a + c;
      s3 = b + c;
      printf("%.3d + %.3d = %.4d \n", a, b, s1);
      printf("%.3d + %.3d = %.4d \n", a, c, s2);
      printf("%.3d + %.3d = %.4d \n", b, c, s3);
}
```

과제 2-2-2 **1~100 사이의 정수 반지름 r을 입력받아, 그 원의 넓이 실수 s를 오른쪽 그림과 같이 출력하는 프로그램 작성. 단, π는 3.14159로 사용할 것.**

h-2-1-20.c

```
main( )
{
      int    r;
      float  s;
      scanf("%d", &r);
      s = 3.14159 * r * r;
      printf("r=%3d, s=%7.2f \n", r, s);
}
```

```
r=???, s=?????.??
```

QUIZ 2-3-1 **아래에 주어진 문자열 쌍들에 대한 대·소 비교 결과를 출력해보자.**

- "a", "ab" ⇒ r1
- "b", "ab" ⇒ r2
- "BC", "bc" ⇒ r3
- "xyz", "xyz" ⇒ r4

q-2-3-10.c

```
main( )
{
	int	r1, r2, r3, r4;

	r1 = strcmp("a", "ab");
	r2 = strcmp("b", "ab");
	r3 = strcmp("BC", "bc");
	r4 = strcmp("xyz", "xyz");

	printf("r1=%d, r2=%d, r3=%d, r4=%d \n", r1, r2, r3, r4);
}
```

QUIZ 2-3-2 **두 정수 x, y를 입력 받아, 그 합 s가 100보다 크면 "Yes"를, 아니면 "No"를 출력하는 프로그램을 작성해보자**

q-2-3-20.c

```
main( )
{
	int	x, y, s;

	scanf("%d, %d", &x, &y);
	s = x + y;
	if (s > 100)
		printf("Yes \n");
	else
		printf("No \n");
}
```

QUIZ 2-3-31 **이름(name)과 나이(age)를 입력받아 그 이름이 "Pak"이면 이름을 "Park"으로 수정하고 나이에서 1을 감하여 출력하고, 그렇지 않으면 원래 이름과 나이 값을 출력하고 싶다.**

q-2-3-31.c

```
main( )
{
	char	name[16];
	int	age;

	scanf("%s %d", name, &age);

	if (strcmp(name, "Pak") == 0) {
		strcpy(name, "Park");
		age = age -1;
	}
	printf("name=%s, age=%d \n", name, age);
}
```

QUIZ 2-3-32 **두 과목 성적 e, m을 입력받아 평균 avg를 구하는 프로그램을 작성해보자. 단, 각 성적에 대하여 60점 미만이면 60점으로 수정하여 계산한다.**

q-2-3-32.c

```
main( )
{
	int	e, m, avg;
	scanf("e=%d, m=%d", &e, &m);

	if (e < 60)
		e = 60;

	if (m < 60)
		m = 60;

	avg = (e + m) / 2;

	printf("e=%d, m=%d, avg=%d \n", e, m, avg);
}
```

QUIZ 2-3-4 **[스텝 2-3-4] 프로그램을 "F"부터 찾도록 재작성해보자.**

s-2-3-40.c q-2-3-40.c

```
main( )
{
      char  d[4];
      int   r;

      scanf("r=%d", &r);

      if (r >= 90)
           strcpy(d, "A");
      else if (r >= 80)
           strcpy(d, "B");
      else if (r >= 70)
           strcpy(d, "C");
      else
           strcpy(d, "F");

      printf("D=%s \n", d);
}
```

⇨

```
main( )
{
      char  d[4];
      int   r;

      scanf("r=%d", &r);

      if (r < 70)
           strcpy(d, "F");
      else if (r < 80)
           strcpy(d, "C");
      else if (r < 90)
           strcpy(d, "B");
      else
           strcpy(d, "A");

      printf("D=%s \n", d);
}
```

QUIZ 2-3-5 **위 [스텝 2-3-5] 프로그램과 옆의 프로그램을 비교하여 어떻게 다른지 토론해보자.**

q-2-3-50.txt

1. 옆에 주어진 프로그램의 if 구문들은 각각이 독립적이어서 위에서 미이 결정된 등급이라도 아래에서 계속 비교하는 불필요한 일을 많이 한다.

2. 이를테면, B등급인 경우 [스텝 2-3-5]에서는 맨처음에 매칭이 일어난 후 이후에는 더 이상의 비교가 이루어지지 않지만, 옆에 주어진 프로그램에서는 결코 매칭이 일어나지 않을 C와 D 등급에 대한 비교를 수행한다.

```
main( )
{
    char  g[4];
    int   s;

    scanf("%s", g);

    if (strcmp(g, "A") == 0)
       s = 95;
    if (strcmp(g, "B") == 0)
       s = 85;
    if (strcmp(g, "C") == 0)
       s = 75;
    if (strcmp(g, "D") == 0)
       s = 65;

    printf("S=%d \n", s);
}
```

도전 2-3 **삼각형 세 변의 길이 a, b, c (단, a < b < c)를 입력받아 그 삼각형이 직각 삼각형인지("J"), 둔각 삼각형인지("D"), 예각 삼각형인지("Y")를 판별하기 위한 프로그램을 작성해보자.**

try-2-30.c

```
main( )
{
      char   t[4];
      int    a, b, c, a2, b2, c2;
      scanf("a=%d, b=%d, c=%d", &a, &b, &c);
      a2 = a*a;   b2 = b*b;   c2 = c*c;
      if (c2 == a2 + b2)
            strcpy(t, "J");
      else if (c2 > a2 + b2)
            strcpy(t, "D");
      else
            strcpy(t, "Y");
      printf("a=%d, b=%d, c=%d, typ=%s \n", a, b, c, t);
}
```

과 제 2-3-1 **삼각형의 두 각 d1, d2 (단, d1 < d2)를 입력받아 그 삼각형이 직각 삼각형인지("J"), 둔각 삼각형인지("D"), 예각 삼각형인지("Y")를 판별하기 위한 프로그램 작성.**

h-2-3-10.c

```
main( )
{
      char   t[4];
      int    d1, d2, d3, m;
      scanf("d1=%d, d2=%d", &d1, &d2);
      d3 = 180 - (d1 + d2);
      if (d2 > d3)  m = d2;
      else          m = d3;
      if (m == 90)      strcpy(t, "J");
      else if (m > 90) strcpy(t, "D");
      else              strcpy(t, "Y");
      printf("d1=%d, d2=%d, d3=%d, typ=%s \n", d1, d2, d3, t);
}
```

과 제 2-3-2 **어떤 회사의 영업사원에 대한 보너스 지급 규정이 다음과 같을 때, 영업사원의 월급 s와 개인별 매출액 t를 입력받아, 보너스 지급 금액을 계산하기 위한 프로그램 작성.**

- o 보너스 지급액 : 해당 사원의 총 매출액이 월급의 3 배보다 작으면 매출액의 3%, 4 배보다 작으면 4%, 5배 보다 작으면 5%, 5배 이상이면 6%.

h-2-3-20.c

```
main( )
{
      int    s, t, b;
      scanf("s=%d, t=%d", &s, &t);
      if (t < 3 * s)
            b = s * 0.03;
      else if (t < 4 * s)
            b = s * 0.04;
      else if (t < 5 * s)
            b = s * 0.05;
      else
            b = s * 0.06;
      printf("s=%d, t=%d, b=%d \n", s, t, b);
}
```

과 제 2-3-3 **함수 *f(x)*가 다음과 같이 정의되어 있을 때, 임의 입력 값 x에 대한 함수 값 *f(x)*를 계산하는 프로그램 작성.**

$$f(x) = \begin{cases} (x^2 + 4x + 1) / 3 & : x > 0 \text{ 일때} \\ (x + 4) & : x = 0 \text{ 일때} \\ (x - 10) & : x < 0 \text{ 일때} \end{cases}$$

h-2-3-30.c

```
main( )
{
      int    x;
      float  fx;
      scanf("x=%d", &x);
      if (x > 0)
            fx = (x * x + 4 * x + 1) / 3.0;
      else if (x == 0)
            fx = x + 4;
      else
            fx = x - 10;
      printf("f(%d)=%f \n", x, fx);
}
```

QUIZ 2-4-2 **서로 다른 세 정수 사이에 가능한 모든 대·소 관계를 열거해보자.**

q-2-4-20.txt

1. A가 제일 큰 경우
   ① A > B > C ② A > B = C ③ A > C > B
2. B가 제일 큰 경우
   ④ B > A > C ⑤ B > A = C ⑥ B > C > A
3. C가 제일 큰 경우
   ⑦ C > A > B ⑧ C > A = B ⑨ C > B > A
4. A, B가 동일하게 제일 큰 경우
   ⑩ A = B > C
5. A, C가 동일하게 제일 큰 경우
   ⑪ A = C > B
6. B, C가 동일하게 제일 큰 경우
   ⑫ B = C > A
7. A, B, C가 모두 같은 경우
   ⑬ A = B = C

QUIZ 2-4-3 **위 [스텝 2-4-3] 프로그램을 서로 다른 네 정수 a, b, c, d로 확장해보자.**

s-2-4-30.c　q-2-4-30.c

```
main( )
{
    int   a, b, c, m;
    scanf("%d,%d,%d",
                 &a, &b, &c);
    m = a;
    if (b > m)
        m = b;
    if (c > m)
        m = c;
    printf("%d,%d,%d,%d \n",
                  a, b, c, m);
}
```

⇨

```
main( )
{
    int   a, b, c, d, m;
    scanf("%d,%d,%d,%d",
                 &a, &b, &c, &d);
    m = a;
    if (b > m)
        m = b;
    if (c > m)
        m = c;
    if (d > m)
        m = d;
    printf("%d,%d,%d,%d,%d \n",
                  a, b, c, d, m);
}
```

QUIZ 2-4-4 위 [스텝 2-4-4] 프로그램을 서로 다른 세 정수 a, b, c에 적용해보자.

s-2-4-40.c → q-2-4-40.c

```
main( )
{
  int  a, b, c, d;
  int  m1, m2, m;
  scanf("%d,%d,%d,%d",
            &a, &b, &c, &d);
  if (a > b)  m1 = a;
  else        m1 = b;
  if (c > d)  m2 = c;
  else        m2 = d;
  if (m1 > m2) m = m1;
  else         m = m2;
  printf("%d,%d,%d,%d",
                a, b, c, d);
  printf("\nm=%d \n", m);
}
```

```
main( )
{
  int  a, b, c;
  int  m1, m2, m;
  scanf("%d,%d,%d",
                &a, &b, &c);
  if (a > b)  m1 = a;
  else        m1 = b;


  m2 = c;
  if (m1 > m2) m = m1;
  else         m = m2;
  printf("%d,%d,%d",
                   a, b, c);
  printf("\nm=%d \n", m);
}
```

QUIZ 2-4-5 [스텝 2-4-5] 프로그램을 a, b, c, d 네 정수로 확장해보자.

q-2-4-50.c

```
main( )
{
    int    a, b, c, d, t;
    scanf("%d,%d,%d,%d",
              &a, &b, &c, &d);
    if (a > b) {
        t = a;  a = b;  b = t;
    }
    if (a > c) {
        t = a;  a = c;  c = t;
    }
    if (a > d) {
        t = a;  a = d;  d = t;
    }
    if (b > c) {
        t = b;  b = c;  c = t;
    }
    if (b > d) {
        t = b;  b = d;  d = t;
    }

    if (c > d) {
        t = c;  c = d;  d = t;
    }
    printf("%d, %d, %d, %d \n",
                     a, b, c, d);
    return;
}
```

도전 2-4 **서로 다른 네 정수 a, b, c, d 중, 가장 큰 수를 사건 중심 분류 방식으로 찾는 프로그램을 작성해보자.**

try-2-40.c

```
main( )
{
    int    a, b, c, d, m;
    scanf("%d,%d,%d,%d",  &a, &b, &c, &d);
    if (a > b) {
        if (a > c) {
            if (a > d)  m = a;
            else        m = d;
        }
        else {
            if (c > d)  m = c;
            else        m = d;
        }
    }
    else {
        if (b > c) {
            if (b > d)  m = b;
            else        m = d;
        }
        else {
            if (c > d)  m = c;
            else        m = d;
        }
    }
    printf("%d, %d, %d, %d, m=%d \n", a, b, c, d, m);
    return;
}
```

과 제 2-4-1 **삼각형 세 변의 길이 a, b, c를 입력받아 그 삼각형이 직각 삼각형인지("J"), 둔각 삼각형인지("D"), 예각 삼각형인지("Y")를 판별하기 위한 프로그램 작성.**

h-2-4-10.c

```
main( )
{
      char  t[4];
      int   a, b, c, xx, yy;
      scanf("a=%d, b=%d, c=%d", &a, &b, &c);
      if (a > b) {
            if (a > c)  {
                  xx = a * a;
                  yy = c * c  +  b * b;
            }
            else {
                  xx = c * c;
                  yy = a * a  +  b * b;
            }
      }
      else {
           if (b > c)  {
                  xx = b * b;
                  yy = c * c  +  a * a;
            }
            else {
                  xx = c * c;
                  yy = b * b  +  a * a;
            }
      }

      if (xx == yy)
            strcpy(t, "J");
      else if (xx > yy)
            strcpy(t, "D");
      else
            strcpy(t, "Y");
      printf("a=%d, b=%d, c=%d, typ=%s \n", a, b, c, t);
}
```

과 제 2-4-2 **삼각형의 두 각 d1, d2를 입력받아 그 삼각형이 직각 삼각형인지("J"), 둔각 삼각형인지("D"), 예각 삼각형인지("Y")를 판별하기 위한 프로그램 작성.**

h-2-4-20.c

```
main( )
{
        char   t[4];
        int     d1, d2, d3, m;
        scanf("d1=%d, d2=%d", &d1, &d2);
        d3 = 180 - (d1 + d2);
        if (d1 > d2) {
                if (d1 > d3)
                        m = d1;
                else
                        m = d3;
        }
        else {
                if (d2 > d3)
                        m = d2;
                else
                        m = d3;
        }
        if (m == 90)
            strcpy(t, "J");
        else if (m > 90)
            strcpy(t, "D");
        else
            strcpy(t, "Y");
        printf("d1=%d, d2=%d, d3=%d, typ=%s \n", d1, d2, d3, t);
        return;
}
```

과 제 2-4-3 **서로 다른 세 정수 a, b, c 중, 가운데 수를 사건 중심 분류 방식으로 찾는 프로그램 작성.**

h-2-4-30.c

```
main( )
{
    int     a, b, c, m;
    scanf("%d,%d,%d",  &a, &b, &c);
    if (a > b) {
        if (a > c) {
            if (b > c)  m = b;
            else        m = c;
        }
        else
            m = a;
    }
    else {
        if (b > c) {
            if (a > c)  m = a;
            else        m = c;
        }
        else
            m = b;
    }
    printf("%d, %d, %d, m=%d \n", a, b, c, m);
    return;
}
```

과 제 2-4-4 **서로 다른 네 정수 a, b, c, d 중, 두 번째로 큰 수를 순차 대결 방식으로 찾는 프로그램 작성.**

h-2-4-40.c

```
main( )
{
    int     a, b, c, d, m1, m2;
    scanf("%d,%d,%d,%d",  &a, &b, &c, &d);
    if (a > b) {
        m1 = a;
        m2 = b;
    }
    else {
        m1 = b;
        m2 = a;
    }
    if (m1 > c) {
        if (m2 < c)
            m2 = c;
    }
    else {
        m2 = m1;
        m1 = c;
    }
    if (m1 > d) {
        if (m2 < d)
            m2 = d;
    }
    else {
        m2 = m1;
        m1 = d;
    }
    printf("%d, %d, %d, %d, m2=%d \n", a, b, c, d, m2);
    return;
}
```

QUIZ 2-5-1 **[스텝 2-4-5]의 성질을 이용하여, 임의의 입력된 정수 n이 3의 배수이면 "Yes"를, 아니면 "No"를 출력하는 프로그램을 작성해보자.**

q-2-5-10.c

```
main( )
{
    int     n, si;
    float   s, sf;
    scanf("n=%d", &n);
    s = n / 3.0;
    si = s;
    sf = s - si;
    if (sf == 0)
          printf("Yes \n");
    else
          printf("No \n");
}
```

QUIZ 2-5-2 **100~999인 임의의 정수 n에 대하여 각 자리의 숫자를 분리하여 따로따로 출력하는 프로그램을 작성해보자.**

q-2-5-20.c

```
main( )
{
    int     n, d1, d2, d3;
    scanf("n=%d", &n);
    d3 = n / 100;
    n = n - d3 * 100;
    d2 = n / 10;
    n = n - d2 * 10;
    d1 = n / 1;
    printf("%d,%d,%d \n", d3, d2, d1);
}
```

QUIZ 2-5-3 **다음 프로그램 (a)~(c)의 출력 결과를 자세히 살펴보고 정수, 문자, 그리고 문자열을 이해해보자.**

(a)
```
main( )
{
    char  ns[4];
    strcpy(ns, "Kim");
    printf("%s,%c,%d \n",
        ns, ns[0], ns[0]);
}
```

(b)
```
main( )
{
    char  ns[4];
    strcpy(ns, "Kim");
    ns[0] = 'L';
    printf("%s \n", ns);
}
```

(c)
```
main( )
{
    char  ns[4];
    strcpy(ns, "Kim");
    ns[0] = ns[0] - 1;
    printf("%s \n", ns);
}
```

q-2-5-30.txt

1. 문자는 정수형 변수에 대응되는 아스키 코드로 저장된다.
2. 아스키 코드 자체가 정수와 동일하다.
3. 문자열은 배열에 아스키 코드 즉, 문자가 연속해서 저장되고 맨 끝에 정수 0으로 마감된다.
4. 따라서, 문자열의 중간에 문자 하나를 변경하면 해당 문자만 변경된 문자열이 된다.
5. 문자열을 구성하는 각각의 문자(아스키 코드)에 대해서는 정수 연산이 가능하다. 이를테면 'a' 문자에 1을 더하면 'b'가 된다.

QUIZ 2-5-4 **strcpy( )를 사용하지 않고, 배열 name[ ]에 문자를 하나씩 직접 설정하여 문자열 "Kim"을 만들고, 그 결과를 출력해보자(q-2-5-4.c).**

q-2-5-41.c

```
main( )
{
    char   name[4];
    name[0] = 'K' ;
    name[1] = 'i' ;
    name[2] = 'm' ;
    name[3] = '\0' ;
    printf("name=%s \n", name);
}
```

q-2-5-42.c

```
main( )
{
    char   name[4];
    name[0] = 75;
    name[1] = 105;
    name[2] = 109;
    name[3] = 0;
    printf("name=%s \n", name);
}
```

도전 2-5 **임의의 두 자리 정수 n을 입력 받아 이에 대응되는 숫자 문자열을 numb[ ]에 구하는 프로그램을 작성해보자.**

try-2-51.c

```
main( )
{
    char    numb[3];
    int     n, d;
    scanf("%d", &n);
    d = n / 10;
    numb[0] = d +  '0' ;
    n = n - d * 10;
    d = n / 1;
    numb[1] = d +  '0' ;
    numb[2] = '\0' ;
    printf("numb=%s \n",   numb);
}
```

try-2-52.c

```
main( )
{
    char    numb[3];
    int     n, d;
    scanf("%d", &n);
    d = n / 10;
    numb[0] = d + 48;
    n = n - d * 10;
    d = n / 1;
    numb[1] = d + 48;
    numb[2] = 0;
    printf("numb=%s \n",   numb);
}
```

과 제 2-5-1 **임의의 입력된 반지름 r인 원의 넓이 s를 반올림한 si를 출력하는 프로그램 작성(단, π = 3.14, h-2-5-1.c).**

h-2-5-10.c

```
main( )
{
    int     r, si;
    float   s;
    scanf("%d", &r);
    s = 3.14 * r * r;
    si = s + 0.5;
    printf("r=%d, s=%f, si=%d \n", r, s, si);
}
```

과 제 2-5-2 임의의 숫자 문자 n에 대응되는 정수는 n - '0'의 수식으로 쉽게 얻을 수 있다(예, '5' - '0' = 53 - 48 = 5, 아스키 표 참조). 이를 이용하여 입력된 임의의 두 자리 숫자 문자열 numb[ ]에 대한 정수 값 n을 얻은 후 여기에 1을 더한 값을 출력하는 프로그램 작성.

h-2-5-20.c

```
main( )
{
    char    numb[4];
    int     n;
    scanf("%s", numb);
    n = numb[0] - '0' ;
    n = n * 10 + (numb[1] - '0' );
    n = n + 1;
    printf("n=%d \n", n);
}
```

과 제 2-5-3 "Application"으로 초기화된 문자열 데이터 buf[ ]를 "App"로 변경하여 출력하는 프로그램 작성.

h-2-5-30.c

```
main( )
{
    char    buf[16];
    strcpy(buf, "Application");
    buf[3] = 0;
    printf("%s \n", buf);
}
```

과 제 2-5-4 최대 길이 7인 임의의 문자열을 buf[ ]에 입력받아 무조건 앞 3 자까지의 문자열만 출력하는 프로그램 작성.

h-2-5-40.c

```
main( )
{
    char    buf[8];
    scanf("%s", buf);
    buf[3] = '\0' ;
    printf("%s \n", buf);
}
```

QUIZ 2-6-1 **위 [스텝 2-6-1] 프로그램의 n이 정수라는데 착안하여 논리식 "n < 3"과 동일한 다른 논식을 도출해보자.**

q-2-6-10.txt

1. 개인별로 사고하는 습관에 따라 "n <= 2" 형태를 선호할 수도 있다.
2. 수학적 관점에서 "n + 1 <=3", "n - 1 < 2" 등도 가능하다.
3. 위 프로그램에서는 논리의 특성상 n이 0부터 점차 증가하여 3이 되면 종료하는 것이므로 n이 3이 아니라면 반복을 계속한다. 이 경우 "n != 3"의 논리식이 적합하다.

QUIZ 2-6-2 **위 [스텝 2-6-2] 프로그램을 n이 1부터 시작하도록 재작성해보자.**

s-2-6-20.c → q-2-6-20.c

```
main( )
{
        int     n, r;
        float   s;
        n = 0;
check:if (n > 2)
          goto   end;
        scanf("%d", &r);
        s = 3.14 * r * r;
        printf("%d, %f \n",
                      r, s);
        n = n + 1;
        goto check;

 end: return;
}
```

```
main( )
{
        int     n, r;
        float   s;
        n = 1;
check:if (n > 3)
          goto   end;
        scanf("%d", &r);
        s = 3.14 * r * r;
        printf("%d, %f \n",
                      r, s);
        n = n + 1;
        goto check;

 end: return;
}
```

QUIZ 2-6-31 옆 [스텝 2-6-3] 프로그램을 n이 1부터 시작하도록 재작성해보자.

s-2-6-30.c → q-2-6-31.c

```
main( )
{
  int    t, r, n;
  float  s;
  scanf("%d", &t);
  n = 0;
  do
  {
     scanf("%d", &r);
     s = 3.14 * r * r;
     printf("%d, %f \n", r, s);
     n = n + 1;
  } while(n < t);
  return;
}
```

```
main( )
{
  int    t, r, n;
  float  s;
  scanf("%d", &t);
  n = 1;
  do
  {
     scanf("%d", &r);
     s = 3.14 * r * r;
     printf("%d, %f \n", r, s);
     n = n + 1;
  } while(n <= t);
  return;
}
```

QUIZ 2-6-32 옆 [스텝 2-6-3] 프로그램에서 t 값으로 0을 입력했을 때 문제점을 살펴보고, do ~ while 구문을 그대로 둔 채 이를 보완할 수 있도록 수정해보자.

s-2-6-30.c → q-2-6-32.c

```
main( )
{
  int    t, r, n;
  float  s;
  scanf("%d", &t);
  n = 0;
  do
  {
     scanf("%d", &r);
     s = 3.14 * r * r;
     printf("%d, %f \n",
                   r, s);

     n = n + 1;
  } while(n < t);

  return;
}
```

```
main( )
{
  int    t, r, n;
  float  s;
  scanf("%d", &t);
  if (t > 0) {
     n = 0;
     do
     {
        scanf("%d", &r);
        s = 3.14 * r * r;
        printf("%d, %f \n",
                      r, s);

        n = n + 1;
     } while(n < t);
  }
  return;
}
```

QUIZ 2-6-41 옆 [스텝 2-6-4] 프로그램의 논리식 "n != t"를 대신할 수 있는 다른 논리식 세 가지 이상을 도출해보자.

q-2-6-41.txt

1. 논리식 "n != t"는 "~(n == t)"와 동일하다.
2. 위 프로그램에서는 논리의 특성상 n이 0부터 점차 증가하여 t에 도달하지 않는 한 반복을 계속하는 것이므로, 이런 사고의 경우 "n < t"의 논리식이 적합하다.
3. 논리식 "n < t"는 "n <= t - 1" 또는 "n + 1 <= t" 등과 동일하다.

QUIZ 2-6-42 옆 [스텝 2-6-4] 프로그램의 "n = n + 1;" 문장을 "n = n - 1;"로 변경했을 때, 수정되어야 할 다른 부분을 완성하여 재작성해보자.

s-2-6-40.c

```
main( )
{
   int     t, r, n;
   float   s;
   scanf("%d", &t);
   n = 0;
   while(n != t)
   {
      scanf("%d", &r);
      s = 3.14 * r * r;
      printf("%d, %f \n",
                       r, s);
      n = n + 1;
   }
   return;
}
```

q-2-6-42.c

```
main( )
{
   int     t, r, n;
   float   s;
   scanf("%d", &t);
   n = t;
   while(n != 0)
   {
      scanf("%d", &r);
      s = 3.14 * r * r;
      printf("%d, %f \n",
                       r, s);
      n = n - 1;
   }
   return;
}
```

QUIZ 2-6-51 **옆 [스텝 2-6-5] 프로그램의 논리식 "i <= n"를 대신 할 수 있는 다른 논리식 세 가지 이상을 도출해보자.**

q-2-6-51.c

1. 개인의 사고하는 습관에 따라 논리식 "i < n + 1"을 선호할 수 있다.
2. 논리식 "i < n + 1"은 "i - 1 < n"과 동일하다.
2. 위 프로그램에서는 논리의 특성상 n이 1부터 점차 증가하여 n+1에 도달하면 반복을 중단하는 것이므로, 이런 사고의 경우 "i != n + 1"의 논리식이 적합하다.

QUIZ 2-6-52 **옆 [스텝 2-6-5] 프로그램의 for 구문 초기화 문장과 반복 제어 문장 부분을 비워둔 모양으로 재작성해보자.**

s-2-6-50.c → q-2-6-52.c

```
main( )
{
  int    n, i, s;

  scanf("%d", &n);

  for(s = 0, i = 1;
                i <= n;
                i = i + 1)
  {
     s = s + i;
  }
  printf("n=%d, s=%d \n", n, s);
}
```

⇨

```
main( )
{
  int    n, i, s;
  scanf("%d", &n);
  s = 0;
  i = 1;
  for(   ; i <= n ;    )
  {
     s = s + i;
     i = i + 1;
  }
  printf("n=%d, s=%d \n", n, s);
}
```

QUIZ 2-6-53 옆 [스텝 2-6-5] 프로그램의 for 구문 초기화 문장 "i = 1"을 "i = 0"으로 변경했을 때, 수정되어야 할 다른 부분을 재작성해보자.

s-2-6-50.c → q-2-6-53.c

```
main( )
{
  int     n, i, s;
  scanf("%d", &n);
  for(s = 0, i = 1;
             i <= n;
             i = i + 1)
  {
     s = s + i;
  }
  printf("n=%d, s=%d \n", n, s);
}
```

⇨

```
main( )
{
  int     n, i, s;
  scanf("%d", &n);
  for(s = 0, i = 0;
             i < n;
             i = i + 1)
  {
     s = s + (i + 1);
  }
  printf("n=%d, s=%d \n", n, s);
}
```

QUIZ 2-6-6 위 [스텝 2-6-6] 프로그램이 거꾸로 문자열이 아닌 올바른 문자열이 나오도록 보완해보자.

s-2-6-63.c → q-2-6-60.c

```
main( )
{
  int     n, d, i, t;
  char   ns[10];
  scanf("%d", &n);

  for(i = 0; n > 0; i = i+1)
  {
     t = n / 10;
     d = n - t * 10;
     ns[i] = d + '0';
     n = t;

  }
  ns[i] = '\0';
  printf("%s \n", ns);
  return;
}
```

⇨

```
main( )
{
  int     n, d, i, t, j, k;
  char   ns[10];
  scanf("%d", &n);
  for(i = 0; n > 0; i = i+1)
  {
     t = n / 10;
     d = n - t * 10;
     ns[i] = d + '0';
     n = t;
  }
  ns[i] = '\0';
  for (j = 0, k = i -1;
         j < i / 2;
            j = j +1, k = k -1)
  {   t = ns[j];
      ns[j] =ns[k];
      ns[k] = t;
  }
  printf("%s \n", ns);
}
```

도전 2-6 **"4321"와 같이 숫자들로 구성된 임의의 두 숫자 문자열 ns1[ ], ns2[ ]를 입력받아 각각을 정수 n1, n2로 변환하여 두 수의 합 s를 구하는 프로그램을 작성해보자.**

try-2-60.c

```
main( )
{
      int    n1, n2, i, s;
      char  ns1[10], ns2[10];

      scanf("%s %s", ns1, ns2);

      for(i = 0, n1 = 0; ns1[i] != 0; i = i +1)
            n1 = n1 * 10 + (ns1[i] - '0' );

      for(i = 0, n2 = 0; ns2[i] != 0; i = i +1)
            n2 = n2 * 10 + (ns2[i] - '0' );

      s = n1 + n2;

      printf("%s + %s = %d \n", ns1, ns2, s);
}
```

과 제 2-6-1 **임의의 두 양의 정수 n1, n2를 입력받아 n1×n2(=m)를 구하는 프로그램 작성(단, 덧셈을 반복하는 방법을 사용할 것).**

h-2-6-10.c

```
main( )
{
      int    n1, n2, i, m;

      scanf("%d %d", &n1, &n2);

      for(i = 0, m = 0; i < n2; i = i +1)
            m = m + n1;

      printf("%d * %d = %d \n", n1, n2, m);
}
```

과 제 2-6-2 **임의의 두 양의 정수 n1, n2를 입력받아 n1÷n2의 몫 q와 나머지 r을 구하는 프로그램 작성(단, 뺄셈을 반복하는 방법을 사용할 것).**

h-2-6-20.c

```
main( )
{
    int   n1, n2, t, q, r;
    scanf("%d %d", &n1, &n2);
    for(q = 0, t = n1; t >= n2; q = q +1)
        t = t - n2;
    r = t;
    printf("%d / %d = %d (%d) \n", n1, n2, q, r);
}
```

과 제 2-6-3 **임의의 정수 n(2≤n≤9)을 입력받아 구구단의 n단을 출력하는 프로그램 작성.**

h-2-6-30.c

```
main( )
{
    int   n, i, m;
    scanf("%d", &n);
    for(i = 1; i <=9 ; i = i +1) {
        m = n * i;
        printf("%d * %d = %d \n", n, i, m);
    }
}
```

QUIZ 2-7-11 옆 [스텝 2-7-1] 프로그램의 외부 반복 ②를 while 문을 사용해서 재작성해보자.

s-2-7-10.c q-2-7-11.c

```
main( )
{
    int    n, i, v;
    for (n = 3; n <= 5; n = n + 2) {
        for (i = 1; i <= 9; i = i + 1) {
            v = n * i;
            printf("%d x %d = %d \n", n, i, v);
        }
    }
}
```

```
main( )
{
    int    n, i, v;
    n = 3;
    while (n <= 5) {
        for (i = 1; i <= 9; i = i + 1) {
            v = n * i;
            printf("%d x %d = %d \n", n, i, v);
        }
        n = n + 2;
    }
}
```

QUIZ 2-7-12 **옆 [스텝 2-7-1] 프로그램의 외부 반복 ②를 goto 문을 사용해서 재작성해보자.**

s-2-7-10.c q-2-7-12.c

```
main( )
{
      int     n, i, v;
      for (n = 3; n <= 5; n = n + 2) {
          for (i = 1; i <= 9; i = i + 1) {
②  ①         v = n * i;
              printf("%d x %d = %d \n", n, i, v);
          }
      }
}
```

⇩

```
main( )
{
      int     n, i, v;
      n = 3;
chk:if (n >  5)
          goto end;
       for (i = 1; i <= 9; i = i + 1) {
              v = n * i;
              printf("%d x %d = %d \n", n, i, v);
       }
       n = n + 2;
       goto chk;
end: return;
}
```

QUIZ 2-7-13 옆 [스텝 2-7-1] 프로그램이 7단, 5단, 3단 순서로 출력하도록 수정해보자.

s-2-7-10.c → q-2-7-13.c

```
main( )
{
    int    n, i, v;
    for (n = 3; n <= 5; n = n + 2) {
        for (i = 1; i <= 9; i = i + 1) {
②  ①        v = n * i;
            printf("%d x %d = %d \n", n, i, v);
        }
    }
}
```

```
main( )
{
    int    n, i, v;
    for (n = 7; n >= 3; n = n - 2) {
        for (i = 1; i <= 9; i = i + 1) {
            v = n * i;
            printf("%d x %d = %d \n", n, i, v);
        }
    }
}
```

QUIZ 2-7-14 옆 [스텝 2-7-1] 프로그램이 2~9단을 모두 출력하도록 수정해보자.

s-2-7-10.c q-2-7-14.c

```
main( )
{
    int    n, i, v;
    for (n = 3; n <= 5; n = n + 2) {
        for (i = 1; i <= 9; i = i + 1) {
② ①         v = n * i;
            printf("%d x %d = %d \n", n, i, v);
        }
    }
}
```

```
main( )
{
    int    n, i, v;
    for (n = 2; n < 10; n = n + 1) {
        for (i = 1; i <= 9; i = i + 1) {
            v = n * i;
            printf("%d x %d = %d \n", n, i, v);
        }
    }
}
```

QUIZ 2-7-21 **옆 [스텝 2-7-2] 프로그램의 for 구문 논리식 "n < 100"과 "i < n + 10"을 각각 동일한 다른 표현으로 수정하여 재작성해보자.**

s-2-7-20.c　q-2-7-21.c

```
main( )
{
    int    n, i;
    for (n = 10; n < 100; n = n + 10) {
        for (i = n; i < n + 10;  i = i + 1)
            printf("%d  ", i);
        printf("\n");
    }
}
```

②: 바깥 for 구문, ①: 안쪽 for 구문

⇩

```
main( )
{
    int    n, i;
    for (n = 10; n <= 99; n = n + 10) {
        for (i = n; i <= n + 9; i = i + 1)
            printf("%d  ", i);
        printf("\n");
    }
}
```

QUIZ 2-7-22 **옆 [스텝 2-7-2] 프로그램의 내부 반복 ①을 do ~ while 문으로 수정하여 재작성해보자.**

s-2-7-20.c q-2-7-22.c

```
main( )
{
    int    n, i;
    for (n = 10; n < 100; n = n + 10) {          ②
        for (i = n; i < n + 10;  i = i + 1)      ①
            printf("%d  ", i);
        printf("\n");
    }
}
```

```
main( )
{
    int    n, i;
    for (n = 10; n < 100; n = n + 10) {
        i = n;
        while (i < n + 10) {
            printf("%d  ", i);
            i = i + 1;
        }
        printf("\n");
    }
}
```

QUIZ 2-7-23 **옆 [스텝 2-7-2] 프로그램이 한 줄에 15개씩 출력하도록 수정해보자.**

s-2-7-20.c → q-2-7-23.c

```
main( )
{
    int    n, i;
  ┌ for (n = 10; n < 100; n = n + 10) {
  │   ┌ for (i = n; i < n + 10;  i = i + 1)
② │ ① │     printf("%d  ", i);
  │   └
  │     printf("\n");
  └ }
}
```

⇩

```
main( )
{
    int    n, i;
    for (n = 10; n < 100; n = n + 15) {
        for (i = n; i < n + 15;  i = i + 1)
            printf("%d  ", i);
        printf("\n");
    }
}
```

QUIZ 2-7-24 **옆 [스텝 2-7-2] 프로그램이 99부터 10까지 출력하도록 수정해보자.**

s-2-7-20.c q-2-7-24.c

```
main( )
{
    int    n, i;
    for (n = 10; n < 100; n = n + 10) {
        for (i = n; i < n + 10;  i = i + 1)
            printf("%d  ", i);
        printf("\n");
    }
}
```

②: 바깥쪽 for 문, ①: 안쪽 for 문

⇩

```
main( )
{
    int    n, i;
    for (n = 99; n > 10; n = n - 15) {
        for (i = n; i > n - 15;  i = i - 1)
            printf("%d  ", i);
        printf("\n");
    }
}
```

QUIZ 2-7-3 **위 [스텝 2-7-3] 프로그램이 n = 0, i = 1부터 시작하도록 수정해보자.**

s-2-7-30.c q-2-7-30.c

```
main( )
{
    int    n, i;
    for (n = 1; n < 6; n = n + 1) {
        for (i = 0; i < n;  i = i + 1)
            printf("*");
        printf("\n");
    }
}
```

② ①

```
main( )
{
    int    n, i;
    for (n = 0; n < 5; n = n + 1) {
        for (i = 1; i <= n +1; i = i + 1)
            printf("*");
        printf("\n");
    }
}
```

도전 2-7 **아래 그림을 출력하는 프로그램을 작성해보자.**

```
        *
      * *
    * * *
  * * * *
* * * * *
```

try-2-70.c

```
main( )
{
      int    n, i;
      for (n = 5; n >= 1; n = n - 1) {
          for (i = 1; i < n;  i = i + 1)
              printf(" ");
          for (     ; i <= 5;  i = i + 1)
              printf("*");
          printf("\n");
      }
}
```

과 제 2-7-1 **오른쪽 그림을 출력하는 프로그램 작성.**

```
* * * * *
* * * *
* * *
* *
*
```

h-2-7-10.c

```
main( )
{
      int    n, i;
      for (n = 5; n >= 1; n = n - 1) {
          for (i = 0; i < n;  i = i + 1)
              printf("*");
          printf("\n");
      }
}
```

```
* * * * *
  * * * *
    * * *
      * *
        *
```

과 제 2-7-2 오른쪽 그림을 출력하는 프로그램 작성.

h-2-7-20.c

```
main( )
{
     int     n, i;
     for (n = 0; n < 5; n = n + 1) {
          for (i = 0; i < 5;  i = i + 1) {
               if (i < n)
                    printf(" ");
               else
                    printf("*");
          }
          printf("\n");
     }
}
```

```
0   2 3 4
1   3 4 5
2   4 5 6
3   5 6 7
4   6 7 8
```

과 제 2-7-3 오른쪽 그림을 출력하는 프로그램 작성.

h-2-7-30.c

```
main( )
{
     int     n, i;
     for (n = 0; n < 5; n = n + 1) {
          printf("%d    ", n);
          for (i = n + 2; i < n + 5;  i = i + 1)
               printf("%d ", i);
          printf("\n");
     }
}
```

과 제 2-7-4 **2부터 999까지의 모든 정수에 대해 소수인 것들을 찾아 출력하는 프로그램 작성.**

h-2-7-40.c

```
main( )
{
    int    n, t, i;
    for (n = 2; n < 1000; n = n + 1) {
        t = n / 2;
        for (i = 2; i <= t;  i = i + 1) {
            if ((n / i) * i == n)
                goto out;
        }
    out: if (i > t)
              printf("%d  ", n);
    }
}
```

QUIZ 2-8-2 위 [스텝 2-8-2] 프로그램이 배열의 뒤에서부터 최소값 min을 찾도록 수정해보자.

s-2-8-20.c

```
main( )
{
   int  x[ ] = { 19, 18, 22, 13,
                 15, 17, 19, 23,
                 21, 22 };
   int     max, i;
   max = x[0];
   for (i = 1; i < 10; i = i +1)
   {
       if (max < x[i])
           max = x[i];
   }
   printf("max=%d \n", max);
}
```

q-2-8-20.c

```
main( )
{
   int  x[ ] = { 19, 18, 22, 13,
                 15, 17, 19, 23,
                 21, 22 };
   int     min, i;
   min = x[9];
   for (i = 8; i >= 0; i = i -1)
   {
       if (min > x[i])
           min = x[i];
   }
   printf("min=%d \n", min);
}
```

도전 2-8 아래의 10 개의 데이터(x[ ]) 각각에 대한 순위(r[ ])를 정하여 출력하는 프로그램을 작성해보자.

19	18	22	13	15	17	19	23	21	22

try-2-80.c

```
main( )
{
      int     x[ ] = { 19, 18, 22, 13, 15, 17, 19, 23, 21, 22 };
      int     r[10], i, j;
      for (i = 0; i < 10; i = i +1) {
            r[i] = 1;
            for (j = 0; j < 10; j = j + 1)
                if (x[j] > x[i])
                    r[i] = r[i] + 1;
      }
      for (i = 0; i < 10; i = i + 1)
          printf("%d  ", r[i]);
}
```

과 제 2-8-1 **아래의 9 개 데이터가 있다. 이들을 배열 x[10]에 초기화 후, x[2](=22) 다음에 13을 삽입하고 결과를 출력하는 프로그램 작성(x[3]부터 뒤로 한 칸씩 밀어내고, x[3]에 13을 저장함).**

19	18	22	15	17	19	23	21	22

h-2-8-11.c

```
main( )
{
    int  x[10]={ 19, 18, 22, 15,
                 17, 19, 23, 21, 22};
    int  i;



    for (i = 8; i > 2; i = i - 1)
        x[i +1] = x[i];


    x[3] = 13;
    for (i = 0; i < 10; i = i + 1)
        printf("%d  ", x[i]);
}
```

h-2-8-12.c

```
main( )
{
    int  x[10]={ 19, 18, 22, 15,
                 17, 19, 23, 21, 22};
    int  i, t1, t2;
    t1 = x[3];
    for (i = 3; i < 9; i = i + 1) {
        t2 = x[i +1];
        x[i +1]] = t1;
        t1 = t2;
    }
    x[3] = 13;
    for (i = 0; i < 10; i = i + 1)
        printf("%d  ", x[i]);
}
```

과 제 2-8-2 **아래의 10 개 데이터가 있다. 이들을 배열 x[10]에 초기화 후, x[3](=13)을 제거하고 그 결과를 출력하는 프로그램 작성(x[4]부터 앞으로 한 칸씩 당김).**

19	18	22	13	15	17	19	23	21	22

h-2-8-21.c

```
main( )
{
    int  x[ ]={ 19, 18, 22, 13, 15,
                17, 19, 23, 21, 22};
    int  i;



    for (i = 3; i < 9; i = i + 1)
        x[i] = x[i +1];



    for (i = 0; i < 9; i = i + 1)
        printf("%d  ", x[i]);
}
```

h-2-8-22.c

```
main( )
{
    int  x[ ]={ 19, 18, 22, 13, 15,
                17, 19, 23, 21, 22};
    int  i, t1, t2;
    t1 = x[9];
    for (i = 9; i > 3 ; i = i - 1) {
        t2 = x[i -1];
        x[i -1] = t1;
        t1 = t2;
    }
    for (i = 0; i < 9; i = i + 1)
        printf("%d  ", x[i]);
}
```

과 제 2-8-3 **0, 1, 1, 2, 3, 5, 8, ... 와 같은 피보나치 수열을 21 항까지 배열 x[ ]에 구하고 그 결과를 출력하는 프로그램 작성.**

h-2-8-30.c

```
main( )
{
      int     x[21] = { 0, 1, };
      int     i;

      for (i = 2; i < 21; i = i + 1) {
            x[i] = x[i -1] + x[i -2];
      }

      for (i = 0; i < 21; i = i + 1)
          printf("%d  ", x[i]);
}
```

QUIZ 2-9-11 **위 [스텝 2-9-1] 프로그램이 주어진 배열 을 하삼각행렬로 변환하도록 수정해보자(하삼각행렬이란 대각선 위의 모든 원소가 0인 행렬).**

$$\begin{pmatrix} 4 & 2 & 3 & 5 \\ 6 & 1 & 2 & 4 \\ 1 & 4 & 5 & 7 \\ 1 & 5 & 3 & 4 \end{pmatrix}$$

s-2-9-10.c → q-2-9-11.c

```
main( )
{
    int     a[4][4] = { 4, 2, 3, 5,
                        6, 1, 2, 4,
                        1, 4, 5, 7,
                        1, 5, 3, 4 };
    int     i, j, t;
    for (i = 0; i < 4; i = i + 1) {
        for (j = 0; j < 4; j = j + 1)
            printf("  %d", a[i][j]);
        printf("\n");
    }
    for (i = 0; i < 4; i = i + 1) {
        for (j = i+1; j < 4; j = j + 1) {
            t = a[i][j]; a[i][j] = a[j][i];
            a[j][i] = t;
        }
    }
    printf("=========\n");
    for (i = 0; i < 4; i = i + 1) {
        for (j = 0; j < 4; j = j + 1)
            printf("  %d", a[i][j]);
        printf("\n");
    }
}
```

$t = A_{i,j}$

$A_{i,j} = A_{j,i}$

$A_{j,i} = t$

4	2	3	5
6	1	2	4
1	4	5	7
1	5	3	4

⇩

```
main( )
{
    int     a[4][4] = { 4, 2, 3, 5,
                        6, 1, 2, 4,
                        1, 4, 5, 7,
                        1, 5, 3, 4 };
    int     i, j;
    for (i = 0; i < 4; i = i + 1) {
        for (j = 0; j < 4; j = j + 1)
            printf("  %d", a[i][j]);
        printf("\n");
    }
    for (i = 0; i < 4; i = i + 1) {
        for (j = i+1; j < 4; j = j + 1) {
            a[i][j] = 0;
        }
    }
    printf("=========\n");
    for (i = 0; i < 4; i = i + 1) {
        for (j = 0; j < 4; j = j + 1)
            printf("  %d", a[i][j]);
        printf("\n");
    }
}
```

$A_{i,j} = A_{j,i}$

단, $i < j$

4	2	3	5
6	1	2	4
1	4	5	7
1	5	3	4

QUIZ 2-9-12 **2차원 배열 x[7][9]에서 37번째 방의 위치(행: i, 열: j)와 3차원 배열 x[3][4][5]에서 37번째 방의 위치(면: k, 행: i, 열: j)를 각각 구해보자.**

q-2-9-12.txt

1. x[7][9]에서 한 행에 9개의 열이 위치하므로 0~8 번째 방들의 행 번호는 0, 9~17 번째 방들의 행 번호는1이다. 그리고 열 번호는 행을 채우고 남은 짜투리 수가 된다. 이를 수식화 하면 아래와 같다.

```
i = (int)(37 / 9);
j = 37 - i * 9;
```

2. x[3][4][5]에서 하나의 면은 행과 열을 모두 채운 20(=5x4) 개 방으로 구성되므로, 0~19 번째 방들의 면 번호는 0, 20~39 번째 방들의 면 번호는 1이다. 행과 열 번호는 면 단위를 제외한 짜투리를 2차원 배열로 보고 i, j를 구하면 된다. 이를 수식화 하면 아래와 같다.

```
k = (int)(37 / 20);
t = 37 - k * 20; // 면 단위를 제외한 짜투리 방 수
i = (int)(t / 5);
j = t - i * 5;
```

QUIZ 2-9-2 **위 [스텝 2-9-2] 프로그램을 열 우선 방식의 순서에 따라 처리하도록 재작성해보자.**

$$\begin{pmatrix} 4 & 2 & 3 & 5 \\ 6 & 1 & 2 & 4 \\ 1 & 4 & 5 & 7 \end{pmatrix} + \begin{pmatrix} 1 & 5 & 3 & 4 \\ 3 & 8 & 6 & 2 \\ 8 & 3 & 2 & 1 \end{pmatrix} = \begin{pmatrix} ? & ? & ? & ? \\ ? & ? & ? & ? \\ ? & ? & ? & ? \end{pmatrix}$$

s-2-9-20.c q-2-9-20.c

$$C_{i,j} = A_{i,j} + B_{i,j}$$

```
main( )
{
    int    a[3][4] = { 4, 2, 3, 5,
                       6, 1, 2, 4,
                       1, 4, 5, 7};
    int    b[3][4] = { 1, 5, 3, 4,
                       3, 8, 6, 2,
                       8, 3, 2, 1};
    int    c[3][4];
    int    i, j;

    for (i = 0; i < 3; i = i + 1)
        for (j = 0; j < 4; j = j + 1)
            c[i][j] = a[i][j] + b[i][j];

    for (i = 0; i < 3; i = i + 1) {
        for (j = 0; j < 4; j = j + 1)
            printf(" %d", c[i][j]);
        printf("\n");
    }
}
```

```
main( )
{
    int    a[3][4] = { 4, 2, 3, 5,
                       6, 1, 2, 4,
                       1, 4, 5, 7};
    int    b[3][4] = { 1, 5, 3, 4,
                       3, 8, 6, 2,
                       8, 3, 2, 1};
    int    c[3][4];
    int    i, j;

    for (j = 0; j < 4; j = j + 1)
        for (i = 0; i < 3; i = i + 1)
            c[i][j] = a[i][j] + b[i][j];

    for (i = 0; i < 3; i = i + 1) {
        for (j = 0; j < 4; j = j + 1)
            printf(" %d", c[i][j]);
        printf("\n");
    }
}
```

QUIZ 2-9-3 **위 [스텝 2-9-3] 프로그램이 b x a를 구하도록 수정해보자.**

$$\begin{pmatrix} 3 & 8 & 5 & 4 \\ 4 & 5 & 6 & 2 \\ 7 & 2 & 4 & 3 \end{pmatrix} \times \begin{pmatrix} 4 & 0 & 0 \\ 0 & 0 & 0 \\ 0 & 3 & 8 \\ 2 & 1 & 7 \end{pmatrix} = \begin{pmatrix} ? & ? & ? \\ ? & ? & ? \\ ? & ? & ? \end{pmatrix}$$

$$\Rightarrow \begin{pmatrix} 4 & 0 & 0 \\ 0 & 0 & 0 \\ 0 & 3 & 8 \\ 2 & 1 & 7 \end{pmatrix} \times \begin{pmatrix} 3 & 8 & 5 & 4 \\ 4 & 5 & 6 & 2 \\ 7 & 2 & 4 & 3 \end{pmatrix} = \begin{pmatrix} ? & ? & ? & ? \\ ? & ? & ? & ? \\ ? & ? & ? & ? \\ ? & ? & ? & ? \end{pmatrix}$$

s-2-9-30.c　q-2-9-30.c

$$C_{i,j} = \Sigma(A_{i,k} * B_{kj})$$

```
main( )
{
    int  a[3][4] = { 3, 8, 5, 4,
                     4, 5, 6, 2,
                     7, 2, 4, 3};
    int  b[4][3] = { 4, 0, 0,
                     0, 0, 0,
                     0, 3, 8,
                     2, 1, 7};
    int  c[3][3];
    int  i, j, k, t;

    for (i = 0; i < 3; i = i + 1)
      for (j = 0; j < 3; j = j + 1) {
        for (k = t = 0; k < 4; k = k +1)
           t = t + a[i][k] * b[k][j];
        c[i][j] = t;
      }

    for (i = 0; i < 3; i = i + 1) {
      for (j = 0; j < 3; j = j + 1)
           printf("  %d", c[i][j]);
      printf("\n");
    }
}
```

```
main( )
{
    int  a[3][4] = { 3, 8, 5, 4,
                     4, 5, 6, 2,
                     7, 2, 4, 3};
    int  b[4][3] = { 4, 0, 0,
                     0, 0, 0,
                     0, 3, 8,
                     2, 1, 7};
    int  c[4][4];
    int  i, j, k, t;

    for (i = 0; i < 4; i = i + 1)
      for (j = 0; j < 4; j = j + 1) {
        for (k = t = 0; k < 3; k = k +1)
           t = t + b[i][k] * a[k][j];
        c[i][j] = t;
      }

    for (i = 0; i < 4; i = i + 1) {
      for (j = 0; j < 4; j = j + 1)
           printf("  %2d", c[i][j]);
      printf("\n");
    }
}
```

QUIZ 2-9-4 위 [스텝 2-9-4] 프로그램이 주어진 숫자들을 아래 그림과 같이 배치하도록 수정해보자.

7	5	10	6	0	11	2	9	1	8	4	3

$$\begin{pmatrix} 0 & 1 & 2 & 3 \\ 4 & 5 & 6 & 7 \\ 8 & 9 & 10 & 11 \end{pmatrix} \Rightarrow \begin{pmatrix} 0 & 3 & 6 & 9 \\ 1 & 4 & 7 & 10 \\ 2 & 5 & 8 & 11 \end{pmatrix}$$

s-2-9-40.c

```
main( )
{
    int  x[ ] = {  7,  5, 10,  6,  0,
                  11,  2,  9,  1,  8,
                   4,  3 };
    int  a[3][4];
    int  i, j, d;

    for (d = 0; d < 12; d = d + 1) {
        i = x[d] / 4;
        j = x[d] - i * 4;
        a[i][j] = x[d];
    }

    for (i = 0; i < 3; i = i + 1) {
        for (j = 0; j < 4; j = j + 1)
            printf(" %3d", a[i][j]);
        printf("\n");
    }
}
```

q-2-9-40.c

```
main( )
{
    int  x[ ] = {  7,  5, 10,  6,  0,
                  11,  2,  9,  1,  8,
                   4,  3 };
    int  a[3][4];
    int  i, j, d;

    for (d = 0; d < 12; d = d + 1) {
        j = x[d] / 3;
        i = x[d] - j * 3;
        a[i][j] = x[d];
    }

    for (i = 0; i < 3; i = i + 1) {
        for (j = 0; j < 4; j = j + 1)
            printf(" %3d", a[i][j]);
        printf("\n");
    }
}
```

도전 2-9 **아래와 같이 5x3 행렬 a에 0~9의 숫자가 있다. 행 하나를 십진수로 생각하여 행들이 오름차순을 이루도록 정렬하는 프로그램을 작성해보자(정렬 기준을 낮은 자리 수부터 높은 자리 수로 차례로 이동).**

7	5	2
2	7	8
5	3	2
1	7	8
3	5	1

try-2-90.c

```
main( )
{
    int     a[5][3] = { 7, 5, 2,    2, 7, 8,    5, 3, 2,
                        1, 7, 8,    3, 5, 2 };
    int     i, j, k, t, m;

    for (j = 2; j >= 0; j = j - 1) {
        for (i = 0; i < 4; i = i + 1) {
            m = i;
            for (k = i +1; k < 5; k = k + 1) {
                if (a[k][j]  < a[m][j])
                    m = k;
            }

            for (k = 0; k < 2; k = k + 1) {
                t = a[i][k];
                a[i][k]  = a[m][k];
                a[m][k]  = t;
            }
        }
    }

    for (i = 0; i < 5; i = i + 1) {
        for (j = 0; j < 3; j = j + 1)
            printf("%d  ", a[i][j]);
        printf("\n");
    }
}
```

과 제 2-9-1 **임의의 숫자로 채워진 3x4 행렬 a가 있다. 이 행렬 원소들의 좌우 위치를 교환하는 프로그램 작성(옆 데이터 사용).**

3	8	5	4
4	5	6	2
7	2	4	3

h-2-9-10.c

```
main( )
{
      int    a[3][4] = { 3, 8, 5, 4, 4, 5, 6, 2, 7, 2, 4, 3};
      int      i, j, t;
      t = 4/2;
   ┌--for (i = 0; i < 3; i = i + 1) {
   |     ┌-for (j = 0; j < t; j = j + 1) {
   |     |      t = a[i][j];  a[i][j] = a[i][3-j];  a[i][3-j] = t;
   |     └-}
   └--}

      for (i = 0; i < 3; i = i + 1) {
            for (j = 0; j < 4; j = j + 1)
                  printf("  %d", a[i][j]);
            printf("\n");
      }
}
```

과 제 2-9-2 **임의의 숫자로 채워진 3x4 행렬 a가 있다. 이 행렬 원소들의 상하 위치를 교환하는 프로그램 작성(위 데이터 사용).**

h-2-9-20.c

```
main( )
{
      int    a[3][4] = { 3, 8, 5, 4, 4, 5, 6, 2, 7, 2, 4, 3};
      int      i, j, i2, t;
      i2 = 3/2;
   ┌--for (j = 0; j < 4; j = j + 1) {
   |     ┌-for (i = 0; i < i2; i = i + 1) {
   |     |      t = a[i][j];  a[i][j] = a[2-i][j];  a[2-i][j] = t;
   |     └-}
   └--}

      for (i = 0; i < 3; i = i + 1) {
            for (j = 0; j < 4; j = j + 1)
                  printf("  %d", a[i][j]);
            printf("\n");
      }
}
```

과 제 2-9-3 임의의 숫자로 채워진 3x4 행렬 a가 있다. 이 행렬 원소들 중 가장 작은 수를 찾는 프로그램 작성(위 데이터 사용).

h-2-9-30.c

```
main( )
{
    int   a[3][4] = { 3, 8, 5, 4, 4, 5, 6, 2, 7, 2, 4, 3};
    int    i, j, m;
    m = a[0][0];
    for (i = 0; i < 3; i = i + 1) {
        for (j = 0; j < 4; j = j + 1) {
            if (a[i][j] < m)
                m = a[i][j];
        }
    }
    printf("min=%d \n", m);
}
```

QUIZ 2-A-1 **아래 주어진 사다리꼴들의 넓이를 구하는 프로그램을 함수를 사용하여 작성해보자.**

밑변(w1)	윗변(w2)	높이(h)	넓이(s)
4	3	2	?
5	4	3	?
6	3	2	?

q-2-A-10.c

```
float  tri(int  w1, int w2, int h)
{
      float  s;
      s = (w1 + w2) * h / 2.0;
      return(s);
}
```

```
main( )
{
   int   w1[3] = { 4, 5, 6 },
         w2[3] = { 3, 4, 3},
          h[3] = { 2, 3, 2}, i;
   float  s;

   for (i = 0; i < 3; i = i + 1) {
         s = tri(w1[i], w2[i], h[i]);
         printf("%d,%d,%d,%f \n",
               w1[i], w2[i], h[i], s);
   }
}
```

QUIZ 2-A-2 **함수를 도입하여 아래 주어진 그림을 출력하는 프로그램을 작성해보자.**

```
0   2 3 4
1   3 4 5
2   4 5 6
3   5 6 7
4   6 7 8
```

q-2-A-20.c

```
void line(int  n)
{
     int   i;
     printf("%d   ", n);
     for (i = 0; i < 3; i = i + 1)
         printf("%d ", n + 2 + i);
     printf("\n");
}
```

```
main( )
{
     int   i;
     for (i = 0; i < 5; i = i + 1)
          line(i);
}
```

QUIZ 2-A-3 **위 [스텝 2-10-3] 프로그램이 3의 배수들만의 합을 구하도록 재작성해보자.**

s-2-A-30.c

```
int  sum(int  f, int  t)
{
     int  s;

     for (s = 0; f <= t; f = f + 1)
          s = s + f;

     return s;
}
main( )
{
     int  s ;

     s = sum(11, 75);
     s = s + sum(119, 131);
     s = s + sum(325, 357);

     printf("Total=%d \n", s);
}
```

q-2-A-30.c

```
int  sum(int  f, int  t)
{
     int  s;

     for (s = 0; f <= t; f = f + 1)
          if (!(f % 3)) s = s + f;

     return s;
}
main( )
{
     int  s ;

     s = sum(11, 75);
     s = s + sum(119, 131);
     s = s + sum(325, 357);

     printf("Total=%d \n", s);
}
```

QUIZ 2-A-4 **위 [스텝 2-10-4] 프로그램에, 주어진 정수의 제곱을 구하는 함수 pow2( )를 도입하여 재작성해보자.**

s-2-A-42.c ⇒ q-2-A-40.c

```
int  isqrt(int  n)
{
    int   r;
    for (r = 1; r*r < n; r = r+1)
        ;
    if (n - (r-1)*(r-1) < r*r - n)
        r = r - 1;
    return(r);
}
main( )
{
    int  n[3] = {111, 211, 311};
    int  i, r;
    for (i = 0; i < 3; i = i + 1) {
      r = isqrt(n[i]);
      printf("N=%d, R=%d \n",
                          n[i], r);
    }
}
```

```
int  pow2(int  n)
{
    return(n * n);
}
int  isqrt(int  n)
{
    int   r;
    for (r =1; pow2(r) < n; r =r+1)
        ;
    if (n - pow2(r-1) < r*r - n)
        r = r - 1;
    return(r);
}
main( )
{
    int  n[3] = {111, 211, 311};
    int  i, r;
    for (i = 0; i < 3; i = i + 1) {
      r = isqrt(n[i]);
      printf("N=%d, R=%d \n",
                          n[i], r);
    }
}
```

도전 2-A **아래와 같은 수열이 있다. 함수를 도입하여 임의의 정수 n을 입력받아 n 번째 항까지를 차례로 출력하는 프로그램을 작성해보자.**

(1) (1+2) (1+2+3) (1+2+3+4) (1+2+3+4+5) ... (1+2+3+4+5+6 ... +n)

try-2-A0.c

```
int  si(int  i)
{
     int    k, s;
     for (k = 1, s = 0; k <= i; k = k + 1)
          s = s + i;
     return(s);
}
main( )
{
     int    n, i, ai;
     scanf("%d", &n);
     for (i = 1; i <= n; i = i + 1) {
          ai = si(i);
          printf("%d-%d \n", i, ai);
     }
}
```

과 제 2-A-1 **임의의 주어진 정수 n에 대하여 2^n 값을 계산하는 함수를 작성하고, 2^8, 2^{10}, 2^{14} 각각의 값을 구하는 프로그램 완성.**

h-2-A-10.c

```
int  pow2n(int  n)
{
     int   i, s;
     for (i = 0, s = 1; i < n; i =  i + 1)
          s = s * 2;
     return(s);
}
main( )
{
     printf("%d, %d,  %d \n",
                         pow2n(8), pow2n(10), pow2n(14));
}
```

과 제 2-A-2 **임의의 주어진 정수 n에 대하여 절대값을 구하는 함수를 작성하고, 100, -100, -300 각각의 절대값들의 합 s를 출력하는 프로그램 완성.**

h-2-A-20.c

```
int  abs(int  n)
{
     if (n < 0)
          n = - n;
     return(n);
}
main( )
{
     int    s;
     s = abs(100) + abs(-100) + abs(-300);
     printf("s = %d \n", s);
}
```

과 제 2-A-3 **임의의 주어진 서로 다른 세 정수 x, y, z에 대하여 가장 큰 수를 찾는 함수를 작성하고, (3, 5 2), (6, 4 3), (4, 6, 9) 등 세 가지 각각에 대하여 가장 큰 수를 구하여 출력하는 프로그램 완성.**

h-2-A-30.c

```
int  max3(int  x, int  y, int  z)
{
     int   m;
     if (x > y) {
          if (x > z) m = x;
          else       m = z;
     }
     else {
          if (y > z)  m = y;
          else        m = z;
     }
     return(m);
}
```

```
main( )
{
     int   m1, m2, m3;
     m1 = max3(3, 5, 2);
     m2 = max3(6, 4, 3);
     m3 = max3(4, 6, 9);
     printf("m1=%d,m2=%d,m3=%d \n",
                          m1, m2, m3);
}
```

QUIZ 3-1-1 **오른쪽 그림을 출력하는 프로그램을 작성해보자(한 줄을 출력하는 함수 line( ) 구현).**

```
*
 *
  *
   *
    *
```

q-3-1-10.c

```
void line(int  n)
{
    while (n > 0) {
        printf(" ");
        n = n - 1;
    }
    printf("* \n");
}
```

```
main( )
{
    int   n;
    for (n = 0; n < 5; n = n + 1)
        line(n);
}
```

QUIZ 3-1-2 **위 [스텝 3-1-2] 프로그램이 두 배열 각각의 평균을 구하도록 수정해보자(arrsum( )를 arravg( )로 수정).**

s-3-1-22.c → q-3-1-20.c

```
int  arrsum( int  v[ ], int  n )
{
  int   i, s;
  for (s = 0, i = 0; i < n; i = i +1)
      s = s + v[i];
  return(s);
}
main( )
{
  int  x[ ] = { 19, 18, 22, 13, 15,
                17, 19, 23, 21, 22 };
  int  y[ ] = { 10, 12, 13, 12,
                12, 13, 15, 13 };
  int   sx, sy;
  sx = arrsum( x,  10 );
  sy = arrsum( y,   8 );
  printf("sx=%d,sy=%d\n", sx, sy);
}
```

```
float  arravg( int  v[ ], int  n )
{
  int   i, s;
  for (s = 0, i = 0; i < n; i = i +1)
      s = s + v[i];
  return(s/n/1.0);
}
main( )
{
  int  x[ ] = { 19, 18, 22, 13, 15,
                17, 19, 23, 21, 22 };
  int  y[ ] = { 10, 12, 13, 12,
                12, 13, 15, 13 };
  float sx, sy;
  sx = arravg( x,  10 );
  sy = arravg( y,   8 );
  printf("sx=%f,sy=%f\n", sx, sy);
}
```

QUIZ 3-1-3 **위 [스텝 3-1-3] 프로그램의 배열 x[ ]와 y[ ]의 첫 5 개 원소들의 1:1 덧셈 결과를 배열 a[ ]에 구하는 함수 arradd( )를 만들고 전체 프로그램을 완성해보자.**

s-3-1-32.c → q-3-1-30.c

```
void arrcpy(int vd[ ], int vs[ ], int  n )
{
   int   i;
   for (i = 0; i < n; i = i +1)
      vd[i] = vs[i];
}
main( )
{
   int  x[ ] = { 19, 18, 22, 13, 15,
                 17, 19, 23, 21, 22 };
   int  y[ ] = { 10, 12, 13, 12,
                 12, 13, 15, 13 };
   int  a[10], b[8], i;
   arrcpy(a, x, 10);
   arrcpy(b, y,  8);
   for (i = 0; i < 5; i = i +1)
        printf("%d, %d \n", a[i], b[i]);
}
```

```
void arradd(int x[ ], int y[ ], int a[ ])
{
   int   i;
   for (i = 0; i < 5; i = i +1)
      a[i] = x[i] + y[i];
}
main( )
{
   int  x[ ] = { 19, 18, 22, 13, 15,
                 17, 19, 23, 21, 22 };
   int  y[ ] = { 10, 12, 13, 12,
                 12, 13, 15, 13 };
   int  a[5], i;
   arradd(x, y, a);
   for (i = 0; i < 5; i = i +1)
        printf("%d+%d=%d \n",
                     x[i], y[i], a[i]);
}
```

QUIZ 3-1-4 **위 [스텝 3-1-4] 프로그램이 몫과 나머지 두 결과값 모두를 배열 매개 변수 r[ ]로 전달하도록 수정해보자.**

s-3-1-42.c → q-3-1-40.c

```
int qr(int  n1, int  n2, int  r[ ])
{
    r[0] = n1 % n2;
    return(n1 / n2);
}
main( )
{
    int  n1, n2, q, r[1];
    scanf("%d %d", &n1, &n2);
    q = qr(n1, n2, r);
    printf("q=%d, r=%d \n", q, r[0]);
}
```

```
void qr(int  n1, int  n2, int  r[ ])
{
    r[0] = n1 % n2;
    r[1] = n1 / n2;
}
main( )
{
    int  n1, n2, r[2];
    scanf("%d %d", &n1, &n2);
    qr(n1, n2, r);
    printf("q=%d, r=%d \n", r[1], r[0]);
}
```

QUIZ 3-1-5 **크기 n인 주어진 배열 v[ ]에서 최대값과 최소값을 동시에 구하여 배열 r[ ]에 돌려주는 함수 arrmaxmin( )을 만들고, 이를 이용하여 아래에 주어진 두 가지 실험 데이터 x[ ], y[ ]각각에 대한 최소값과 최대값을 구하는 프로그램을 완성해보자(105 쪽 STEP-2-8-2 참조).**

19	18	22	13	15	17	19	23	21	22

10	12	13	12	12	13	15	13

q-3-1-50.c

```
void  arrmaxmin( int  v[ ],  int  n,  int  r[ ] )
{
    int   i, max, min;
    max = v[0];
    min = v[0];
    for (i = 1; i < n; i = i + 1) {
        if (max < v[i])
            max = v[i];
        else if (min > v[i])
            min = v[i];
    }
    r[0] = max;
    r[1] = min;
}
main( )
{
    int  x[ ] = { 19, 18, 22, 13, 15,
                  17, 19, 23, 21, 22 };
    int  y[ ] = { 10, 12, 13, 12,
                  12, 13, 15, 13 };
    int  r[2];
    arrmaxmin(x, 10, r);
    printf("max=%d, min=%d \n", r[0], r[1]);

    arrmaxmin(y,  8, r);
    printf("max=%d, min=%d \n", r[0], r[1]);
}
```

QUIZ 3-1-6 **위 [스텝 3-1-6] 프로그램에, 크기 n인 주어진 배열 v[ ]를 출력하는 함수 arrput( ) 함수를 도입하여 재작성해보자.**

s-3-1-62.c ⇒ q-3-1-60.c

```
void seq(int  v[ ], int  o[ ], int  n)
{
    int  i, j;
    for (i = 0; i < n; i = i+1) {
      o[i] = 1;
      for (j = 0; j < n; j = j +1)
         if (i != j && v[j] > v[i])
            o[i] = o[i] + 1;
    }
}
main( )
{
   int  x[ ] = { 19, 18, 22, 13, 15,
                 17, 19, 23, 21, 22};
   int  y[ ] = { 10, 12, 13, 12,
                 12, 13, 15, 13 };
   int  o[16], i;
   seq(x, o, 10);
   for (i = 0; i < 10; i = i+1)
      printf("%2d  ", o[i]);
   printf("\n");
   seq(y, o, 8);
   for (i = 0; i < 8; i = i+1)
      printf("%2d  ", o[i]);
   printf("\n");
}
```

```
void seq(int  v[ ], int  o[ ], int  n)
{
    int  i, j;
    for (i = 0; i < n; i = i+1) {
      o[i] = 1;
      for (j = 0; j < n; j = j +1)
         if (i != j && v[j] > v[i])
            o[i] = o[i] + 1;
    }
}
void arrput(int  v[ ], int  n)
{
    int  i;
    for (i = 0; i < n; i = i + 1)
       printf("%2d  ", v[i]);
    printf("\n");
}
main( )
{
   int  x[ ] = { 19, 18, 22, 13, 15,
                 17, 19, 23, 21, 22};
   int  y[ ] = { 10, 12, 13, 12,
                 12, 13, 15, 13 };
   int  o[16], i;
   seq(x, o, 10);
   arrput(x, 10);  arrput(o, 10);
   seq(y, o,  8);
   arrput(y,  8);  arrput(o,  8);
}
```

도전 3-1 **크기 n인 주어진 배열 v[ ]의 원소들을 서로 교환하여 오름차순으로 정렬하는 함수 arrsort( )를 만들고, 아래의 두 데이터 x[ ], y[ ]를 정렬하는 프로그램을 완성해보자(106 쪽 STEP-2-8-3 참조).**

19	18	22	13	15	17	19	23	21	22

10	12	13	12	12	13	15	13

try-3-10.c

```
void arrsort(int  v[ ],  int  n)
{
        int     i, j, mid, t;
        for (i = 0; i < n -1; i = i + 1) {
                mid = i;
                for (j = i + 1; j < n; j = j + 1) {
                    if (v[mid] < v[j])
                        mid = j;
                }
                t = v[i];
                v[i] = v[mid];
                v[mid] = t;
        }
}
void arrput(int  v[ ], int  n)
{
        int  i;
        for (i = 0; i < n; i = i + 1)
                printf("%d ", v[i]);
        printf("\n");
}
main()
{
        int     x[10] = { 19, 18, 22, 13, 15,
                          17, 19, 23, 21, 22 },
                y[ 8] = { 10, 12, 13, 12,
                          12, 13, 15, 13 };
        arrsort(x, 10);
        arrput(x, 10);
        arrsort(y,  8);
        arrput(y,  8);
}
```

과 제 3-1-1 **크기 n인 주어진 배열 데이터 v[ ]에 대한 평균과 표준 편차를 동시에 구하여 배열 r[ ]에 돌려주는 함수 arravgstd( ) 함수를 만들고, 이를 이용하여 아래의 두 배열 x[ ], y[ ] 각각에 대한 평균과 표준 편차를 구하는 프로그램 완성(104 쪽 STEP-2-8-1 참조).**

19	18	22	13	15	17	19	23	21	22

10	12	13	12	12	13	15	13

s-2-8-10.c

```
float  sqrt( );
main( )
{
   int  x[ ] = { 19, 18, 22, 13,
                 15, 17, 19, 23,
                 21, 22 };
   float  s, avg, std;
   int    i;
   for (s=i=0; i < 10; i = i+1)
        s = s + x[i];
   avg = s / i;
   for (s=i=0; i < 10; i = i+1)
        s = s + (x[i] -avg)*(x[i] -avg);
   std = sqrt(s / i);
   printf("avg=%f, atd=%f \n",
                          avg, std);
}
```

평균 = $\frac{\Sigma x_i}{n}$ 표준편차 = $\sqrt{\frac{\Sigma (x_i - 평균)^2}{n}}$

h-3-1-10.c

```
float  sqrt( );
void arravgstd(int v[ ], int n, float r[ ])
{
   float  s;
   int    i;
   for (s=i=0; i < n; i = i+1)
        s = s + v[i];
   r[0] = s / i;
   for (s=i=0; i < n; i = i+1)
        s = s + (v[i] -r[0])*(v[i] -r[0]);
   r[1] = sqrt(s / i);
}
main( )
{
   int  x[ ] = { 19, 18, 22, 13, 15,
                 17, 19, 23, 21, 22 },
        y[ ] = { 10, 12, 13, 12,
                 12, 13, 15, 13 };
   float r[2];
   arravgstd(x, 10, r);
   printf("avg=%f, std=%f \n", r[0], r[1]);
   arravgstd(y,  8, r);
   printf("avg=%f, std=%f \n", r[0], r[1]);
}
```

과 제 3-1-2 크기 n인 주어진 배열 v[ ]에 대하여, 원소들의 위치를 배열 r[ ]에 역순으로 재배치하는 함수 arrrev1( ) 함수를 만들고, 과제 1의 x[ ], y [ ] 배열에 대한 역배열을 구하는 프로그램 완성.

h-3-1-20.c

```
void arrrev1(int v[ ], int r[ ], int n)
{
    int     i;
    for (i =0; i < n; i = i +1)
        r[n -i -1] = v[i];
}
void arrput(int  v[ ], int  n)
{
    int  i;
    for (i = 0; i < n; i = i + 1)
        printf("%2d  ", v[i]);
    printf("\n");
}
```

```
main( )
{
    int  x[ ] ={ 19, 18, 22, 13, 15,
                 17, 19, 23, 21, 22 },
         y[ ] ={ 10, 12, 13, 12,
                 12, 13, 15, 13 };
    int  r[10];
    arrput(x, 10);
    arrrev1(x, r, 10);
    arrput(r, 10);
    arrput(y, 8);
    arrrev1(y, r, 8);
    arrput(r, 8);
}
```

과 제 3-1-3 크기 n인 주어진 배열 v[ ]에 대하여, 원소들의 위치를 서로 교환하여 역순으로 재배치하는 함수 arrrev2( ) 함수를 만들고, 과제 1의 배열을 역배열로 만드는 프로그램 완성.

h-3-1-30.c

```
void arrrev2(int v[ ], int n)
{
    int    i, t;
    for (i = 0; i <= n/2; i = i +1) {
        t = v[i];
        v[i] = v[n -i -1];
        v[n -i -1] = t;
    }
}
void arrput(int  v[ ], int  n)
{
    int  i;
    for (i = 0; i < n; i = i + 1)
        printf("%2d  ", v[i]);
    printf("\n");
}
```

```
main( )
{
    int  x[ ] ={ 19, 18, 22, 13, 15,
                 17, 19, 23, 21, 22 },
         y[ ] ={ 10, 12, 13, 12,
                 12,  13, 15, 13 };

    arrput(x, 10);
    arrrev2(x, 10);
    arrput(x, 10);
    arrput(y, 8);
    arrrev2(y, 8);
    arrput(x, 8);
}
```

QUIZ 3-2-11 **[스텝 3-2-1]의 프로그램을 break문 없이 재작성해보자.**

s-3-2-12.c q-3-2-11.c

```
main( )
{
  int  x[ ] = { 11, 13, 12, 11, 14,
                11, -1, 13, 11, 11};
  int  s, i;
  for (i = s =0; i < 10; i = i +1) {
    if (x[i] < 0)
      break;
    s = s + x[i];
  }
  printf("s=%d \n", s);
}
```

```
main( )
{
  int  x[ ] = { 11, 13, 12, 11, 14,
                11, -1, 13, 11, 11};
  int  s, i;
  for (i = s =0; i < 10; i = i +1) {
    if (x[i] < 0)
      i = 10;
    else
      s = s + x[i];
  }
  printf("s=%d \n", s);
}
```

QUIZ 3-2-12 **크기 n의 주어진 배열 v[ ]의 합을 구하되 음수 값이 나타나면 덧셈을 중단하는 함수 arrcsum( )을 만들고, 이를 이용하여 [스텝 3-2-1]의 프로그램을 재작성해보자.**

s-3-2-12.c q-3-2-12.c

```
main( )
{
  int  x[ ] = { 11, 13, 12, 11, 14,
                11, -1, 13, 11, 11};
  int  s, i;
  for (i = s =0; i < 10; i = i +1) {
    if (x[i] < 0)
      break;
    s = s + x[i];
  }
  printf("s=%d \n", s);
}
```

```
int arrcsum(int  v[ ], int  n)
{
  int  s, i;
  for (i = s =0; i < n; i = i +1) {
    if (v[i] < 0)
      break;
    s = s + v[i];
  }
  return(s);
}
main( ) {
  int  x[ ] = { 11, 13, 12, 11, 14,
                11, -1, 13, 11, 11};
  printf("s=%d \n", arrcsum(x, 10));
}
```

QUIZ 3-2-13 **[스텝 3-2-1]의 프로그램에서 "if (x[i]<10) break" 문장을 제거하고 재작성해보자.**

s-3-2-11.c → q-3-2-13.c

```
main( )
{
  int  x[ ] = { 11, 13, 12, 11, 14,
                11, -1, 13, 11, 11};
  int  s = 0, i = 0;
  while (i < 10) {
    if (x[i] < 0)
        break;
    s = s + x[i];
    i = i + 1;
  }
  printf("s=%d \n", s);
}
```

```
main( )
{
  int  x[ ] = { 11, 13, 12, 11, 14,
                11, -1, 13, 11, 11};
  int  s = 0, i = 0;
  while (i < 10 && x[i] >= 0) {

     s = s + x[i];
     i = i + 1;

  }
  printf("s=%d \n", s);
}
```

QUIZ 3-2-21 **[스텝 3-2-2]의 프로그램을 continue문 없이 재작성해보자.**

s-3-2-22.c → q-3-2-21.c

```
main( )
{
  int  x[ ] = { 11, 13, 12, 11, 14,
                11, -1, 13, 11, 11};
  int  s, i;
  for (i = s =0; i < 10; i = i +1) {
    if (x[i] < 0)
        continue;
    s = s + x[i];
  }
  printf("s=%d \n", s);
}
```

```
main( )
{
  int  x[ ] = { 11, 13, 12, 11, 14,
                11, -1, 13, 11, 11};
  int  s, i;
  for (i = s =0; i < 10; i = i +1) {
    if (x[i] >= 0)
        s = s + x[i];

  }
  printf("s=%d \n", s);
}
```

QUIZ 3-2-22 **크기 n의 주어진 배열 v[ ]의 평균을 구하되 음수 값은 제외하여 구하는 함수 arrcsum( )을 만들고, 이를 이용하여 [스텝 3-2-2]의 프로그램을 재작성해보자.**

s-3-2-22.c → q-3-2-22.c

```
main( )
{
  int  x[ ] = { 11, 13, 12, 11, 14,
                11, -1, 13, 11, 11};
  int  s, i;
  for (i = s =0; i < 10; i = i +1) {
    if (x[i] < 0)
        continue;
    s = s + x[i];
  }
  printf("s=%d \n", s);
}
```

```
int  arrcsum(int  v[ ],  int  n)
{
  int  s, i;
  for (i = s =0; i < n; i = i +1) {
    if (v[i] < 0)
        continue;
     s = s + v[i];
  }
  return(s);
}
main( ) {
  int  x[ ] = { 11, 13, 12, 11, 14,
                11, -1, 13, 11, 11};
  int  s = arrcsum(x, 10);
  printf("sum=%d \n", s);
}
```

QUIZ 3-2-23 **while 구문을 이용하는 [스텝 3-2-2]의 프로그램에서, i를 -1로 초기화하여 재작성해보자.**

s-3-2-21.c → q-3-2-23.c

```
main( )
{
  int  x[ ] = { 11, 13, 12, 11, 14,
                11, -1, 13, 11, 11};
  int  s = 0, i = 0;
  while (i < 10) {
    if (x[i] < 0) {
        i = i + 1;
        continue;
    }
    s = s + x[i];
    i = i + 1;
  }
  printf("s=%d \n", s);
}
```

```
main( )
{
  int  x[ ] = { 11, 13, 12, 11, 14,
                11, -1, 13, 11, 11};
  int  s = 0, i = -1;
  while (i < 9) {
    i = i + 1;
    if (x[i] < 0) {
        continue;
    }
    s = s + x[i];
  }
  printf("s=%d \n", s);
}
```

QUIZ 3-2-31 아래의 평균들 각각에 대하여, 0~59는 'F', 60~69는 'D', 70~79는 'C', 80~89는 'B', 90~100은 'A'를 switch 문을 이용해 출력해보자.

78 48 100 82 60 59 91 80 89 73

q-3-2-31.c

```
main( )
{
    int   avg[ ] = { 74, 48, 10, 82, 60, 59, 91,
                                        80, 89, 73 };
    int   i, t, deg;

    for (i = 0; i < 10; i = i + 1) {
        t = avg[i] / 10;
        switch ( t ) {
        default:
            deg = 'F' ;
            break;
        case 6:
            deg = 'D' ;
            break;
        case 7:
            deg = 'C' ;
            break;
        case 8:
            deg = 'B' ;
            break;
        case 9:
        case 10:
            deg = 'A' ;
        }
        printf("%d → %c \n", avg[i], deg);
    }
}
```

QUIZ 3-2-32 **아래의 수들에 대하여, 5로 나눴을 때 나머지가 0 혹은 1인 것, 2 혹은 3인 것, 그리고 4인 것 등 총 세 부류로 나누어 개수를 카운트하고 싶다. switch 문을 이용해 출력해보자(위 데이터 사용).**

q-3-2-32.c

```
main( )
{
    int   x[ ] = { 74, 48, 10, 82, 60, 59, 91,
                                     80, 89, 73 };
    int   c01 = 0, c23 = 0, c4 = 0, i;
    for (i = 0; i < 10; i = i + 1) {
        switch (x[i] % 5) {
        case 0: case 1:
              c01 = c01 + 1; break;
        case 2: case 3:
              c23 = c23 + 1; break;
        default:
              c4 = c4 + 1;
        }
    }
    printf("c01=%d, c23=%d, c4=%d \n", c01, c23, c4);
}
```

QUIZ 3-2-41 **3항 연산문을 이용하여, 두 정수 x, y를 입력 받아 그 합이 100보다 크면 "Yes"를, 아니면 "No"를 출력하는 프로그램을 작성해보자.**

q-3-2-41.c

```
main( )
{
    int   x, y;
    scanf("%d,%d", &x, &y);
    (x + y > 100) ? printf("Yes \n") : printf("No \n");
}
```

QUIZ 3-2-42 **입력된 정수 n까지의 모든 정수를 더하되, 짝수와 홀수를 구별하여 각각 구하는 프로그램을 if 구문 대신 3항 연산 표현으로 작성해 보자.**

q-3-2-42.c

```
main( )
{
        int   n, i, so = 0, se = 0;
        scanf("%d", &n);
        for (i = 1; i <= n; i = i + 1) {
            ((i % 2) != 0) ? (so = so + i) :
                                        (se = se + i);
        }
        printf("so=%d, se=%d \n", so, se);
}
```

도전 3-2 **다음 조건에 따라 구구단을 출력하는 프로그램을 작성해보자.**

① 3, 4, 6, 7 단은 출력하지 않는다.
② 각 단의 2, 5, 8, 9 번째 줄은 출력하지 않는다.

try-3-20.c

```
main( )
{
        int   i, j;
        for (i = 2; i < 10; i = i + 1) {
            switch ( i ) {
            case 3: case 4: case 6: case 7:
                  continue;
            }
            for (j = 2; j < 10; j = j + 1) {
                switch ( j ) {
                case 3: case 5: case 8: case 9:
                     continue;
                }
                printf("%2d x %2d =%2d \n", i, j, i*j);
            }
        }
}
```

과 제 3-2-1 **입력된 두 정수 n1부터 n2까지(n1 < n2)의 모든 정수의 합 s와 7의 배수의 개수 c7을 구하되 3의 배수는 제외하는 프로그램 작성.**

h-3-2-10.c

```
main( )
{
      int    n1, n2, i, s = 0, c7 = 0;
      scanf("%d,%d", &n1, &n2);
      for (i = n1; i <= n2; i = i + 1) {
            if ((i % 3) == 0)
                  continue;
            s = s + i;
            if ((i %7) == 0)
                  c7 = c7 + 1;
      }
      printf("s=%d, c7=%d \n", s, c7);
}
```

과 제 3-2-2 **입력된 두 정수 n1부터 n2까지(n1 < n2)의 모든 정수에 대하여, 4로 나누었을 때의 나머지가 0~3인 수들의 개수 각각(c0~c3)을 구하는 프로그램 작성.**

h-3-2-20.c

```
main( )
{
      int    n1, n2, i, c0, c1, c2, c3;
      scanf("%d,%d", &n1, &n2);
      c0 = 0; c1 = 0; c2 = 0; c3 = 0;
      for (i = n1; i <= n2; i = i + 1) {
            switch (i % 4) {
            case 0: c0 = c0 + 1;
                    break;
            case 1: c1 = c1 + 1;
                    break;
            case 2: c2 = c2 + 1;
                    break;
            case 3: c3 = c3 + 1;
            }
      }
      printf("c0=%d, c1=%d, c2=%d, c3=%d \n",
                                    c0, c1, c2, c3);
}
```

과 제 3-2-3 **키보드에서 정수를 하나씩 입력 받아 이들 정수들의 총합 s를 구하는 프로그램 작성(단, 0이 입력되면 마지막으로 간주함).**

h-3-2-31.c

```
main( )
{
  int   n, s = 0;
  while ( 1 ) {
      scanf("%d", &n);
      if ( !n )
          break;
      s = s + n;
  }
  printf("s=%d \n", s);
}
```

h-3-2-32.c

```
main( )
{
  int   n, s = 0;
  for (  ;  ;  ) {
      scanf("%d", &n);
      if (n == 0)
          break;
      s = s + n;
  }
  printf("s=%d \n", s);
}
```

h-3-2-33.c

```
main( )
{
  int   n, s = 0;
  scanf("%d", &n);
  while ( n != 0 ) {
      s = s + n;
      scanf("%d", &n);
  }
  printf("s=%d \n", s);
}
```

과 제 3-2-4 **2부터, 입력된 정수 n(2 < n)까지의 모든 정수 중 소수의 개수 pn을 구하는 프로그램 작성.**

h-3-2-40.c

```
main( )
{
    int   n, pn, i, j;
    scanf("%d", &n);
    for (i = 2, pn = 0; i <= n; i = i + 1) {
        for (j = 2; j <= i / 2; j = j + 1) {
            if ((i % j) == 0)
                break;
        }
        if (j > i / 2)
            pn = pn + 1;
    }
    printf("2 ~ %d : %d \n", n, pn);
}
```

QUIZ 3-3-1 **위 [스텝 3-3-1] 프로그램의 intsum( ) 함수가 n2+...+n1 형태로 구하도록 재작성해보자.**

s-3-3-12.c → q-3-3-1.c

```
int  intsum(int  n1, int  n2)
{
    int   s = 0, i;
    for (i = n1; i <= n2; i++ )
       s += i;
    return(s);
}
main( )
{
    int   x, y, s;
    scanf("%d,%d", &x, &y);
    s = intsum(x, y);
    printf("Sum of %d~%d=%d \n",
                          x, y, s);
}
```

```
int  intsum(int  n1, int  n2)
{
    int   s = 0, i;
    for (i = n2; i >= n1; i--)
       s += i;
    return(s);
}
main( )
{
    int   x, y, s;
    scanf("%d,%d", &x, &y);
    s = intsum(x, y);
    printf("Sum of %d~%d=%d \n",
                          x, y, s);
}
```

QUIZ 3-3-21 **입력된 반지름 r과 높인 h인 원뿔에 대해서 밑면적 s와 부피 v를 구하는 프로그램을 작성해보자(지정문의 대표 값을 활용할 것).**

q-3-3-20.c → q-3-3-21.c

```
main( )
{
    int     r, h;
    float   s, v;
    scanf("%d,%d", &r, &h);
    s = 3.14 * r * r;
    v = s * h;
    printf("r=%d,h=%d,s=%f,v=%f \n",
                          r, h, s, v);
}
```

```
main( )
{
    int     r, h;
    float   s, v;
    scanf("%d,%d", &r, &h);
    v = (s = 3.14 * r * r) * h;
    printf("r=%d,h=%d,s=%f,v=%f \n",
                          r, h, s, v);
}
```

QUIZ 3-3-22 **[STEP 3-3-1]의 intsum( ) 함수를 이용하여 17~39, 49~61, 73~97 구간 각각의 합 s1, s2, s3와 전체 합 st를 구하는 프로그램을 작성해보자(지정문의 대표 값을 활용할 것).**

q-3-3-22.c

```
int  intsum(int  n1, int  n2)
{
    int   s = 0, i;
    for (i = n1; i <= n2; i++)
        s += i;
    return(s);
}
main( )
{
    int  s1, s2, s3, st;
    st = (s1  = intsum(17, 39)) + (s2  = intsum(49, 61)) +
         (s3  = intsum(73, 97));
    printf("s1=%d, s2=%d, s3=%d, st=%d \n",
                                    s1, s2, s3, st);
}
```

도전 3-3 **다음과 같은 수열의 제 n항(1 ≤ n)을 구하는 함수 serian( )를 만들고, 이를 이용하여 7, 8, 8 항을 구하는 프로그램을 작성해보자.**

1 _ 2 _ 4 _ 7 _ 11 _ 16 _ 22 . . .
1 2 3 4 5 6

try-3-30.c

```
int  serian(int  n)
{
    int   an = 1, d;
    for (d = 1; d <= n; d++)
        an += d;
    return(an);
}
main( )
{
    int   a7, a8, a9;
    a7 = serian(7), a8 = serian(8), a9 = serian(9);
    printf("a7=%d, a8=%d, a9=%d \n", a7, a8, a9);
}
```

과 제 3-3-1 **다음 수식에 대해 제 n항(1 ≤ n)까지의 합을 구하는 함수 serisum( )을 만들고, 이를 이용하여 5, 6, 7 항까지의 각 합을 구하는 프로그램 작성.** 1 - 2 + 3 - 4 + 5 - 6 . . .

h-3-3-10.c

```
int  serisum(int  n)
{
     int   s, i, t;
     for (i = 1, s = 0, t = 1; i <= n; i++)
          s += i * t,  t *= - 1;
     return(s);
}
main( )
{
   int   s5, s6, s7;
   s5 = serisum(5), s6 = serisum(6), s7 = serisum(7);
   printf("s5=%d, s6=%d, s7=%d \n", s5, s6, s7);
}
```

과 제 3-3-2 **뺄셈을 이용하여 주어진 정수 n을 정수 d로 나누었을 때의 나머지를 구하는 함수 intmod( )를 만들고, 이를 이용하여 입력된 정수 x의 약수를 모두(1과 x 제외) 구하는 프로그램 작성.**

h-3-3-20.c

```
int  intmod(int  n, int  d)
{
      while (n >= d)
           n -= d;
      return(n);
}
main( )
{
      int   x, i;
      scanf("%d", &x);
      for (i = 2; i <= x / 2; i++)
           if (intmod(x, i) == 0)
                printf("%d  ", i);
}
```

과 제 3-3-3 **주어진 금액 w에 대응되는 10,000, 1,000, 100, 10, 1원 등 5 종류 화폐 각각의 개수를 구해주는 함수 intwon( )을 만들고(고액권 우선 배정), 이를 이용하여 입력된 금액 x를 위한 종류별 지폐의 개수를 구하는 프로그램 작성.**

h-3-3-30.c

```
void  intwon(int  w, int  r[ ])
{
      int    i, d;
      for (i = 0, d = 10000; i < 5; i++) {
           r[i] = w / d;
           w -= r[i] * d;
           d /= 10;
      }
}
main( )
{
      int    x, r[5], i, d;
      scanf("%d", &x);
      intwon(x, r);
      for (i = 0, d = 10000; i < 5; i++, d /= 10)
           printf("%5d→%d \n", d, r[i]);
}
```

단원 정리

제 5 장

알고리즘,
그 창작의 세계

ALGO 5-1-1 **1 + 2 + 3 + … + 100의 합을 구하는 아래 각 알고리즘들의 빈 칸을 채워보자.**

```
i = 0
J = 0
loop:
    i = i + 1
    [ ① ]
    if ( i < [ ② ] )
        goto loop
PRINT J
```

```
i = 0
J = 0
loop:
    [ ③ ]
    i = i + 1
    if ( i < [ ④ ] )
        goto loop
PRINT J
```

```
i = 1
J = 0
loop:
    [ ⑤ ]
    i = i + 1
    if ( i < [ ⑥ ] )
        goto loop
PRINT J
```

```
i = 1
J = 0
loop:
    i = i + 1
    [ ⑦ ]
    if ( i < [ ⑧ ] )
        goto loop
PRINT J
```

1. 카운터 변수와 초기값은?
2. 누적 합산 변수는?
3. 누적을 먼저 시킬 것인가, 카운트를 먼저 할 것인가?

ALGO 5-1-2 **1 + 3 + 5 + … + 99의 합을 구하는 아래 각 알고리즘들의 빈 칸을 채워보자.**

```
      i = 1
      J = 0
loop:
      ①
      i = i + 2
      if ( i < ② )
          goto loop
      PRINT J
```

```
      ③
      J = 0
loop:
      J = J + i + 1
      i = i + 2
      if ( i < ④ )
          goto loop
      PRINT J
```

```
      ⑤
      J = 0
loop:
      i = i + 2
      J = J + i
      if ( i < ⑥ )
          goto loop
      PRINT J
```

```
      i = 0
      J = 0
loop:
      i = i + 2
      ⑦
      if ( i < ⑧ )
          goto loop
      PRINT J
```

1. 카운터 변수와 초기값은?
2. 누적 합산 변수는?
3. 누적을 먼저 시킬 것인가, 카운트를 먼저 할 것인가?

ALGO 5-1-3 **1 - 3 + 5 - 7 + 9 … + 99의 합을 구하는 아래 각 알고리즘들의 빈 칸을 채워보자.**

```
i = 1
J = 0
SW = 0
loop:
    if ( ① ) {
        J = J - i
        SW = 0
    }
    else {
        J = J + i
        ②
    }
    i = i + 1
    if (i <  99 )
        goto loop
PRINT J
```

```
i = 1
J = 0
SW = 1
loop:
    J = J + i * SW
    ③
    i = i + 1
    if (i <  99 )
        goto loop
PRINT J
```

```
i = 1
J = 0
loop:
    J = J + i
    i = i + 1
    ④
    if ( ABS( i ) < 99 )
        goto loop
PRINT J
```

1. 토글 스위칭이란?
2. 곱셈에서 (-1)의 성질 및 역할은?
3. 스위치를 독립된 변수에 둘 것인가, 카운터가 겸하도록 할 것인가?
4. ABS(X)는 X의 절대값을 알려준다.

ALGO 5-2-1 입력된 정수 A의 모든 약수를 구하는 다음 알고리즘들의 빈 칸을 채워보자.

```
DCL   R(100)
READ A
B = 1
C = 0
loop:
    if ( B > A )
        goto  out
    if ( MOD(A, B) = 0)
        ①
        R(C) = B
    }
    ②
    goto loop
out:
반복                i = 1, C, 1
    PRINT R(i)
```

```
DCL   R(100)
READ A
③
C = 0
loop:
    B = B + 1
    if ( B > A )
        goto  out
    if ( MOD(A, B) = 0)
        ④
        R(C) = B
    }
    goto loop
out:
반복                i = 1, C, 1
    PRINT R(i)
```

1. 제수와 피제수 변수는?
2. 약수의 보관 및 개수 변수는?
3. 일반적인 알고리즘 표현에서 배열의 첨자는 1부터 시작한다.
4. MOD(X, Y)의 결과는 X를 Y로 나누었을 때의 나머지를 알려준다.
   (Q = INT(X/Y), X - Q * Y 로 개산할 수 있음)

ALGO 5-2-2 **입력된 정수 A(A > 1)를 소인수 분해하는 다음 알고리즘들의 빈 칸을 채워보자(단, 어떤 정수 N의 약수 중, 1과 자신을 제외한 약수의 크기는 N의 제곱근보다 크지 않다는 사실을 이용할 것).**

```
    DCL   R(100)
    READ A
    C = 0
loop1:
    if ( ① )
        goto out
    B = 2
loop2:
    if ( B > SQR(A) )
        ②
    if ( MOD(A, B) = 0 ) {
        C = C + 1
        R(C) = B
        A = A / B
        goto loop1
    }
    B = B + 1
    goto loop2
out:
반복              i = 1, C, 1
    PRINT R(i)
```

```
    DCL   R(100)
    READ A
    C = 0
loop1:
    B = 2
loop2:
    if ( B > SQR(A))
        ③
    if ( MOD(A, B) = 0 ) {
        C = C + 1
        R(C) = B
        if ( ④ )
            goto out
        A = A / B
        goto loop1
    }
    B = B + 1
    goto loop2
out:
반복              i = 1, C, 1
    PRINT R(i)
```

1. 약수용 변수는?
2. 약수의 보관 및 개수 변수는?
3. SQR(X)는 X의 제곱근을 알려준다.

ALGO 5-2-3 **10개의 데이터가 저장된 배열 A( )에서 입력된 정수 B에 가장 가까운 수를 찾는 다음 알고리즘들의 빈 칸을 채워보자.**

```
    DCL   A(10)
    READ A(1)~A(10)
    READ B
    ①
    C = A(1)
    i = 2
loop:
    if ( i > 10)
        goto out
    if ( GAP > ABS(A(i) – B) ) {
        GAP = ABS(A(i) – B)
        ②
    }
    i = i + 1
    goto loop
out:
    PRINT C
```

1. 현재까지 가장 가까운 수를 보관하는 변수는?
2. 현재까지 가장 가까운 수와 B와의 차이를 보관하는 변수는?
3. ABS(X)는 X의 절대값을 알려준다.

ALGO 5-2-4 **1~100 수들 중에서 3의 배수인 동시에 5의 배수인 수들을 출력하는 다음 알고리즘들의 빈 칸을 채워보자.**

```
    i = 0
loop:
    if ( ① )
        stop
    i = i + 1
    m3 = MOD(i, 3)
    m5 = MOD(i, 5)
    ②
    if ( m35 = 0 )
        PRINT i
    goto loop
```

```
    i = 0
loop:
    i = i + 1
    if ( ③ )
        stop
    m3 = MOD(i, 3)
    m5 = MOD(i, 5)
    ②
    if ( m35 = 0 )
        PRINT i
    goto loop
```

```
    ④
loop:
    if ( i = 100 )
        stop
    m3 = MOD(i, 3)
    m5 = MOD(i, 5)
    if ( ⑤ )
        PRINT i
    i = i + 1
    goto loop
```

```
    ④
loop:
    if ( i = 100 )
        stop

    if ( ⑥ )
        PRINT i
    i = i + 1
    goto loop
```

1	2	3	4	5
6	7	8	9	10
11	12	13	14	15
16	17	18	19	20

ALGO 5-3-1 옆 그림과 같이 4 x 5 행렬 a 에 값을 설정하고 싶다. 아래 프로그램들의 빈 칸을 채워보자(a-5-3-11.c ~ a-5-3-14.c).

```
main( )
{
    int  a[4][5], i, j, n;
    n = ①
    for (i = 0; i < 4; i++) {
       for (j = 0; j < 5; j++)
         a[i][j] = n++;
    }
    for (i = 0; i < 4; i++) {
       for (j = 0; j < 5; j++)
          printf(" %3d", a[i][j]);
       printf("\n");
    }
}
```
(a-5-3-11.c)

```
main( )
{
    int  a[4][5], i, j, n;
    n = 0;
    for (i = 0; i < 4; i++) {
       for (j = 0; j < 5; j++)
         a[i][j] = ②
    }
    for (i = 0; i < 4; i++) {
       for (j = 0; j < 5; j++)
          printf(" %3d", a[i][j]);
       printf("\n");
    }
}
```
(a-5-3-12.c)

```
main( )
{
    int  a[4][5], i, j;
    for (i = 0; i < 4; i++) {
       for (j = 0; j < 5; j++)
         a[i][j] = ③
    }
    for (i = 0; i < 4; i++) {
       for (j = 0; j < 5; j++)
          printf(" %3d", a[i][j]);
       printf("\n");
    }
}
```
(a-5-3-13.c)

```
main( )
{
    int  a[4][5], i, j;
    for (j = 0; j < 5; j++) {
       for (i = 0; i < 4; i++)
         a[i][j] = ④
    }
    for (i = 0; i < 4; i++) {
       for (j = 0; j < 5; j++)
          printf(" %3d", a[i][j]);
       printf("\n");
    }
}
```
(a-5-3-14.c)

ALGO 5-3-2 **옆 그림과 같이 4 x 5 행렬 a에 값을 설정하고 싶다. 아래 프로그램들의 빈 칸을 채워보자**(a-5-3-21.c ~ a-5-3-24.c).

1	5	9	13	17
2	6	10	14	18
3	7	11	15	19
4	8	12	16	20

```
main( )
{
    int  a[4][5], i, j, n;
    n = 1;
    for (j = 0; j < 5; j++) {
      for (i = 0; i < 4; i++)
        a[i][j] = ①
    }
    for (i = 0; i < 4; i++) {
      for (j = 0; j < 5; j++)
        printf(" %3d", a[i][j]);
      printf("₩n");
    }
}                              (a-5-3-21.c)
```

```
main( )
{
    int  a[4][5], i, j, n;
    n = ②
    for (j = 0; j < 5; j++) {
      for (i = 0; i < 4; i++)
        a[i][j] = ++n;
    }
    for (i = 0; i < 4; i++) {
      for (j = 0; j < 5; j++)
        printf(" %3d", a[i][j]);
      printf("₩n");
    }
}                              (a-5-3-22.c)
```

```
main( )
{
    int  a[4][5], i, j;
    for (j = 0; j < 5; j++) {
      for (i = 0; i < 4; i++)
        a[i][j] = ③
    }
    for (i = 0; i < 4; i++) {
      for (j = 0; j < 5; j++)
        printf(" %3d", a[i][j]);
      printf("₩n");
    }
}                              (a-5-3-23.c)
```

```
main( )
{
    int  a[4][5], i, j;
    for (i = 0; i < 4; i++) {
      for (j = 0; j < 5; j++)
        a[i][j] = ④
    }
    for (i = 0; i < 4; i++) {
      for (j = 0; j < 5; j++)
        printf(" %3d", a[i][j]);
      printf("₩n");
    }
}                              (a-5-3-24.c)
```

ALGO 5-3-3 **옆 그림과 같이 4 x 5 행렬 a 에 값을 설정하고 싶다. 아래 프로그램들의 빈 칸을 채워보자**(a-5-3-31.c ~ a-5-3-32.c).

1	2	3	4	5
10	9	8	7	6
11	12	13	14	15
20	19	18	17	16

```
main( )
{
  int  a[4][5], i, j, n, sw;
  n = 1; ①
  for (i = 0; i < 4; i++) {
    if (sw) {
      for (j = 0; j <5; j++)
        a[i][j] = n++;
    }
    else {
      for (j = 4; j >= 0; j--)
        a[i][j] = n++;
    }
    sw = ②
  }

  for (i = 0; i < 4; i++) {
      for (j = 0; j < 5; j++)
         printf(" %3d", a[i][j]);
      printf("₩n");
  }
}                                  (a-5-3-31.c)
```

```
main( )
{
  int  a[4][5], i, j, n, sw;
  ③
  for (i = 0; i < 4; i++) {
      if (sw == 1)
         n = i * 5 + 1;
      else
         n = (i + 1) * 5;

      for (j = 0; j < 5; j++) {
         a[i][j] = n;
         n += sw;
      }

      sw = ④
  }

  for (i = 0; i < 4; i++) {
      for (j = 0; j < 5; j++)
         printf(" %3d", a[i][j]);
      printf("₩n");
  }
}                                  (a-5-3-32.c)
```

ALGO 5-3-4 **옆 그림과 같이 4 x 5 행렬 a에 값을 설정하고 싶다. 아래 프로그램들의 빈 칸을 채워보자**(a-5-3-4.c).

1	2	3	4	5
14	15	16	17	6
13	20	19	18	7
12	11	10	9	8

```
main( )
{
    int  a[4][5], i, j, n, sw, L, R, U, D;
    n =1,  sw =1, L=0, R=4, U=0, D=3;
    while (L <= U && U <= D) {
        if (sw == 1) {
            for (j = L; j <= R; j++)
                a[U][j] = n++;
            for (i = U+1; i <= D; i++)
                a[i][R] = n++;
            R--, U++;
        }
        else {
            for (j = R; j >= L; j--)
                a[D][j] = n++;
            for (i = D-1; i >= U; i--)
                a[i][L] = n++;
            ①
        }
        ②
    }
    for (i = 0; i < 4; i++) {
        for (j = 0; j < 5; j++)
            printf("  %2d", a[i][j]);
        printf("₩n");
    }
}                                          (a-5-3-4.c)
```

ALGO 5-4-1 **옆 그림과 같이 5 x 5 행렬 a에 값을 설정하고 싶다. 아래 프로그램들의 빈 칸을 채워보자**(a-5-4-11.c ~ a-5-4-12.c).

1				
2	3			
4	5	6		
7	8	9	10	
11	12	13	14	15

```
main( )
{
    int  a[5][5]={0}, i, j, n;
    n = 1;
    for (i = 0; i < 5; i++) {
      for (j = 0; j<5 ; j++) {
        if ( ① )
            break;
        a[i][j] = n++;
      }
    }
    for (i = 0; i < 5; i++) {
      for (j = 0; j < 5; j++)
        printf(" %3d", a[i][j]);
      printf("₩n");
    }
}                          (a-5-4-11.c)
```

```
main( )
{
    int  a[5][5] ={0}, i, j, n;
    n = 0;

    for (i = 0; i < 5; i++) {

      for (j = 0; ② ; j++)

          a[i][j] = ++n;

    }

    for (i = 0; i < 5; i++) {
      for (j = 0; j < 5; j++)
        printf(" %3d", a[i][j]);
      printf("₩n");
    }
}                          (a-5-4-12.c)
```

ALGO 5-4-2 **옆 그림과 같이 5 x 5 행렬 a에 값을 설정하고 싶다. 아래 프로그램들의 빈 칸을 채워보자**(a-5-4-21.c ~ a-5-4-23.c).

1				
3	2			
6	5	4		
10	9	8	7	
15	14	13	12	11

```
main( )
{
    int  a[5][5]={0}, i, j, n;
    n = 1;
    for (i = 0; i < 5; i++) {
      for (j = 4; j>=0 ; j--) {
        if ( ① )
            continue;
        a[i][j] = n++;
      }
    }
    for (i = 0; i < 5; i++) {
      for (j = 0; j < 5; j++)
        printf(" %3d", a[i][j]);
      printf("₩n");
    }
}                              (a-5-4-21.c)
```

```
main( )
{
    int  a[5][5]={0}, i, j, n;
    n = 0;
    for (i = 0; i < 5; i++) {
      for (j = i; ② ; j--)
        a[i][j] = ++n;
    }
    for (i = 0; i < 5; i++) {
      for (j = 0; j < 5; j++)
        printf(" %3d", a[i][j]);
      printf("₩n");
    }
}                              (a-5-4-22.c)
```

```
main( )
{
    int  a[5][5]={0}, i, j, n;
    n = 0;
    for (i = 0; i < 5; i++) {
      for (j = 0; ③ ; j++)
        a[i][i-j] = ++n;
    }
    for (i = 0; i < 5; i++) {
      for (j = 0; j < 5; j++)
        printf(" %3d", a[i][j]);
      printf("₩n");
    }
}                              (a-5-4-23.c)
```

ALGO 5-4-3 **옆 그림과 같이 5 x 5 행렬 a에 값을 설정하고 싶다. 아래 프로그램들의 빈 칸을 채워보자**(a-5-4-31.c ~ a-5-4-32.c).

1	2	3	4	5
	6	7	8	9
		10	11	12
			13	14
				15

```
main( )
{
    int  a[5][5]={0}, i, j, n;
    n = 1;
    for (i = 0; i < 5; i++) {
      for (j = 0; j<5 ; j++) {
        if ( ①      )
            continue;
        a[i][j] = n++;
      }
    }
    for (i = 0; i < 5; i++) {
      for (j = 0; j < 5; j++)
        printf(" %3d", a[i][j]);
      printf("₩n");
    }
}                    (a-5-4-31.c)
```

```
main( )
{
    int  a[5][5]={0}, i, j, n;
    n = 0;

    for (i = 0; i < 5; i++) {

      for ( ②      ; j<5 ; j++)

          a[i][j] = ++n;

    }

    for (i = 0; i < 5; i++) {
      for (j = 0; j < 5; j++)
        printf(" %3d", a[i][j]);
      printf("₩n");
    }
}                    (a-5-4-32.c)
```

ALGO 5-4-4 **옆 그림과 같이 5 x 5 행렬 a에 값을 설정하고 싶다. 아래 프로그램들의 빈 칸을 채워보자**(a-5-4-41.c ~ a-5-4-43.c).

5	4	3	2	1
	9	8	7	6
		12	11	10
			14	13
				15

```
main( )
{
    int  a[5][5]={0}, i, j, n;
    n = 1;
    for (i = 0; i < 5; i++) {
      for (j = 4; 0<=j; j--) {
        if ( ① )
            continue;
        a[i][j] = n++;
      }
    }
    for (i = 0; i < 5; i++) {
      for (j = 0; j < 5; j++)
        printf(" %d3", a[i][j]);
      printf("₩n");
    }
}                                   (a-5-4-41.c)
```

```
main( )
{
    int  a[5][5]={0}, i, j, n;
    n = 0;
    for (i = 0; i < 5; i++) {
      for (j = 4; ② ; j--)
          a[i][j] = ++n;
    }
    for (i = 0; i < 5; i++) {
      for (j = 0; j < 5; j++)
        printf(" %3d", a[i][j]);
      printf("₩n");
    }
}                                   (a-5-4-42.c)
```

```
main( )
{
    int  a[5][5]={0}, i, j, n;
    n = 0;
    for (i = 0; i < 5; i++) {
      for (j = i;  j < 5 ; j++)
          a[i][ ③ ] = ++n;
    }
    for (i = 0; i < 5; i++) {
      for (j = 0; j < 5; j++)
        printf(" %3d", a[i][j]);
      printf("₩n");
    }
}                                   (a-5-4-43.c)
```

ALGO 5-5-1 **옆 그림과 같이 5 x 5 행렬 a에 값을 설정하고 싶다. 아래 프로그램들의 빈 칸을 채워보자**(a-5-5-11.c ~ a-5-5-12.c).

11	12	13	14	15
	7	8	9	10
		4	5	6
			2	3
				1

```
main( )
{
    int  a[5][5]={0}, i, j, n;
    n = 1;
    for (i = 4; i >= 0; i--) {
      for (j = 0; j < 5; j++) {
        if ( ① )
            continue;
        a[i][j] = n++;
      }
    }
    for (i = 0; i < 5; i++) {
      for (j = 0; j < 5; j++)
        printf(" %3d", a[i][j]);
      printf("₩n");
    }
}
```
(a-5-5-11.c)

```
main( )
{
    int  a[5][5]={0}, i, j, n;
    n = 0;

    for (i = 4; i >= 0; i--) {

      for ( ② ; j<5; j++)

          a[i][j] = ++n;

    }

    for (i = 0; i < 5; i++) {
      for (j = 0; j < 5; j++)
        printf(" %3d", a[i][j]);
      printf("₩n");
    }
}
```
(a-5-5-12.c)

ALGO 5-5-2 **옆 그림과 같이 5 x 5 행렬 a 에 값을 설정하고 싶다. 아래 프로그램들의 빈 칸을 채워보자**(a-5-5-21.c ~ a-5-5-23.c).

15	14	13	12	11
	10	9	8	7
		6	5	4
			3	2
				1

```
main( )
{
    int  a[5][5]={0}, i, j, n;
    n = 1;
    for (i = 4; i >=0 ; i--) {
       for (j = 4; j>=0; j--) {
          if ( ① )
              continue;
          a[i][j] = n++;
       }
    }
    for (i = 0; i < 5; i++) {
       for (j = 0; j < 5; j++)
          printf(" %3d", a[i][j]);
       printf("₩n");
    }
}                                    (a-5-5-21.c)
```

```
main( )
{
    int  a[5][5]={0}, i, j, n;
    n = 0;
    for (i = 4; i >= 0; i--) {
       for (j = 4; ② ; j--)
          a[i][j] = ++n;
    }
    for (i = 0; i < 5; i++) {
       for (j = 0; j < 5; j++)
          printf(" %3d", a[i][j]);
       printf("₩n");
    }
}                                    (a-5-5-22.c)
```

```
main( )
{
    int  a[5][5]={0}, i, j, n;
    n = 0;
    for (i = 0; i < 5; i++) {
       for (j = 4-i;  j < 5; j++)
         a[ ③ ][8-i-j]=++n;
    }            /* 4-i  + 4-j */
    for (i = 0; i < 5; i++) {
       for (j = 0; j < 5; j++)
          printf(" %3d", a[i][j]);
       printf("₩n");
    }
}                                    (a-5-5-23.c)
```

ALGO 5-5-3 **옆 그림과 같이 5 x 5 행렬 a 에 값을 설정하고 싶다. 아래 프로그램들의 빈 칸을 채워보자**(a-5-5-31.c ~ a-5-5-33.c).

15				
13	14			
10	11	12		
6	7	8	9	
1	2	3	4	5

```
main( )
{
    int  a[5][5]={0}, i, j, n;
    n = 1;
    for (i = 4; i >= 0; i--) {
      for (j = 0; j < 5; j++) {
        if ( ① )
            break;
        a[i][j] = n++;
      }
    }
    for (i = 0; i < 5; i++) {
      for (j = 0; j < 5; j++)
        printf(" %d3", a[i][j]);
      printf("₩n");
    }
}                           (a-5-5-31.c)
```

```
main( )
{
    int  a[5][5]={0}, i, j, n;
    n = 0;
    for (i = 4; i >= 0; i--) {
      for ( j=0; ② ; j++)
          a[i][j] = ++n;
    }
    for (i = 0; i < 5; i++) {
      for (j = 0; j < 5; j++)
        printf(" %3d", a[i][j]);
      printf("₩n");
    }
}                           (a-5-5-32.c)
```

```
main( )
{
    int  a[5][5]={0}, i, j, n;
    n = 0;
    for (i = 0; i < 5; i++) {
      for ( j=0; j < 5-i ; j++)
          a[ ③ ][j]=++n;
    }
    for (i = 0; i < 5; i++) {
      for (j = 0; j < 5; j++)
        printf(" %3d", a[i][j]);
      printf("₩n");
    }
}                           (a-5-5-33.c)
```

ALGO 5-5-4 **옆 그림과 같이 5 x 5 행렬 a에 값을 설정하고 싶다. 아래 프로그램들의 빈 칸을 채워보자**(a-5-5-41.c ~ a-5-5-43.c).

15				
14	13			
12	11	10		
9	8	7	6	
5	4	3	2	1

```
main( )
{
    int   a[5][5]={0}, i, j, n;
    n = 1;
    for (i = 4; i >= 0; i--) {
       for (j = 4; j>=0;  j--) {
          if ( ① )
              continue;
          a[i][j] = n++;
       }
    }
    for (i = 0; i < 5; i++) {
       for (j = 0; j < 5; j++)
          printf(" %3d", a[i][j]);
       printf("₩n");
    }
}
```
(a-5-5-41.c)

```
main( )
{
    int   a[5][5]={0}, i, j, n;
    n = 0;
    for (i = 4; i >= 0; i--) {
       for ( j=i; ② ; j--)
           a[i][j] = ++n;
    }
    for (i = 0; i < 5; i++) {
       for (j = 0; j < 5; j++)
          printf(" %3d", a[i][j]);
       printf("₩n");
    }
}
```
(a-5-5-42.c)

```
main( )
{
    int   a[5][5]={0}, i, j, n;
    n = 0;
    for (i = 0; i < 5; i++) {
       for ( j=0; j < 5-i ; j++)
          a[4-i][ ③ ]=++n;
    }
    for (i = 0; i < 5; i++) {
       for (j = 0; j < 5; j++)
          printf(" %3d", a[i][j]);
       printf("₩n");
    }
}
```
(a-5-5-43.c)

ALGO 5-6-1 **옆 그림과 같이 5 x 5 행렬 a에 값을 설정하고 싶다. 아래 프로그램들의 빈 칸을 채워보자**(a-5-6-11.c ~ a-5-6-12.c).

1	2	3	4	5
	6	7	8	
		9		
	10	11	12	
13	14	15	16	17

```
main( )
{
    int  a[5][5]={0}, i, j,n;
    int  L, R;
    n = 1, L = 0, R = 4;
    for (i = 0; i < 5; i++) {
        for (j=L; j<=R; j++) {
            a[i][j] = n++;
        }
        if (i < (5 / 2))
            ①
        else
            ②
    }
    for (i = 0; i < 5; i++) {
        for (j = 0; j < 5; j++)
            printf(" %3d", a[i][j]);
        printf("₩n");
    }
}                                   (a-5-6-11.c)
```

```
main( )
{
    int  a[5][5]={0}, i, j,t,n;
    n = 1;
    t = 0;
    for (i = 0; i < 5; i++) {
        for (j=t; j<5-t; j++) {
            a[i][j] = n++;
        }
        if (i < (5 / 2))
            ③
        else
            ④
    }
    for (i = 0; i < 5; i++) {
        for (j = 0; j < 5; j++)
            printf(" %3d", a[i][j]);
        printf("₩n");
    }
}                                   (a-5-6-12.c)
```

ALGO 5-6-2 옆 그림과 같이 5 x 5 행렬 a 에 값을 설정하고 싶다. 아래 프로그램들의 빈 칸을 채워보자(a-5-6-21.c ~ a-5-6-22.c).

17				5
16	12		8	4
15	11	9	7	3
14	10		6	2
13				1

```
main( )
{
    int  a[5][5]={0}, i, j,n;
    int  D, U;
    n = 1, D = 4, U = 0;
    for (j = 4; j >=0; j--) {
        for (i=D;  i>=U;  i--) {
            a[i][j] = n++;
        }
        if (j > (5 / 2))
            ①
        else
            ②
    }
    for (i = 0; i < 5; i++) {
        for (j = 0; j < 5; j++)
            printf(" %3d", a[i][j]);
        printf("₩n");
    }
}                                  (a-5-6-21.c)
```

```
main( )
{
    int  a[5][5]={0}, i, j,t,n;
    n = 1;
    t = ③
    for (j = 4; j >=0; j--) {
        for ( ④ ; i>=t; i--){
            a[i][j] = n++;
        }
        if (j > (5 / 2))
            t++;
        else
            t--;
    }
    for (i = 0; i < 5; i++) {
        for (j = 0; j < 5; j++)
            printf(" %3d", a[i][j]);
        printf("₩n");
    }
}                                  (a-5-6-22.c)
```

ALGO 5-6-3 **옆 그림과 같이 5 x 5 행렬 a에 값을 설정하고 싶다. 아래 프로그램들의 빈 칸을 채워보자**(a-5-6-31.c ~ a-5-6-32.c).

		1		
	2	3	4	
5	6	7	8	9
	10	11	12	
		13		

```
main( )
{
    int  a[5][5]={0}, i, j,n;
    int  L, R;
    n = 0; ①
    for (i = 0; i < 5; i++) {
      for (j=L;  j<=R;  j++) {
          a[i][j] = ++n;
      }
      if ( ② )
          L++, R--;
      else
          L--, R++;
    }
    for (i = 0; i < 5; i++) {
      for (j = 0; j < 5; j++)
        printf(" %3d", a[i][j]);
      printf("₩n");
    }
}                         (a-5-6-31.c)
```

```
main( )
{
    int  a[5][5]={0}, i, j,t,n;
    n = 1;
  ③
    for (i = 0; i < 5; i++) {
      for ( j=4-t; j<=t; j++) {
          a[i][j] = n++;
      }
      if ( ④ )
          t++;
      else
          t--;
    }
    for (i = 0; i < 5; i++) {
      for (j = 0; j < 5; j++)
        printf(" %3d", a[i][j]);
      printf("₩n");
    }
}                         (a-5-6-32.c)
```

ALGO 5-6-4 **옆 그림과 같이 5 x 5 행렬 a 에 값을 설정하고 싶다. 아래 프로그램들의 빈 칸을 채워보자**(a-5-6-41.c ~ a-5-6-42.c).

		9		
	4	8	12	
1	3	7	11	13
	2	6	10	
		5		

```
main( )
{
    int  a[5][5]={0}, i, j,n;
    int  D, U;
    n = 1; D = U = 5/2;
    for (j = 0; j < 5; j++) {
      for (i=D; [ ① ] ; i--) {
           a[i][j] = n++;
      }
      if ( [ ② ] )
           D--, U++;
      else
           D++, U--;
    }
    for (i = 0; i < 5; i++) {
      for (j = 0; j < 5; j++)
         printf(" %3d", a[i][j]);
      printf("₩n");
    }
}                                  (a-5-6-41.c)
```

```
main( )
{
    int  a[5][5]={0}, i, j,t,n;
    n = 0;
    t = 2;
    for (j = 0; j < 5; j++) {
      for ( i=t; [ ③ ] ; i--) {
           a[i][j] = ++n;
      }
      if ( [ ④ ] )
           t++;
      else
           t--;
    }
    for (i = 0; i < 5; i++) {
      for (j = 0; j < 5; j++)
         printf(" %3d", a[i][j]);
      printf("₩n");
    }
}                                  (a-5-6-42.c)
```

ALGO 5-7-1 **옆 그림과 같이 5 x 5 행렬 a에 값을 설정하고 싶다. 아래 프로그램들의 빈 칸을 채워보자**(a-5-7-11.c ~ a-5-7-12.c).

1	2	4	7	11
3	5	8	12	
6	9	13		
10	14			
15				

```
main( )
{
      int  a[5][5]={0}, i, j, t, n;
      n =1;
      for (j = 0; j < 5; j++) {
          for (i = 0,  t = j  ; [ ① ] ; i++, t--)
               a[i][t] = n++;  /*i<=j*/
      }

      for (i = 0; i < 5; i++) {
          for (j = 0; j < 5; j++)
             printf(" %3d", a[i][j]);
          printf("₩n");
      }
}                                              (a-5-7-11.c)
```

```
main( )
{
      int  a[5][5]={0}, i, j, t, n;
      n =1;
      for (t = 0; t < 5; t++) {
          for (i = 0,  j = t  ; [ ② ] ; i++, j--)
               a[i][j] = n++;  /*j>=0*/
      }

      for (i = 0; i < 5; i++) {
          for (j = 0; j < 5; j++)
             printf(" %3d", a[i][j]);
          printf("₩n");
      }
}                                              (a-5-7-12.c)
```

ALGO 5-7-2 **옆 그림과 같이 5 x 5 행렬 a에 값을 설정하고 싶다. 아래 프로그램들의 빈 칸을 채워보자**(a-5-7-21.c ~ a-5-7-22.c).

1	3	6	10	15
2	5	9	14	
4	8	13		
7	12			
11				

```
main( )
{
      int  a[5][5]={0}, i, j, t, n;
      n =1;
      for (i = 0; i < 5; i++) {
          for (t = i, j = 0 ; [ ① ] ; t--,  j++)
              a[t][j] = n++;
      }

      for (i = 0; i < 5; i++) {
          for (j = 0; j < 5; j++)
              printf(" %3d", a[i][j]);
          printf("₩n");
      }
}                                        (a-5-7-21.c)
```

```
main( )
{
      int  a[5][5]={0}, i, j, t, n;
      n =1;
      for (t = 0; t < 5; t++) {
          for (i = t, j = 0; [ ② ] ; i--, j++)
              a[i][j] = n++;
      }

      for (i = 0; i < 5; i++) {
          for (j = 0; j < 5; j++)
              printf(" %3d", a[i][j]);
          printf("₩n");
      }
}                                        (a-5-7-22.c)
```

ALGO 5-7-3 **옆 그림과 같이 5 x 5 행렬 a에 값을 설정하고 싶다. 아래 프로그램들의 빈 칸을 채워보자**(a-5-7-31.c ~ a-5-7-32.c).

1	2	4	7	11
3	5	8	12	16
6	9	13	17	20
10	14	18	21	23
15	19	22	24	25

```
main( )
{
      int  a[5][5], i, j, t, n;
      n =0;
      for (t = 0;  t < 5*2 -1;  t++) {
          i = t < 5 ? 0 : ①          ;
          j = t < 5 ? t : 4;
          for (  ;  i < 5 && j >= 0;  i++, j--)
               a[i][j] = ++n;
      }
      for (i = 0; i < 5; i++) {
          for (j = 0; j < 5; j++)
              printf(" %3d", a[i][j]);
          printf("₩n");
      }
}                                                  (a-5-7-31.c)
```

```
main( )
{
      int  a[5][5], i, j, ij, n;
      n =1;
      for (ij = 0; ij < 9; ij++) {
          for (i = 0;  i < 5; i++) {
               j = ②
               if ( j < 0 || j > 4  ) continue;
               a[i][j] = n++;
          }
      }
      for (i = 0; i < 5; i++) {
          for (j = 0; j < 5; j++)
              printf(" %3d", a[i][j]);
          printf("₩n");
      }
}                                                  (a-5-7-32.c)
```

ALGO 5-7-4 **옆 그림과 같이 5 x 5 행렬 a에 값을 설정하고 싶다. 아래 프로그램들의 빈 칸을 채워보자**(a-5-7-41.c ~ a-5-7-42.c).

1	3	6	10	15
2	5	9	14	19
4	8	13	18	22
7	12	17	21	24
11	16	20	24	25

```
main( )
{
      int  a[5][5], i, j, t, n;
      n =0;
      for (t = 0;  t < 5*2 -1;  t++) {
          i = t < 5 ? t : 4;
          j = t < 5 ? 0 :  t%5 + 1  ;
          for (  ;  j < 5 && [ ① ]  ;  i--, j++)
              a[i][j] = ++n;
      }
      for (i = 0; i < 5; i++) {
          for (j = 0; j < 5; j++)
              printf(" %3d", a[i][j]);
          printf("₩n");
      }
}                                                    (a-5-7-41.c)
```

```
main( )
{
      int  a[5][5], i, j, ji, n;
      n =1;
      for (ji = 0; ji < 9; ji++) {
          for (j = 0;  j < 5; j++) {
              i = ji - j;
              if ( [ ② ] ) continue;
              a[i][j] = n++;
          }
      }
      for (i = 0; i < 5; i++) {
          for (j = 0; j < 5; j++)
              printf(" %3d", a[i][j]);
          printf("₩n");
      }
}                                                    (a-5-7-42.c)
```

ALGO 5-8-1 옆 그림과 같이 설정된 5 x 5 행렬 a의 값을 읽어 90° 회전한 모습으로 행렬 b에 복사하고 싶다. 아래 프로그램들의 빈 칸을 채워보자(a-5-8-11.c ~ a-5-8-12.c).

1	2	3	4	5
	6	7	8	9
		10	11	12
			13	14
				15

⇨

				1
			6	2
		10	7	3
	13	11	8	4
15	14	12	9	5

```
main( )
{
      int  a[5][5]={ {1,2,3,4,5},       {0, 6,7,8,9},
                     {0,0, 10,11,12}, {0,0,0, 13,14},
                     {0,0,0,0, 15} },
           b[5][5]={0}, i, j;
      for (i = 0;  i < 5;  i++) {
          for (j = [ ① ];   j < 5; j++)
                b[ j][[ ② ]] = a[i][j];
      }
      for (i = 0; i < 5; i++) {
          for (j = 0; j < 5; j++)
               printf(" %3d", b[i][j]);
          printf("₩n");
      }
}                                              (a-5-8-11.c)
```

```
main( )
{
      int  a[5][5]={ {1,2,3,4,5},       {0,6,7,8,9},
                     {0,0,10,11,12}, {0,0,0,13,14},
                     {0,0,0,0,15} },
           b[5][5]={0}, i, j;
      for (j = 4;  j >= 0;  j--) {
          for (i = 4 -j;  i <= 4; i++)
                b[i][j] = a[[ ③ ]][i];
      }
      for (i = 0; i < 5; i++) {
          for (j = 0; j < 5; j++)
               printf(" %3d", b[i][j]);
          printf("₩n");
      }
}                                              (a-5-8-12.c)
```

ALGO 5-8-2 옆 그림과 같이 설정된 5 x 5 행렬 a의 값을 읽어 -90° 회전한 모습으로 행렬 b에 복사하고 싶다. 아래 프로그램들의 빈 칸을 채워보자(a-5-8-21.c ~ a-5-8-22.c).

5	9	12	14	15
4	8	11	13	
3	7	10		
2	6			
1				

⇦

1	2	3	4	5
	6	7	8	9
		10	11	12
			13	14
				15

```
main( )
{
     int  a[5][5]={ {1,2,3,4,5},      {0, 6,7,8,9},
                    {0,0, 10,11,12}, {0,0,0, 13,14},
                    {0,0,0,0, 15} },
          b[5][5]={0}, i, j;
    for (i = 0;  i < 5;  i++) {
       for ( ①        ;   j >= 0;  j--)
          b[ 4-j][ ②        ] = a[i][j];
    }
     for (i = 0; i < 5; i++) {
         for (j = 0; j < 5; j++)
            printf(" %3d", b[i][j]);
         printf("₩n");
     }
}                                          (a-5-8-21.c)
```

```
main( )
{
     int  a[5][5]={ {1,2,3,4,5},      {0,6,7,8,9},
                    {0,0,10,11,12}, {0,0,0,13,14},
                    {0,0,0,0,15} },
          b[5][5]={0}, i, j;
    for (j = 0;  j < 5;  j++) {
       for (i = 0;  i < ③        ; i++)
          b[i][j] = a[j][4-i];
    }
     for (i = 0; i < 5; i++) {
         for (j = 0; j < 5; j++)
            printf(" %3d", b[i][j]);
         printf("₩n");
     }
}                                          (a-5-8-22.c)
```

ALGO 5-8-3 **옆 그림과 같이 5 x 4 행렬 a의 값을 읽어 4 x 5 행렬 b에 복사하고 싶다. 아래 프로그램들의 빈 칸을 채워 보자**(a-5-8-31.c ~ a-5-8-32.c).

1	2	3	4
5	6	7	8
9	10	11	12
13	14	15	16
17	18	19	20

⇨

1	2	3	4	5
6	7	8	9	10
11	12	13	14	15
16	17	18	19	20

```
main( )
{
      int  a[5][4]={1,2,3,4,5,6,7,8,9,10,11,
                        12,13,14,15,16,17,18,19,20},
           b[4][5]={0}, i, j, bi, bj, n = 0;
      for (i = 0;  i < 5;  i++) {
          for (j = 0;   j < 4;  j++, n++) {
               bi = n / 5, [ ① ]
               b[bi][bj] = a[i][j];
          }
      }
      for (i = 0; i < 4; i++) {
          for (j = 0; j < 5; j++)
              printf(" %3d", b[i][j]);
          printf("₩n");
      }
}                                              (a-5-8-31.c)
```

```
main( )
{
      int  a[5][4]={1,2,3,4,5,6,7,8,9,10,11,
                        12,13,14,15,16,17,18,19,20},
           b[4][5]={0}, i, j, bi = 0, bj = 0;
      for (i = 0;  i < 5;  i++) {
          for (j = 0;   j < 4;  j++) {
               b[bi][bj] = a[i][j];
               if (++bj == 5) [ ② ]
          }
      }
      for (i = 0; i < 4; i++) {
          for (j = 0; j < 5; j++)
              printf(" %3d", b[i][j]);
          printf("₩n");
      }
}                                              (a-5-8-32.c)
```

17	24	1	8	15
23	5	7	14	16
4	6	13	20	22
10	12	19	21	3
11	18	25	2	9

ALGO 5-8-4 옆 그림과 같이 5 x 5 행렬 a의 마방진을 완성하고싶다. 아래 프로그램들의 빈 칸을 채워보자(알고리즘은 아래와 같음, a-5-8-4.c).

① (0,2)에서 시작한다.

② 기본적으로 다음 위치는 오른쪽 위 대각선 방향으로 진행하되,

③ 예외 사항은 다음과 같다.

- 이번 설정 값이 5의 배수이면 열은 그대로 두고, 행만 하나 증가시킨다.
- 열이 범위를 벗어나면(열 > 4), 0 열로 이동한다.
- 행이 범위를 벗어나면(행 < 0), 4 행으로 이동한다.

```
main( )
{
    int  a[5][5],  i,  j, n;
    i = 0, j = 2;
    for (n = 1; n <= 25;  n++) {
        a[i][j] = n;
        if ( [ ① ] )
            i++;
        else
            [ ② ]
        if (i < 0)
            i = 4;
        if (j > 4)
            j = 0;
    }

    for (i = 0; i < 5; i++) {
        for (j = 0; j < 5; j++)
            printf(" %3d", a[i][j]);
        printf("₩n");
    }
}
```

(a-5-8-4.c)

단원 정리

빈칸 채우기 추천

ALGO 5-1-1

① J = J + i ② 100 ③ J = J + i

④ 100 ⑤ J = J + i ⑥ 101

⑦ J = J + i - 1 ⑧ 101

ALGO 5-1-2

① J = J + i ② 101 ③ i = 0

④ 100 ⑤ i = -1 ⑥ 99

⑦ J = J + i ⑧ 100

ALGO 5-1-3

① SW = 1 ② SW = 1 ③ SW = SW *(-1)

④ i = i * (-1)

ALGO 5-2-1

① C = C + 1 ② B = B + 1 ③ B = 0

④ C = C + 1

ALGO 5-2-2

① A = 1 ② B = A ③ B = A

④ B = A

ALGO 5-2-3

① i = 100 ② C = A(i)

ALGO 5-2-4

① GAP = ABS(A(1) - B)　② m35 = m3 + m5　③ i = 101

④ i = 1　⑤ m3 = MOD(i, 3)　⑥ MOD(i, 15) = 0

ALGO 5-3-1

① 1;　② ++n;　③ i * 5 + j + 1;

④ i * 5 + j + 1;

ALGO 5-3-2

① n++;　② 0;　③ j * 4 + i + 1;

④ j * 4 + i + 1

ALGO 5-3-3

① sw = 1;　② (++sw) % 2;　③ sw = 1;

④ sw = sw * (-1);

ALGO 5-3-4

① L++, D--;　② sw = sw * (-1);

ALGO 5-4-1

① j > i　② j <= i

ALGO 5-4-2

① j > i　② j >= 0　③ j <= i

ALGO 5-4-3

① j < i　② j = i

ALGO 5-4-4

① j < i　　② i <= j　　③ 4 + i - j

ALGO 5-5-1

① j < i　　② j = i

ALGO 5-5-2

① j < i　　② j >= i　　③ 4 - i

ALGO 5-5-3

① j > i　　② j <= i　　③ 4 - i

ALGO 5-5-4

① j > i　　② j >= 0　　③ 4 - i - j

ALGO 5-6-1

① L++, R--;　　② L--, R++;　　③ t++;

④ t--;

ALGO 5-6-2

① D--, U++;　　② D++, U--;　　③ t = 0;

④ i = 4 - t

ALGO 5-6-2

① D--, U++;　　② D++, U--;　　③ t = 0;

④ i = 4 - t

ALGO 5-6-3

① L = R = 5/2; ② i >= 5/2 ③ t = 2;

④ i < 5/2

ALGO 5-6-4

① i >= U ② j >= 5/2 ③ i >= 4 - t

④ j < 5/2

ALGO 5-7-1

① t >= 0 ② i <= t

ALGO 5-7-2

① t >= 0 ② j <= t

ALGO 5-7-3

① (t % 5) + 1 ② j = ij - i;

ALGO 5-7-4

① i >= 0 ② i < 0 || i > 4

ALGO 5-8-1

① i ② 4 - i ③ 4 - j

ALGO 5-8-2

① j =4 ② i ③ 5 - j

ALGO 5-8-3

① bj = n % 5; ② bi++, bj = 0;

ALGO 5-8-4

① !(n % 5) **② i--, j++;**

부록 1: 베이직 인터프리터 설치

1.1 강의자료 시스템에서 DOS.zip 파일을 내려받아 설치 디스크의 루트폴더(예, D:₩)에 복사하고, 압축을 해제한다. 이 때, 파일 이름인 DOS 폴더를 생성하고 그 아래에 압축을 풀도록 체크한다.

⇒ C, D 등 로컬 디스크 외에 USB나 네트워크 드라이브 등도 모두 가능하므로 가급적 휴대가 가능한 USB 드라이브를 권고함

⇒ 압축 풀기가 끝나면 D:₩DOS₩BIN, D:₩DOS₩Bprog, D:₩DOS₩Cprog 등 세 개의 폴더가 존재하는지 탐색기로 확인함

1.2 메모장으로 D:₩DOS₩BIN₩dosgw.conf 파일내용 중 끝 부분의 디스크 이름을 아래와 같이 설치 디스크 드라이브로 수정한다.

```
set DISK=D
mount %DISK% %DISK%:₩
path=%path%;%DISK%:₩DOS₩BIN;%DISK%:₩DOS₩BIN₩GW
D:
cd ₩DOS₩Bprog
GWBASIC
```

1.3 D:₩DOS₩BIN₩DOSGW 파일을 우클릭하여 아래와 같이 디스크 이름을 설치 디스크 드라이브로 수정한다.

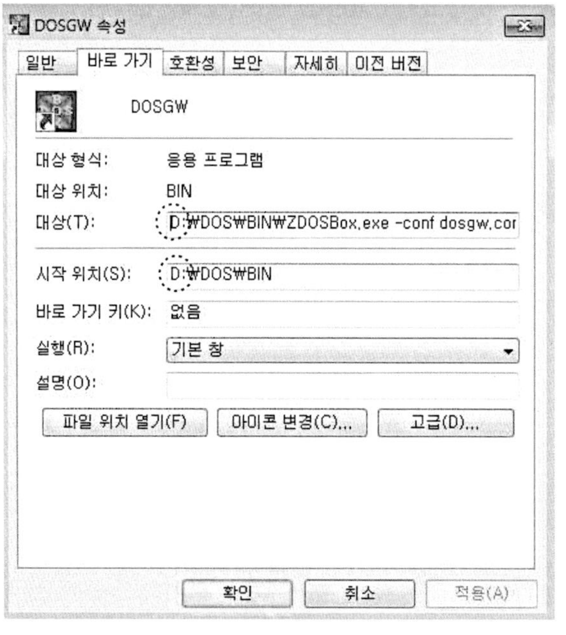

2.1 실습을 위해 D:₩DOS₩BIN₩DOSGW 파일을 더블 클릭하여 GWBASIC 창을 연다.

⇒ 아래와 같이 열린 두 개의 창 중에서 뒷쪽 창은 사용하지 않는다.

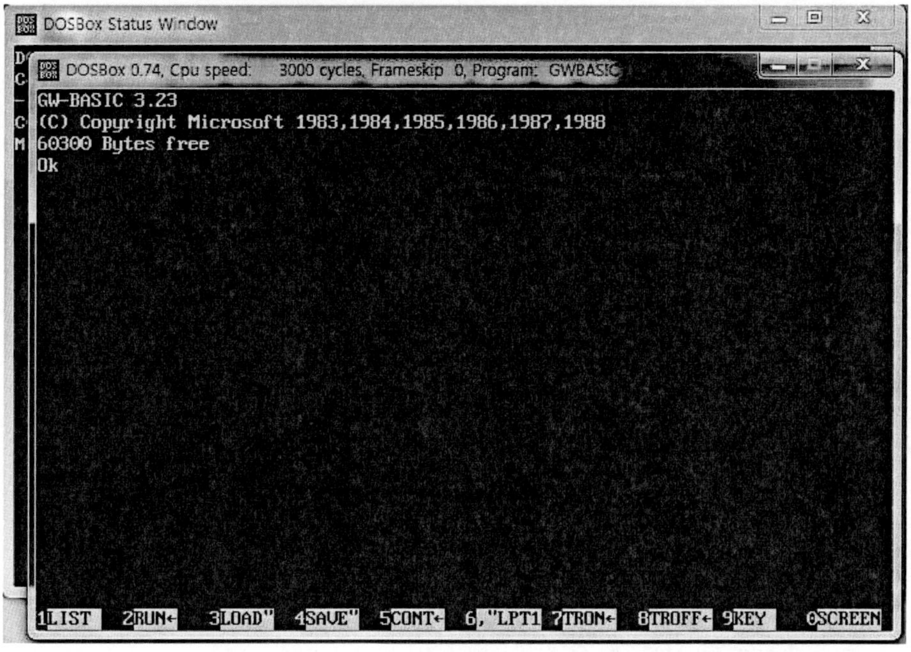

2.2 GWBASIC 내부 명령어

① 10 A = 10 ↲ --> 앞에번호가붙으면프로그램문장으로입력(내부 저장)
② DELETE 10 ↲ --> 번호에 해당되는 프로그램 문장 삭제
③ EDIT 10 ↲ --> 번호에 해당되는 프로그램 문장 수정 시작
④ RUN ↲ --> 저장된 프로그램을 문장번호 순서대로 실행
⑤ CLS ↲ --> 화면 청소(클리어)
⑥ LIST ↲ --> 저장된 프로그램 내용 디스플레이
⑦ NEW --> 저장된 프로그램을 전체를 삭제
⑧ SAVE "... ₩s-1-1-10" ↲ --> 확장자를 ".bas"로 하여 프로그램 전체를 D:₩DOS₩Bprog 폴더에 저장
⑨ LOAD "... ₩s-1-1-10" ↲ --> 확장자가 ".bas"인 프로그램을 D:₩DOS₩Bprog 폴더에서 적재(메모장으로 작성 가능)

부록 2: C 컴파일러 설치

1.1 강의자료 시스템에서 DOS.zip 파일을 내려받아 설치 디스크의 루트폴더(예, D:₩)에 복사하고, 압축을 해제한다. 이 때, 파일 이름인 DOS 폴더를 생성하고 그 아래에 압축을 풀도록 체크한다.

⇒ C, D 등 로컬 디스크 외에 USB나 네트워크 드라이브 등도 모두 가능하므로 가급적 휴대가 가능한 USB 드라이브를 권고함

⇒ 압축 풀기가 끝나면 D:₩DOS₩BIN, D:₩DOS₩Cprog, D:₩DOS₩Bprog 등 세 개의 폴더가 존재하는지 탐색기로 확인함

1.2 메모장으로 D:₩DOS₩BIN₩TC₩TURBOC.CFG 파일 내용 중 디스크 이름 부분을 아래와 같이 설치 디스크 드라이브로 수정한다.

```
-ID:₩DOS₩BIN₩TC₩INCLUDE
-LD:₩DOS₩BIN₩TC₩LIB
```

1.3 메모장으로 D:₩DOS₩BIN₩dostc.conf 파일내용 중 끝 부분의 디스크 이름을 아래와 같이 설치 디스크 드라이브로 수정한다.

```
set DISK=D
mount %DISK% %DISK%:₩
path=%path%;%DISK%:₩DOS₩BIN;%DISK%:₩DOS₩BIN₩TC
D:
cd ₩DOS₩Cprog
@echo " Welcome to Computer Programming I, II !!!"
```

1.4 D:₩DOS₩BIN₩DOSTC 바로가기 파일을 우클릭하여 아래와 같이 디스크 이름을 설치 디스트 드라이브로 수정한다.

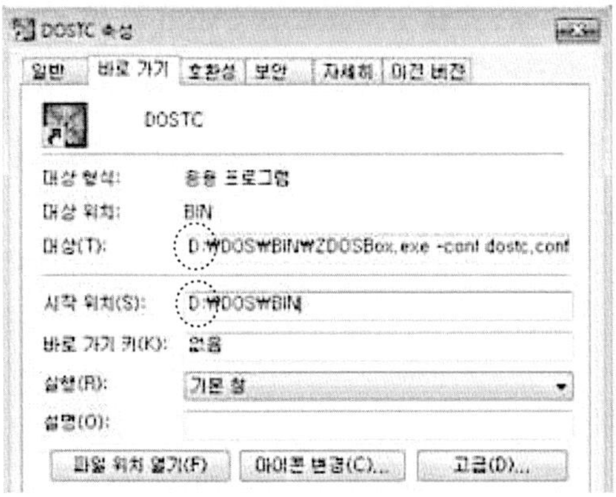

2.1 실습을 위해 D:₩DOS₩BIN₩DOSTC 바로가기 파일을 더블 클릭하여 DOS 창을 연다.

⇒ 아래와 같이 열린 두 개의 창 중에서 뒷쪽 창은 사용하지 않는다. ㅇ

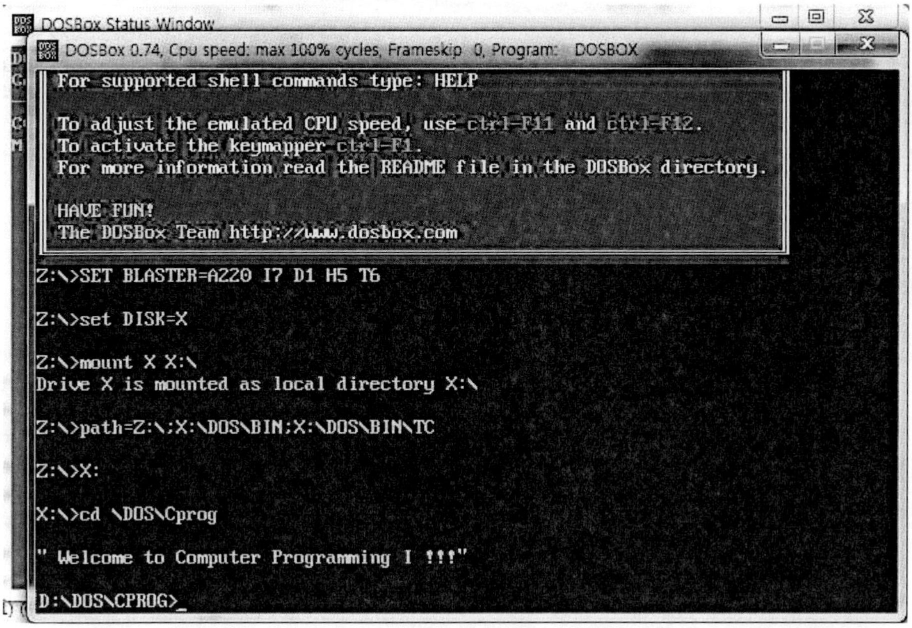

2.2 메모장에서 아래 프로그램을 D:₩DOS₩Cprog 폴더에 "s-2-1-10.c" 파일명으로 저장한다. 이 때, 메모장의 파일 타입을 "모든 파일(*.*)"로 선택한다,

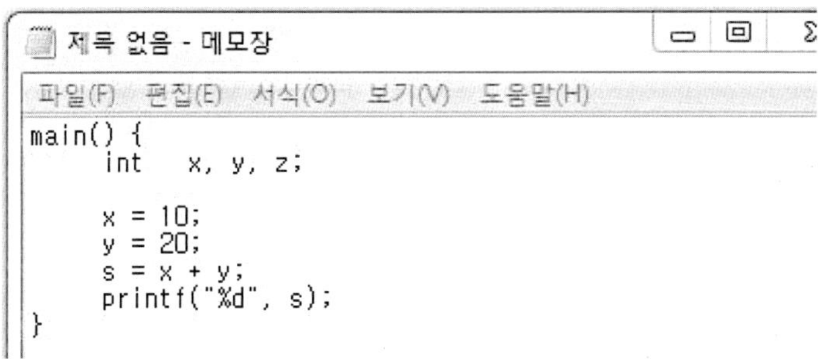

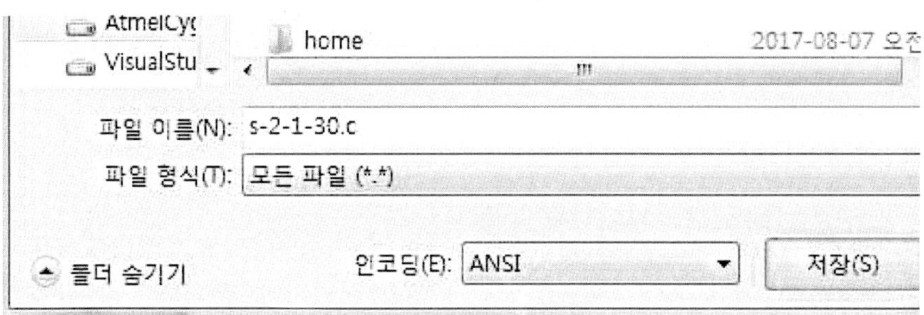

2.3 DOS 창에서 아래 명령어를 차례로 실행한다.

D:Cprog> rescan ↲ // 프로그램 파일을 처름 생성했을 때 한 번만 실행

D:₩DOS₩Cprog> tcc s-2-1-30.c ↲ // 프로그램을 수정했을 때 다시 컴파일

D:₩DOS₩Cprog> s-2-1-10.exe ↲ // 컴파일 된 결과를 실행, .exe는 생략 가능

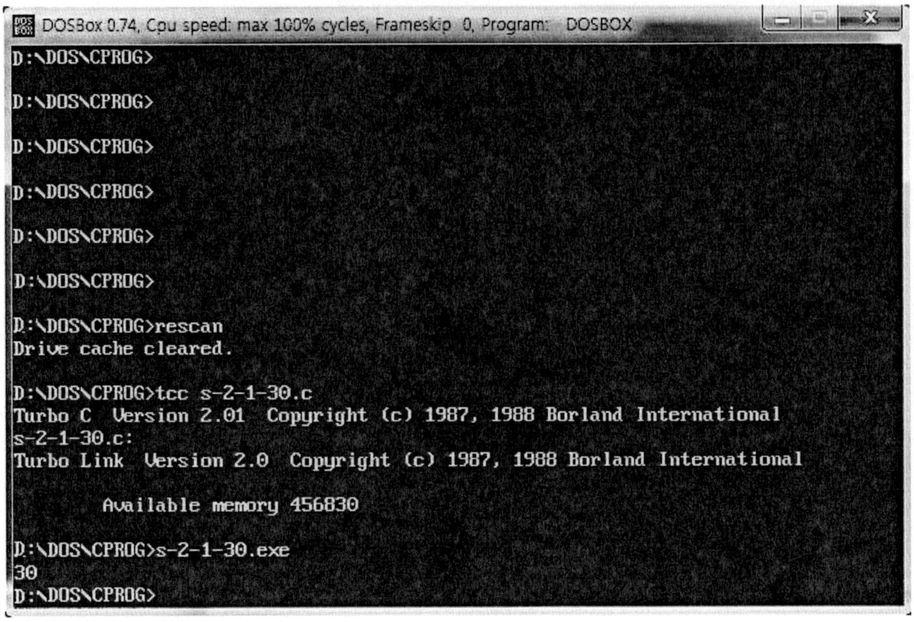

찾아보기

BASIC(1 장)-한글

C 언어(2-3 장)-한글

'ㅇ'

'ㅈ'

'ㅊ'

'ㅋ'

'ㅍ'

'ㅎ'

BASIC(1 장)-영어

C 언어(2-3 장)-영어

저자 약력

1984 : 서울대학교 계산통계학과 학사
1986 : 서울대학교 대학원 계산통계학(전산과학)과 석사
2002 : 강원대학교 컴퓨터과학과 박사
1988 : LG전자 컴퓨터연구소 선임연구원
1998 : 전자계산 조직응용, 전자계산기, 정보통신, 정보관리 기술사
현 재 : 강릉원주대학교 컴퓨터공학과 교수

정가 15,000원

아장아장 프로그래밍 [개정판]

2020년 2월 20일 초판 인쇄
2020년 3월 1일 초판 발행
저 자 : 이형봉
발행자 : 송 준
발행처 : 도서출판 홍릉
주 소 : 서울시 강북구 인수봉로 50길 10
01093
등 록 : 1976년 10월 21일 제5-66호
전 화 : (02) 999-2274~5, 903-7037
팩 스 : (02) 905-6729
e-mail: hongpub@hongpub.co.kr
http://www.hongpub.co.kr
ISBN: 979-11-5600-729-6

저자와의 협의하에 인지생략